ДИАЛОГ

Schülerbuch für
den Russischunterricht

Kompetenzstufe A 2+
des Gemeinsamen europäischen
Referenzrahmens

Herausgeberinnen
Dr. Heike Wapenhans
Dr. Ursula Behr

Autorinnen/Autoren
Dr. Ursula Behr
Dr. Rima Breitsprecher
Katrin Bykowa
Astrid Grundmann
Antje Meschke
Heiko Seefeldt
Dr. Martin Schneider
Dr. Astrid Seidel
Dr. Heike Wapenhans

Beratung
Monika Schuster
Dr. Gudrun Seemann

Kagelmacher

Herausgeberinnen
Dr. Heike Wapenhans
Dr. Ursula Behr

Autorinnen/Autoren
Dr. Ursula Behr *Jena*
Dr. Rima Breitsprecher *Greifswald*
Katrin Bykowa *Berlin*
Astrid Grundmann *Bretnig-Hauswalde*
Antje Meschke *Heidenau*
Dr. Martin Schneider *Essen*
Heiko Seefeldt *Angermünde*
Dr. Astrid Seidel *Werder*
Dr. Heike Wapenhans *Berlin*

Beratung
Monika Schuster *Grimma*
Dr. Gudrun Seemann *Luckenwalde*
Portfolioabschnitt Prof. Wolfgang Stadler *Innsbruck*

Redaktion Regina Riemann

Illustrationen Cleo-Petra Kurze
Umschlaggestaltung groenland.berlin
Layoutkonzept Wladimir Perlin
Layout und technische Umsetzung Marina Goldberg
Bildrecherche Susanne Scheffer

Zum Lehrwerk *Dialog 3* gehören außerdem folgende Titel:

Arbeitsheft mit Hör-CD	ISBN 978-3-06-120057-2
Arbeitsheft mit Lösungen	ISBN 978-3-06-120028-2
Audio-CD für Lehrer	ISBN 978-3-06-120042-8
Handreichungen für den Unterricht	ISBN 978-3-06-120039-8
Interaktive Tafelbilder für Whiteboard und Beamer	ISBN 978-3-06-023345-8
Vokabeltaschenbuch	ISBN 978-3-06-021282-8
Vorschläge zur Leistungsmessung	ISBN 978-3-06-023326-7

www.cornelsen.de
www.vwv.de

1. Auflage, 2. Druck 2013

Alle Drucke dieser Auflage sind inhaltlich unverändert
und können im Unterricht nebeneinander verwendet werden.

Druck: Stürtz GmbH, Würzburg

ISBN 978-3-06-120054-1

Inhalt gedruckt auf säurefreiem Papier aus nachhaltiger Forstwirtschaft.

Inhaltsverzeichnis

Verwendete Symbole

	Muster
	Verweis auf grammatischen Anhang im Arbeitsheft
	Verweis auf Lerntipps im Anhang des Schülerbuches
	Partnerarbeit
	Gruppenarbeit
	Projektarbeit
	Dossier
	Lesetext(e)
	Redemittel im Anhang
P	Projekt
	Übung zum sprachenübergreifenden Lernen (Englisch, Deutsch, slawische Sprachen)
	Übung ist auf der Audio-CD
❖	grammatische Strukturen
	Differenzierungsangebot
A	Aussprachebesonderheit
↔	Vergleiche
E	Verweis auf Englisch
F	Verweis auf Französisch
!	Aufgepasst!
	Wortschatztruhe
~	ersetzt Stichwort
↗	Verweis auf anderes Wort
[ ]	Klammer zur Kennzeichnung der Aussprache
♪	Lied

Verwendete Abkürzungen

deutsch:	
m.	männlich
s.	sächlich
w.	weiblich
Sg.	Singular
Pl.	Plural
Nom.	Nominativ
Gen.	Genitiv
Dat.	Dativ
Akk.	Akkusativ
Instr.	Instrumental
Präp.	Präpositiv
Adj.	Adjektiv
Adv.	Adverb
Abk.	Abkürzung
Imp.	Imperativ
Inf.	Infinitiv
Komp.	Komparativ
Konj.	Konjunktion
Poss.	Possessivpronomen
Präpos.	Präposition
Prät.	Präteritum
Pron.	Pronomen
Sup.	Superlativ
jmd.	jemand
jmdn.	jemanden
örtl.	örtlich
ugs.	umgangssprachlich
ungebr.	ungebräuchlich
unveränd.	unveränderlich
uv.	unvollendet (Aspekt)
v.	vollendet (Aspekt)
vgl.	vergleiche
Wt	Wortschatztruhe
zeitl.	zeitlich
zielger.	zielgerichtet
1. P.	1. Person

russisch:	
ср.	сравни
стр.	страница
упр.	упражнение

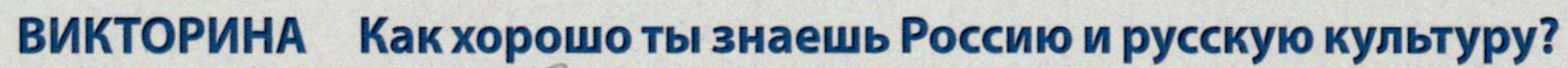

ВИКТОРИНА Как хорошо ты знаешь Россию и русскую культуру?

1 Покажи флаг России. Какие цвета на флаге?

2 Покажи фотографию столицы России. На берегу какой реки она находится?

3 Кто это?

4 Что это?

5 Сколько лет учатся в школе российские школьники?

6 Какие отметки в России хорошие, а какие – плохие?

География	5
Алгебра	4
Немецкий язык	3
Физика	4

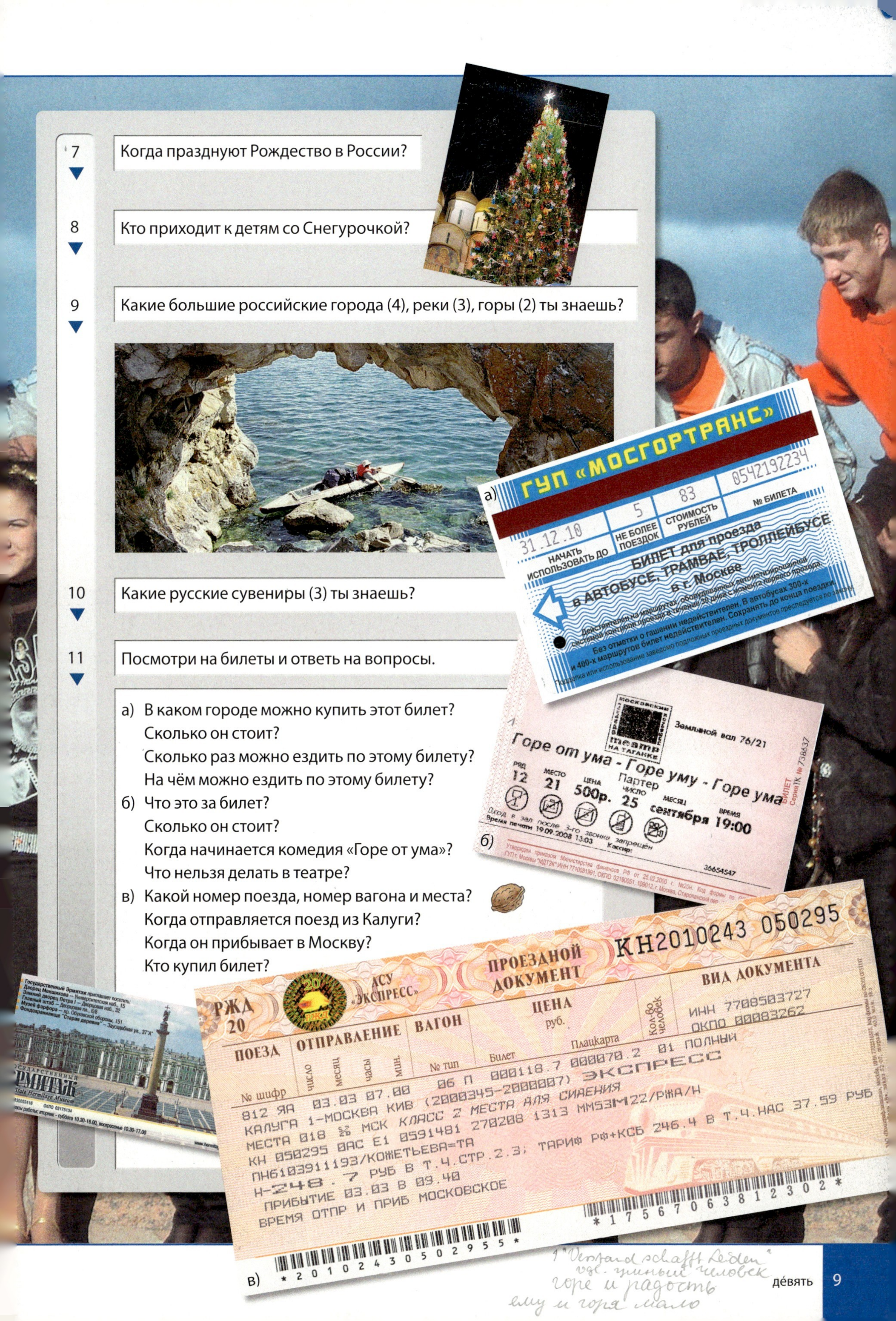

7 Когда празднуют Рождество в России?

8 Кто приходит к детям со Снегурочкой?

9 Какие большие российские города (4), реки (3), горы (2) ты знаешь?

10 Какие русские сувениры (3) ты знаешь?

11 Посмотри на билеты и ответь на вопросы.

а) В каком городе можно купить этот билет?
Сколько он стоит?
Сколько раз можно ездить по этому билету?
На чём можно ездить по этому билету?

б) Что это за билет?
Сколько он стоит?
Когда начинается комедия «Горе от ума»?
Что нельзя делать в театре?

в) Какой номер поезда, номер вагона и места?
Когда отправляется поезд из Калуги?
Когда он прибывает в Москву?
Кто купил билет?

Я, моя семья и мои друзья

1 Познакомься с биографией Артёма.

а) Прочитай его анкету.

АНКЕТА

Фамилия:	Томилов
Имя:	Артём
Отчество:	Владимирович
Дата рождения:	14.10.1996
Знак зодиака:	Скорпион
Место рождения:	г. Калуга
Почтовый адрес:	248009, г. Калуга, ул. Молодёжная, д. 25, кв. 8
E-mail:	kaluga96@post.ru
Школа, класс:	средняя школа № 12 г. Калуги, 9 а

б) Расскажи об Артёме.

М Это Артём. Его фамилия … Артём родился … По знаку зодиака …

2 Напиши автобиографию.

М Меня зовут … Я родился (родилась) …

3 Прослушай текст. О чём рассказывает Света?

а) Расскажи, что ты узнал(а)

- о городе Светы,
- о доме, где живёт Света,
- о квартире семьи Светы,
- о семье Светы.

б) Дополни предложения.

Света живёт в ???
??? – это большой город в ??? России.
Семья Светы живёт в ??? доме в ??? города.
Квартира находится на ??? этаже.
У Светы есть ???
Сестра Светы ещё ???
Брата зовут ???
Он ??? и живёт в ???
Папа Светы ???
А мама работает в ???

4 Подготовь монолог на тему *Моя семья*.

Используй фотографии и расскажи,

- где живёт твоя семья,
- какая у вас квартира,
- где она находится,
- кто живёт в этой квартире,
- где живут твои родственники,
- сколько лет твоей маме и твоему папе (сестре, брату),
- что вы обычно делаете в субботу или в воскресенье,
- какие праздники вы любите.

5 Посмотрите на картинки. Спросите и ответьте, кто есть кто.

Кто новый директор школы, новая учительница, новый друг Зары, новая подруга Максима, тренер футбольной команды?

M Ты знаешь, кто (на какой картинке) новая учительница?
Я думаю, вот (на этой картинке) новая учительница.
Она в зелёном платье.

6 Прочитай текст. Что ты узнал(а) о Заре?

а) Ответь на вопросы.

Сколько лет Заре?
Когда у неё день рождения?
В чём она любит ходить?
Какой у неё любимый цвет?
Какой она человек?
Кто ей очень нравится и почему?

Меня зовут Зара. Мне 14 лет. По знаку зодиака я – Рыба. Я родилась 20 февраля. Мой любимый цвет – красный. Я люблю ходить в юбках и в блузках. Я весёлый человек. Мои подруги говорят, что я красивая. У меня есть друг. Его зовут Максим. Он мне очень нравится. Максим очень скромный, симпатичный и открытый парень.

б) Расскажи о Максиме. Используй информацию из текста о Заре (→ упр. 6а) и картинку (→ упр. 5).

7 Stelle eine Person deiner Wahl vor.

Sage,

- wie die Person heißt und wie alt sie ist,
- welche Kleidung sie bevorzugt,
- welche ihre Lieblingsfarbe ist,
- welche Charaktereigenschaften sie hat.

Там, где я живу

1 Прочитай тексты.

а) Скажи, в каком городе живёт Нина, а в каком – Алексей.
б) Посмотри на фотографии. О каких городах рассказывают ребята?
в) Объясни, как ты узнал(а) эти города.

Нина:
Город, где я живу, находится на берегу большой реки Ангары́. Наш город – это столица Восточной Сибири.
От города до озера Байкал – 70 километров.
Город большой. В нём живёт 600 000 человек.
Мой родной город старый. В центре города много красивых, старых домов, соборов и интересных музеев. В нашем городе есть театры, два университета, институты и большие фабрики.
Улица Ури́цкого очень старая. Там много магазинов и торго́вых пала́ток[1].
В нашем городе есть вокзал и аэропорт.
По городу можно ездить на автобусе, на троллейбусе, на трамвае или на маршрутке.

1 Verkaufsstände

Алексей:
Город, где я родился, находится на северо-западе европейской части России, на реке Неве́.
Город начали стро́ить[1] в 1703 г. по плану Петра́ Пе́рвого.
Мой родной город очень красивый. Здесь есть старые соборы, большие площади, парки, фонтаны, университеты, театры, музеи и концертные залы. Здесь много небольших рек и каналов.
Невский проспект – центральная улица города.
Сегодня у нас живёт 5 миллионов человек.
На наших улицах большое движе́ние[2].
В нашем городе есть метро.
Наш город три раза меня́л назва́ние.[3]

1 bauen 2 Verkehr 3 den Namen ändern

2 Напиши о твоём родном городе (твоей родной деревне).

Где он (она) находится?
Сколько человек живёт в нём (ней)?
Какой это город (какая эта деревня)?
Какие виды транспорта есть в городе (деревне)?
Какие интересные места, улицы и исторические дома находятся там?

3 Разыграйте мини-диалоги. Нарисуйте карту города.

Вопросы

Как доехать (дойти) до… ?
На чём можно доехать до…?
Это какая остановка (станция)?
Где находится… ?
Когда отправляется… ?
Когда прибывает… ?
Где можно купить билеты на… ?
Сколько стоит билет на (до)…?

Слова

автобус
машина
маршрутка
метро, такси
поезд, электричка
трамвай, троллейбус
вокзал, стоянка
расписание

Ответы

Туда можно доехать на…
До станции (остановки)…
Туда можно дойти пешком.
Идите прямо (направо, налево, до…) …
Это (не)далеко отсюда.
Поезд отправляется в 14 часов.

– Извините (Скажите), пожалуйста, где здесь аптека?
– Туда можно дойти пешком. Идите прямо до улицы Некра́сова, а потом налево.

4 Подготовьте и проведите экскурсию по вашему городу или по вашей деревне.

Расскажите,

– на какой улице находятся интересные места и исторические дома,
– как туда можно доехать,
– что можно посмотреть в центре города (деревни).

5 Hilf einem russischen Touristen. Dolmetsche das Gespräch auf der Straße.

Русский турист:

– Извините, вы отсюда?
– Скажите, пожалуйста, где находится Ботанический сад?
– А как можно доехать туда?
– А где остановка автобуса?
– А где можно купить билет?
– Большое спасибо.

Fußgängerin:

– Ja, ich bin von hier.
– Der Botanische Garten befindet sich in der Goethestraße. Das ist ziemlich weit weg.
– Dorthin fährt die Buslinie 5. Sie müssen bis zur Haltestelle *Botanischer Garten* fahren.
– Das ist ganz in der Nähe. Gehen Sie bis zur Post und dann nach rechts.
– (Fahrscheine gibt es) im Bus.
– Keine Ursache.

Чем я интересуюсь

1 Подготовьте интервью.

Разыграйте сценку на тему *Свободное время школьников*.

а) Спроси одноклассника (одноклассницу),
- чем он (она) занимается (что любит делать) в свободное время,
- что он (она) умеет делать хорошо,
- чем он (она) интересуется.

б) Ответь на эти вопросы. Используй слова.

компьютер, музыка,	играть, слушать, смотреть,	часто, всегда,	с другом,
спорт, литература,	тренироваться, кататься,	иногда, вечером,	с подругой,
фильмы, письма,	встречаться, рисовать,	после школы,	с друзьями,
иностранные языки	петь, писать	на каникулах	с родителями

2 На какой концерт лучше пойти?

Нина, Оля и Вадим хотят пойти с друзьями на концерт.
Нина интересуется рок-музыкой, Вадим любит классическую музыку,
а Оля хочет послушать российскую поп-группу.

а) Ответь на вопросы.
На какие концерты ребята могут пойти?
А на какой концерт ты хочешь пойти?
На концертах каких групп ты уже был(а)?
У тебя есть любимая группа, любимый певец (любимая певица)?

б) Посмотри на флаер.
Скажи, когда и где будут концерты рок- и поп-музыки. 

ЗАКАЗ, БРОНИРОВАНИЕ И ДОСТАВКА БИЛЕТОВ
KASSIR RU 730·730·0
Билеты с доставкой

ЮБИЛЕИ

MADONNA - Sticky & Sweet Tour / поп /
25.09 / Будва, Черногория, площадка "ЯЗ"
тел. 730-730-0

Е.Ф. СВЕТЛАНОВ / классическая музыка /
27.09 - 06.11 / Большой зал Консерватории
тел. 730-730-0

Группа "БРАВО" / рок-н-ролл /
12.11 / Государственный Кремлевский Дворец
тел. 730-730-0

Л. АГУТИН и А. ВАРУМ / эстрада /
25.10, 24.10 / Государственный Кремлевский Дворец
тел. 730-730-0

НАУТИЛУС ПОМПИЛИУС / рок /
17.12 / СК Олимпийский
тел. 730-730-0

МОСКВА / ПИТЕР

JEAN MICHEL JARRE / электронная музыка /
Москва - 17.11, 21.11 / ГКД / 730-730-0
С.Петербург - 19.11 / БКЗ Октябрьский / 703-40-40

DEEP PURPLE / рок /
Москва - 27.10 / СК Олимпийский / 730-730-0
С.Петербург - 28.10 / Ледовый Дворец / 703-40-40

3 Поиграйте в *снежный ком*.

Скажите, что вы будете делать в субботу после ужина.

M В субботу после ужина я сначала посмотрю телевизор.
В субботу после ужина я сначала посмотрю телевизор, а потом напишу e-mail.
В субботу после ужина я сначала посмотрю телевизор, напишу e-mail,
а потом поиграю на компьютере.

4 Напиши в блоге о твоих интересах.

M Алина Шереметьева
Мои интересы: музыка, компьютерные игры, литература (фэнтези)
Люблю слушать рок-группы *Ария*, *Ленинград*, *Сплин*.
Все мои друзья любят петь под караоке, а я не люблю.
Умею хорошо рисовать.

5 Erkläre jemandem, der kein Russisch kann, wofür hier Werbung gemacht wird.

6 Расскажи о твоих последних летних каникулах.

Nutze als Hilfe eine Mindmap.

Где ты был(а)?
Куда и с кем ты ездил(а)?
Как ты доехал(а) туда?
Какая погода там была?
С кем и как ты провёл (провела) каникулы?
Какие каникулы ты любишь: активные или пассивные?

Где я учусь

1 Расскажи о твоей школе и о твоём классе.

Nutze einen Redeplan mit Fragen oder Stichpunkten.

Моя школа
Какая она: большая или маленькая, новая или старая?
Сколько учеников (учителей, классов) в школе?
Как зовут директора школы?
Когда начинаются уроки, а когда они кончаются?
Какие иностранные языки можно учить? С какого класса?
Какие есть кабинеты?
В каких кружках можно заниматься после уроков?
Какие есть спортивные команды? В каких соревнованиях они участвуют?

Мой класс
- ученики, ученицы
- классный руководи́тель[1]
- расписание уроков
- любимые предметы
- иностранные языки

1 Klassenlehrer/in

2 Тебе нравится учиться в твоей школе?

Прочитай ответы Алёши на этот вопрос. А как ты ответишь на него?

Я хожу в школу как на праздник!

Мне нравится учиться в школе «Праздник +», потому что

- наши учителя организуют и проводят разные турниры и олимпиады.
- здесь работают только хорошие учителя ;-).
- каждый месяц мы ездим на экскурсии.
- у меня здесь много друзей.
- вместе с учителями и родителями встречаем Новый год, празднуем Масленицу, 8 Марта, День знаний.
- у нас после уроков можно заниматься в кабинете информатики.
- на каждых каникулах мы путешествуем по России.
- мы занимаемся английским языком каждый день. Это так здорово!

3 Прочитай карту сайта школы *Праздник +*.

Informiere dich über Aljoschas Schule auf der Homepage.
Nenne die Rubriken und Seiten, die dir wichtige Informationen liefern können.

Добро пожаловать!
- Один день из жизни школы
- Экскурсия по школе
- Классы и ученики
- FAQ (Часто задаваемые вопросы)

Основа[1] *успеха*
- Предметы и программы
- Здоровье
- Питание[2]
- Спорт
- Педагоги

Праздник каждый день
- Расписание уроков
- Календарь праздников
- Клубы, кружки, спортсекции

1 *hier:* Basis 2 *hier:* Schulspeisung

4 Прочитай короткие тексты на тему *Один день из жизни школы*.

а) Составь план одного дня ученика 8 класса школы *Праздник +*.

M Я ученик 8 класса школы *Праздник +*.
Сегодня вторник. В 9:00 я уже в школе. Первый урок начинается в …

После первого урока школьники завтракают, а после пятого урока обедают. Время обеда с 13:30 до 14:20.

Уроки в нашей школе начинаются в 9:30. Каждый день 6–7 уроков.

Ребята учат английский язык со второго класса, а французский – с пятого. Информатикой занимаются уже со второго класса. Историю начинают учить с пятого класса, биологию, географию – с шестого класса, физику – с седьмого класса, а химию – с восьмого класса.

В 17:30 все ужинают. После ужина в 18:00 школьники едут домой.

После 16:00 ученики занимаются в кружках или в спортивных секциях. Есть не только шахматная студия, хор, театральная студия, но и секция карате. Учителя предлагают факультативные уроки по разным предметам. Можно учить латынь и такие иностранные языки, как, например, испанский, немецкий.

Раз в неделю каждый класс ездит в бассейн, а раз в месяц – на разные экскурсии.

б) Расскажи о твоих планах на сегодня.

УРОК 1 Семейные будни и праздники

1 **Скажи, что ребята делают вместе с родителями.**

Что ты любишь делать вместе с семьёй, а что не очень?

2 **Прослушай текст. О каких праздниках говорят ребята?**

а) Назови имена девочек, праздник и номер фотографии.

б) Как ты **отмеча́ешь** эти праздники?

3 Расскажи о праздниках по-немецки.

а) Что ты знаешь об этих праздниках?

б) Какой праздник ты особенно любишь? Почему?

4 Сравни. S D E

а) С каким праздником поздравляют?

по-польски	по-чешски	по-болгарски
Szczęśliwego Nowego Roku!	Šťastný Nový Rok!	Честита Нова Година!

б) Поздравь с этим праздником российских и других иностранных друзей. Чего ты желаешь друзьям и родственникам в этот праздник?

1 Прочитай письма в редакцию журнала *Молото́к*.

Ответь на вопросы.

О чём пишет Юля в письме?
Что думает Олег об этой проблеме?
Как ты думаешь, кто должен заниматься **дома́шней** работой?
От кого редакция получила фотографию – от Юли или от Олега?

Меня зовут Юля. Мне 14 лет. У меня есть два брата. Им 10 и 12 лет.
Наши родители работают, и поэтому я **должна́ помога́ть** им **по до́му**.
Я убираю квартиру, **мо́ю посу́ду**, хожу в магазин **за проду́ктами**.
А мои братья мне **никогда́** не помогают. Они **ничего́** не делают по дому.
5 Алёша и Дима **почти́** всё свободное время играют на компьютере,
смотрят телевизор или играют в футбол.
А когда я **прошу́** братьев помочь мне, они только **смею́тся**.
Моя **мать** говорит, что убирать квартиру, мыть посуду –
это **же́нская** работа. Я **счита́ю**, что это нехорошо и **несправедли́во**.

Меня зовут Олег. Мне 15 лет. Мои друзья **надо** мно́й
смеются, потому что я часто хожу в магазин за продуктами,
утром и вечером гуляю с нашей собакой. Когда родители на
работе, я убираю квартиру, **выношу́ му́сор**, **гото́влю** ужин.
5 Друзья говорят, что это не **мужска́я** работа. Но мой **оте́ц**
тоже помогает маме по дому. **По** субботам он, например,
готовит обед.
Я пока **ни с кем** не говорил об этом.
Как вы думаете, кто должен мыть посуду и выносить мусор?
10 **Же́нщины** или **мужчи́ны**? А что должны делать **де́ти**?

2 Прочитай письма ещё раз и ответь на вопросы. ↗ G 1

Чья мать говорит, что домашняя работа – это женская работа? Мать Юли или мать Олега?
Чей отец по субботам готовит обед? Отец Юли или отец Олега?
Чьи друзья говорят, что домашняя работа – это не мужская работа? Друзья Юли или друзья Олега?

3 Сравните предложения.

Объясните разницу в употреблении вопросительного местоимения *чей*.

<u>Чей</u> это велосипед?	<u>Чья</u> это гитара?	<u>Чьё</u> это письмо?	<u>Чьи</u> это постеры?
Wessen Fahrrad ist das?	Wessen Gitarre ist das?	Wessen Brief ist das?	Wessen Poster sind das?
Whose bicycle is this?	Whose guitar is this?	Whose letter is this?	Whose posters are these?

4 Прослушай и прочитай скороговорку.

На часа́х сидя́т чижи́[1]
Ка́ждый час пою́т они́: ЧИ – ЧИ –ЧИ!
Ты чей чи́жик?
Вы чьи чижи́?
Мы ничьи́[2], ничьи́ – отвеча́ют[3] чижи́.

1 Zeisige
2 gehören niemandem
3 antworten

5 Переведи на немецкий язык.

↗G 2

Кто помогает Юле убирать квартиру? — Никто́ Юле не помогает.
Что делают братья Юли? — Они ничего не делают.
Когда братья Юли моют посуду? — Они никогда не моют посуду.
С кем Олег говорил о домашней работе? — Он ни с кем не говорил об этом.

6 Сравните предложения с отрицанием в русском и немецком языках.

Никто не смеётся. Niemand lacht.	Она никого не видела. Sie hat niemanden gesehen.	Я ничего не понял(а). Ich habe nichts verstanden.	Они ничем не интересуются. Sie interessieren sich für nichts.

7 Ответь отрицательно.

– Миша и Ваня вчера убирали класс. — – Нет, вчера никто не убирал класс.
– Анна и Таня летом поедут на Кавказ. — – А я думаю, что они **никуда́** не поедут.
– Дима сейчас слушает классическую музыку. — – Нет, он сейчас **никаку́ю** музыку не слушает.
– Алла вчера вечером была в кино. — – А я думаю, что она **нигде́** не была.

1. Я много знаю об истории нашего города.
2. Зина всегда делает уроки.
3. Павел интересуется биологией и химией.
4. Ученики смотрели фильм на уроке.
5. Родители разговаривали с бабушкой по телефону.

8 Прочитай отрывок из книги Григо́рия О́стера.

Объясни, почему его книга называется *Вредные советы*.

Е́сли ты пришёл к знако́мым,
Не здоро́вайся ни с кем.
Слов «пожа́луйста», «спаси́бо»
Никому́ не говори́,
Отверни́сь и на вопро́сы
Ни на чьи не отвеча́й.
И тогда́ никто́ не ска́жет
Про тебя́, что ты болту́н.

9 Составь монолог.

Тема монолога: *Как наша семья организует домашнюю работу.*

Расскажи,
– кто
убирает квартиру,
моет посуду,
выносит мусор,
покупает продукты,
готовит обед,
гуляет с собакой,
– как ты помогаешь родителям.

10 Прочитай текст и выясни, почему Юля сегодня не пойдёт в школу.

Юля **заболе́ла**. Она очень плохо себя чувствует. Она почти не **спала́.**
У Юли **си́льно** болит голова и горло. У неё **высо́кая температу́ра**.
Сегодня она не пойдёт в школу. Мама думает, что у Юли **анги́на** или **грипп**.
Поэтому ей надо пойти к **врачу́**.
Врач **принима́ет** сегодня с 8 (восьми) до 12 (двенадцати) часов.

In Russland werden beim Arzt bei der Anmeldung oft Nummernkärtchen (тало́н) ausgegeben.

11 Прослушай диалоги и передай основное содержание.

В регистрату́ре

Юля: Здравствуйте!
Регистратор: Здравствуй! **Что с тобо́й?**
Юля: У меня болит горло и голова тоже.
Регистратор: А температура есть?
Юля: Да, вчера вечером была высокая – 39,3 (39 и 3), а утром – 38,9 (38 и 9).
Регистратор: Как твоя фамилия, твоё имя и дата рождения?
Юля: Давыдова, Юля. Дата рождения: 07.04.1996.
Регистратор: Вот тебе тало́н. **Пройди́** в **приёмную**! Тебя **вы́зовут**.

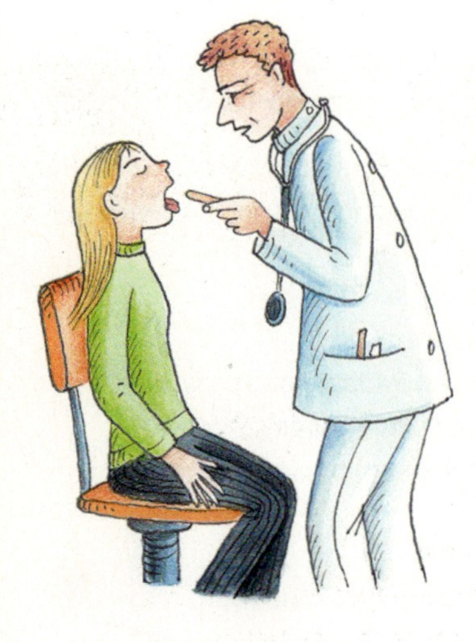

В кабине́те врача

Юля: Здравствуйте!
Врач: Здравствуй! **Проходи́**, пожалуйста. Что с тобой?
Юля: Я очень плохо себя чувствую. Болит голова, и **глота́ть бо́льно**. У меня температура.
Врач: **Ка́шель** и **на́сморк** у тебя есть?
Юля: Нет.
Врач: **Откро́й** рот и покажи **язы́к**. Скажи «А-а-а». Да, горло у тебя красное. У тебя анги́на. Я **пропишу́** тебе антибио́тик. Вот тебе реце́пт. Это **лека́рство** тебе надо **принима́ть** 3 раза в день. И тебе надо **лежа́ть** в **посте́ли** 5 дней.
Юля: Большое спасибо. До свидания!

12 Скажи, кто заболел. Что у него (у неё) болит.

М Мой дедушка заболел. У него сильно болит спина.
Моя бабушка заболела. У неё сильно болят ноги.

Кто заболел?	У кого?		Что болит?
моя сестра			живот
мой брат	у него	болит	зубы
мой друг	у неё	болят	уши
моя подруга			горло
наш учитель			глаза
наша учительница			рука

13 Прочитай анекдот и переведи его на немецкий язык.

У врача

Дедушка: У меня болит пра́вая[1] нога.
Врач: Это от ста́рости[2], дедушка.
Дедушка: Но ле́вая[3] тоже старая, а не болит.

1 *ср.* направо 2 Alter 3 *ср.* налево

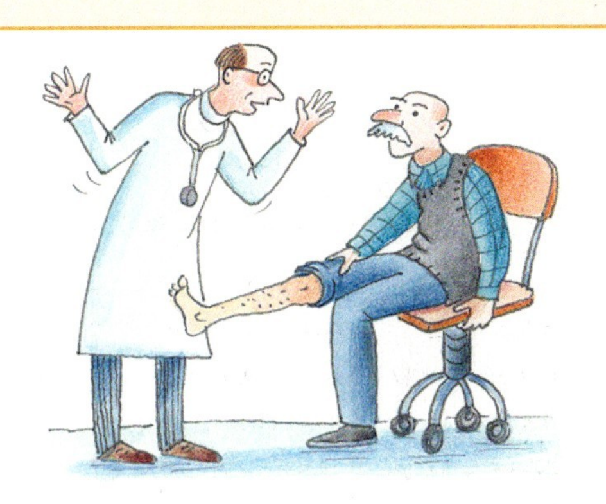

14 Прочитайте диалоги по ролям (→ упр. 11).

Разыграйте аналогичные диалоги.

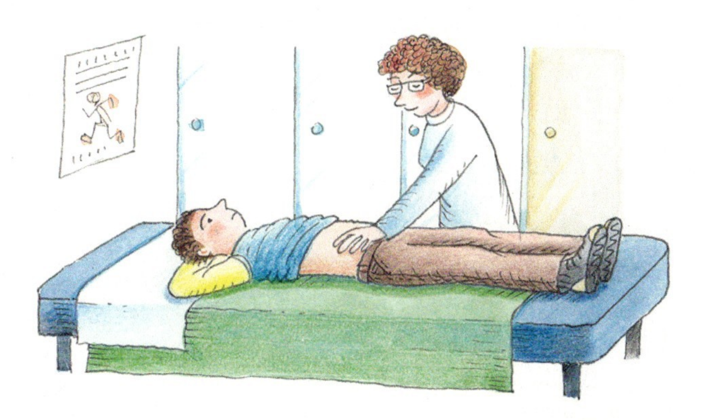

15 Скажи по-русски.

Sage, dass
– du Hals- und Kopfschmerzen hast,
– du ein Antibiotikum nehmen musst,
– deine Schwester Grippe hat,
– sie eine Woche lang im Bett bleiben muss,
– sie dreimal täglich Medizin nehmen muss.

Frage einen/eine Gesprächspartner/in
– wie es ihm/ihr geht,
– was ihm/ihr fehlt,
– ob er/sie Fieber hat,
– ob er/sie schon beim Arzt war,
– wann der Arzt Sprechstunde hat.

Семейные традиции

1 Прочитай текст и ответь на вопросы.  ↗L 7

В каком конкурсе участвовал Пётр?
О каких праздниках он **расскaза́л**?

Интернет-конкурс *Моя семья*

Пётр Дани́лов, ученик 8 класса средней школы № 14 г. Москвы, участвовал в конкурсе *Моя семья*. Каждый участник этого конкурса открыл интернет-страницу: нарисовал древо семьи, рассказал о семье и о её традициях.

www.Традиции семьи Даниловых.ru

http://www.Традиции семьи Даниловых.ru

Наша семья очень дружная. По праздникам мы любим собираться за большим столом с друзьями и близкими родственниками. В выходные дни моя семья никогда не сидит дома, мы ходим в кино или в цирк, ездим на дачу или в гости к друзьям. Мы всегда отмечаем такие праздники, как 9 Мая, 23 Февраля, 8 Марта, Пасху и дни рождения родственников.

9 мая наша семья ходит на Красную площадь и смотрит парад, а вечером все вместе смотрим салют. 23 февраля мы поздравляем мужчин с их праздником. 8 марта к нам приезжают мои бабушки, и мы за большим столом отмечаем этот праздник. Мы дарим им цветы и подарки. Пасха – это очень важный праздник в нашей семье. В этот день мы ездим в деревню к родственникам. Бабушки пекут куличи, красят яйца, святят их в церкви.

Наш любимый праздник – Новый год. Мы ставим и украшаем ёлку, покупаем подарки родственникам и друзьям. На Новый год мы приглашаем друзей к себе или сами ходим в гости. Мы всегда весело встречаем Новый год.

У нас в семье есть хорошая традиция: каждый год мы ездим на море, в Крым или в Сочи, там мы отдыхаем две недели. У нас очень дружная семья, нам никогда не бывает скучно.

2 Прочитай текст ещё раз со словарём и ответь на вопросы по-русски. ↗L 8, L 9

1. О чём рассказали участники конкурса на интернет-страницах?
2. Что делает семья Петра́ в выходные дни?
3. Как его семья отмечает 9 Мая, 23 Февраля, 8 Марта, Пасху?
4. Какая хорошая традиция есть в семье Петра?

3 Поговорите о результатах вашей работы над текстом. 

Ответьте на вопросы по-немецки.

Как вы **спра́вились с** текстом и с вопросами?
Вы всё **по́няли**? Что было непонятно?
У вас были проблемы? Какие?

4 Напиши о традициях твоей семьи.

Какие традиции есть в твоей семье?
Какие праздники вы отмечаете? У вас есть любимый праздник?
Как ты думаешь, какую **роль** играют семейные традиции?

5 Что ты знаешь о традициях и праздниках в других странах?

а) Найди в Интернете информацию о русских праздниках (→ упр. 1).
б) О каких праздниках и традициях вы уже говорили на уроках английского языка?
в) Какие праздники в других странах ты ещё знаешь?

6 Посмотри на график.

Опро́с учеников $6^б$ класса московской школы №170

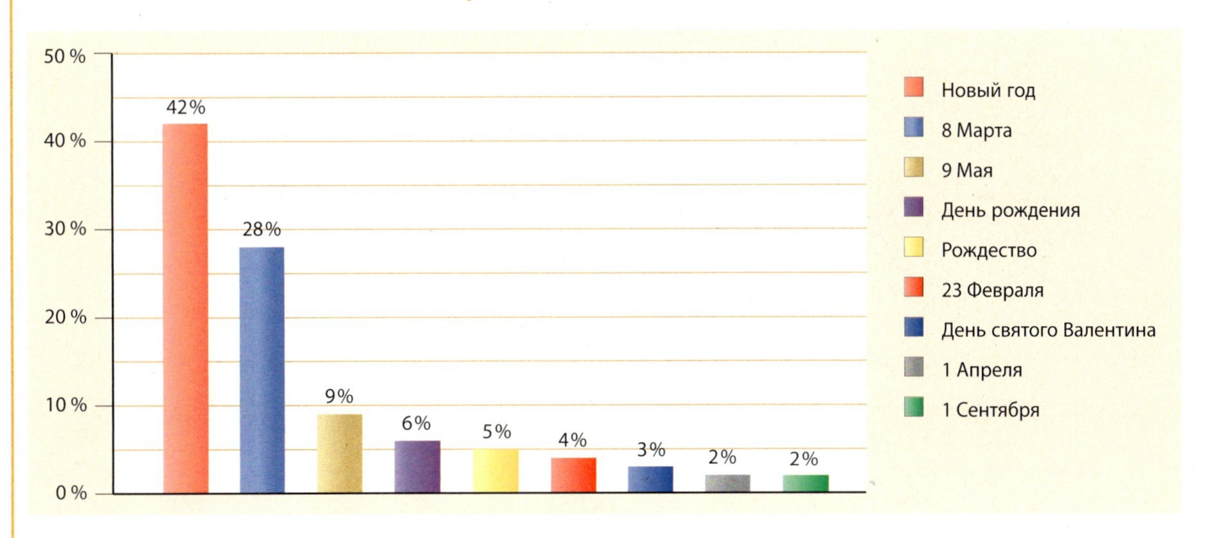

а) Назови любимые праздники московских школьников.

б) Проведи опрос и составь график любимых праздников твоих друзей и родственников. Подготовь презентацию результатов опроса.

7 Прочитай пословицы со словарём и объясни их значение.

Мой дом – моя крепость.
Дома и стены помогают.
Вся семья вместе – так и сердце на месте.
В своём доме как хочу, так и ворочу.
Яблоко от яблони недалеко падает.
Семья без детей – что цветок без запаха.
Каково на дому, таково и самому.

Трудные родители или трудные дети?

1 Прочитайте письма и расскажите, о чём пишут ребята.

а) Каждый ученик выбирает и читает <u>одно</u> из писем.

… Меня дома никто не понимáет! Родителям не нравится музыка моей любимой группы *Tokio Hotel*. Мама говорит, что от этой музыки у неё уши болят. А мне так больно от этих слов! Я так люблю Билла и Тома! Папа только смеётся и говорит, что это не любовь, а только фанатизм.
Он категорически не разрешает мне **покупáть** диски этой группы.
Мои родители любят классику, поэтому я должна вместе с ними ходить на концерты классической музыки. А эта музыка мне (!) не нравится.
Что мне делать?

Света Т., 13 лет, г. Санкт-Петербург

… У меня иногда конфликты с родителями, когда я прихожу домой **пóздно**. Они всё хотят знать: где я, у кого я, и когда я приду домой. Мама говорит, что она специально для этого купила мне мобильник. А я не люблю звонить родителям, когда я у друзей. Я не маленький!

Антон В., 14 лет, г. Новосибирск

… Моим родителям не нравится мой новый друг. Они это и показывают, когда он у меня в гостях. Им не нравится, что Стас всегда ходит в чёрном и у него фиолетовые **вóлосы**.
А я считаю, что это ничего не говорит о характере человека. Мне со Стасом всегда очень интересно. Стас, например, знает все новые хиты поп-рок-групп. А ещё он специалист по компьютерным играм. Он активно участвует во многих онлайновых играх.
Хочу игнорировать **мнéние** родителей, но …

Наташа К., 15 лет, г. Екатеринбург

б) После чтения расскажите, о каких семейных проблемах пишут ребята.

M Света пишет, что её родителям не нравится музыка её любимой группы.
Антон пишет, что у него конфликты с родителями, когда он приходит домой поздно.

2 Прочитай и запомни.

Соглáсие[1]
Я соглáсен (соглáсна) с тобой (с этим мнением).
Это (**совершéнно**) правильно.
Это так.
Я тоже так думаю.

Несоглáсие[2]
Я не согласен (согласна) с тобой (с этим мнением, с мнением Светы/Игоря).
Это (совершенно) неправильно.
Это не так.
А я думаю, что это не так.

Собственное мнéние
По-мóему, …
Я думаю, что …
Я считаю, что …
Мне **кáжется**, что …
Это для меня **(не)вáжно**.
Это для меня играет **вáжную** роль. Это для меня не играет никакой роли.

1 Zustimmung
2 Ablehnung

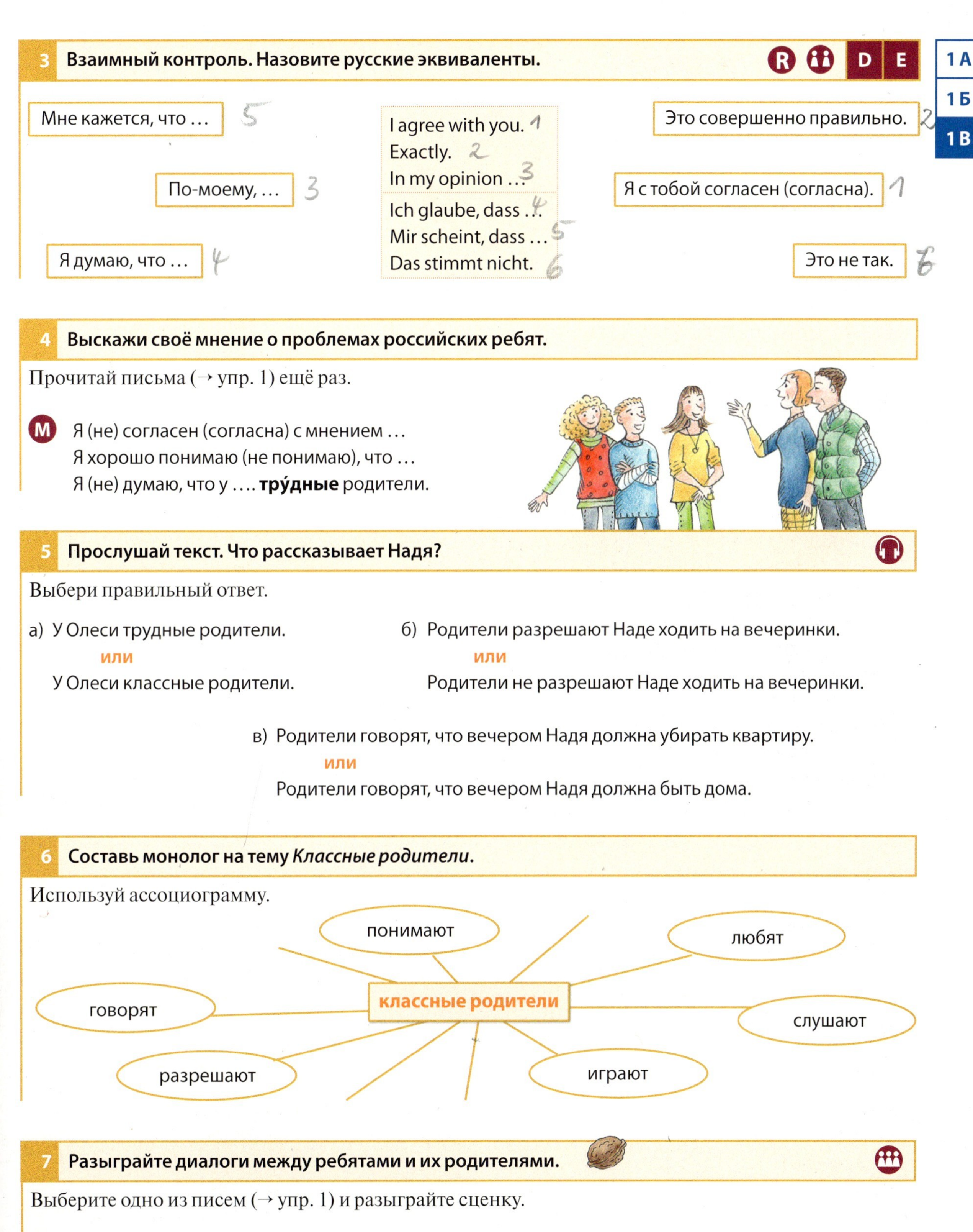

3 Взаимный контроль. Назовите русские эквиваленты.

R D E

Мне кажется, что …	I agree with you.	Это совершенно правильно.
По-моему, …	Exactly.	Я с тобой согласен (согласна).
Я думаю, что …	In my opinion …	Это не так.
	Ich glaube, dass …	
	Mir scheint, dass …	
	Das stimmt nicht.	

4 Выскажи своё мнение о проблемах российских ребят.

Прочитай письма (→ упр. 1) ещё раз.

M Я (не) согласен (согласна) с мнением …
Я хорошо понимаю (не понимаю), что …
Я (не) думаю, что у …. **тру́дные** родители.

5 Прослушай текст. Что рассказывает Надя?

Выбери правильный ответ.

а) У Олеси трудные родители.
или
У Олеси классные родители.

б) Родители разрешают Наде ходить на вечеринки.
или
Родители не разрешают Наде ходить на вечеринки.

в) Родители говорят, что вечером Надя должна убирать квартиру.
или
Родители говорят, что вечером Надя должна быть дома.

6 Составь монолог на тему *Классные родители*.

Используй ассоциограмму.

7 Разыграйте диалоги между ребятами и их родителями.

Выберите одно из писем (→ упр. 1) и разыграйте сценку.

M *Мама:* Антон, в 9 часов ты должен быть дома.
Антон: Мама, я уже не маленький. Ира и Женя должны быть дома только в 10 часов.
Мама: Это меня не интересует. В 10 часов ты уже должен спать.

УРОК 2

Где лучше жить: в городе или в деревне?

1 Скажи, на какой картинке ты видишь город, а на какой – деревню.

В моей родной деревне есть
– интересные старые дома,
– школа,
– река и озеро,
– зелёные **луга́**,
– спортплощадка.
В деревне мало туристов.

В свободное время можно
– играть в футбол (в гандбол, ...),
– гулять с собакой,
– **отдыха́ть** на **приро́де,**
– кататься на велосипеде,
– плавать в озере.

2 Скажи по-немецки: Wie glaubst du, sieht ein typisches russisches Dorf aus? Nutze die Fotos.

В моём городе есть
- красивые и интересные дома,
- исторический музей и два театра,
- университет и институты,
- много магазинов и ресторанов,
- вокзал и даже аэропорт.

В городе всегда много туристов.

В свободное время можно
- ходить по магазинам,
- ходить в театр,
- плавать в бассейне,
- заниматься в кружках, в клубах,
- ходить на концерты.

3 Сделай коллаж о твоей деревне или о твоём городе.

- Скажи, где ты живёшь, и где находится твой город (твоя деревня).
- Тебе нравится жить там?
- Что ты знаешь о твоём городе (о твоей деревне)?
- Расскажи, что там можно делать в свободное время.

Здесь мне нравится жить.

1 Мне пришло электронное письмо.

а) Прочитай письма. О чём пишут Ирина и Максим?

Ирина и Максим познакомились недавно в чате.
Сейчас они **перепи́сываются** по электронной почте.

Тема: Мой город

Привет, Максим!
Ты хочешь знать, где и как я живу. Я живу в центре Екатеринбу́рга в **многоэта́жном** доме. Наша квартира небольшая. Мы с сестрой живём в одной комнате.
5 Я здесь родилась и люблю этот город. В городе **широ́кие** улицы, интересные **достопримеча́тельности**. Кроме того, у нас есть университеты, театры, музеи, парки и много магазинов. Я очень люблю ходить по магазинам. Иногда после уроков мы с друзьями гуляем по городу, сидим в *Макдоналдсе* или у фонтана и смотрим на **то**, что **происхо́дит** на улице.
10 В нашем городе всегда много туристов. Они **приезжа́ют сюда́**, потому что Екатеринбург – известный туристический центр, где встречаются Европа и Азия. Даже вечером на улицах много людей. В городе никогда не скучно.
Пока!
Ирина

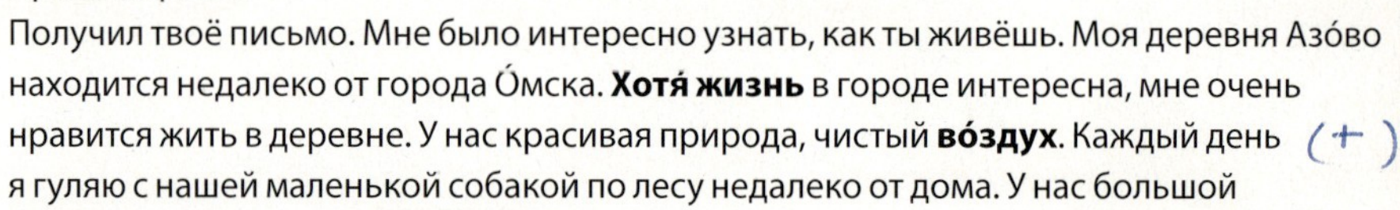

Тема: Моя деревня

Привет, Ирина!
Получил твоё письмо. Мне было интересно узнать, как ты живёшь. Моя деревня Азо́во находится недалеко от города О́мска. **Хотя́ жизнь** в городе интересна, мне очень нравится жить в деревне. У нас красивая природа, чистый **во́здух**. Каждый день я гуляю с нашей маленькой собакой по лесу недалеко от дома. У нас большой
5 **деревя́нный** дом и **огро́мный сад**. У меня есть своя[1] комната. У нас в деревне есть только один магазин, но там можно купить всё. Каждый день я встречаюсь с друзьями. Мы играем в футбол или в волейбол на школьной спортплощадке. Когда вечера теплы, мы вместе сидим в саду и просто разговариваем. Летом мы ходим **купа́ться** на **пруд**. Сегодня тёплая погода, поэтому я сейчас пойду на пруд. Сегодня вечером
10 я тебе напишу ещё раз.
Максим

1 ein eigenes

б) Ответь на вопросы.

Где и как живут Ирина и Максим?
Почему Ирине нравится жить в городе, а Максиму – в деревне?
Чем они любят заниматься в свободное время?

2 Переведи и сравни предложения.

↗ G 7

Achte auf die Bildungsweise und Verwendung der Kurzformen der Adjektive.

Это интересный деревянный дом.	Этот деревянный дом_ интересен_.
Солнце светит. Сегодня хорошая погода.	Погода сегодня хороша́.
Это свободное место.	Место свободно.
В Сибири очень широкие реки.	Реки в Сибири очень широки́.

3 Прослушай и повтори.

краси́вый – краси́в	широ́кий – широ́к	огро́мный – огро́мен
краси́вая – краси́ва	широ́кая – широка́	огро́мная – огро́мна
краси́вое – краси́во	широ́кое – широко́	огро́мное – огро́мно
краси́вые – краси́вы	широ́кие – широки́	огро́мные – огро́мны

4 Составь предложения.

Verwende die Kurz- oder Langformen der Adjektive.

Скороговорка
Наша река широка́, как Ока́[1].

1 река Ока

M В городе красивые фонтаны.
В городе фонтаны красивые.
Фонтаны в городе красивы.

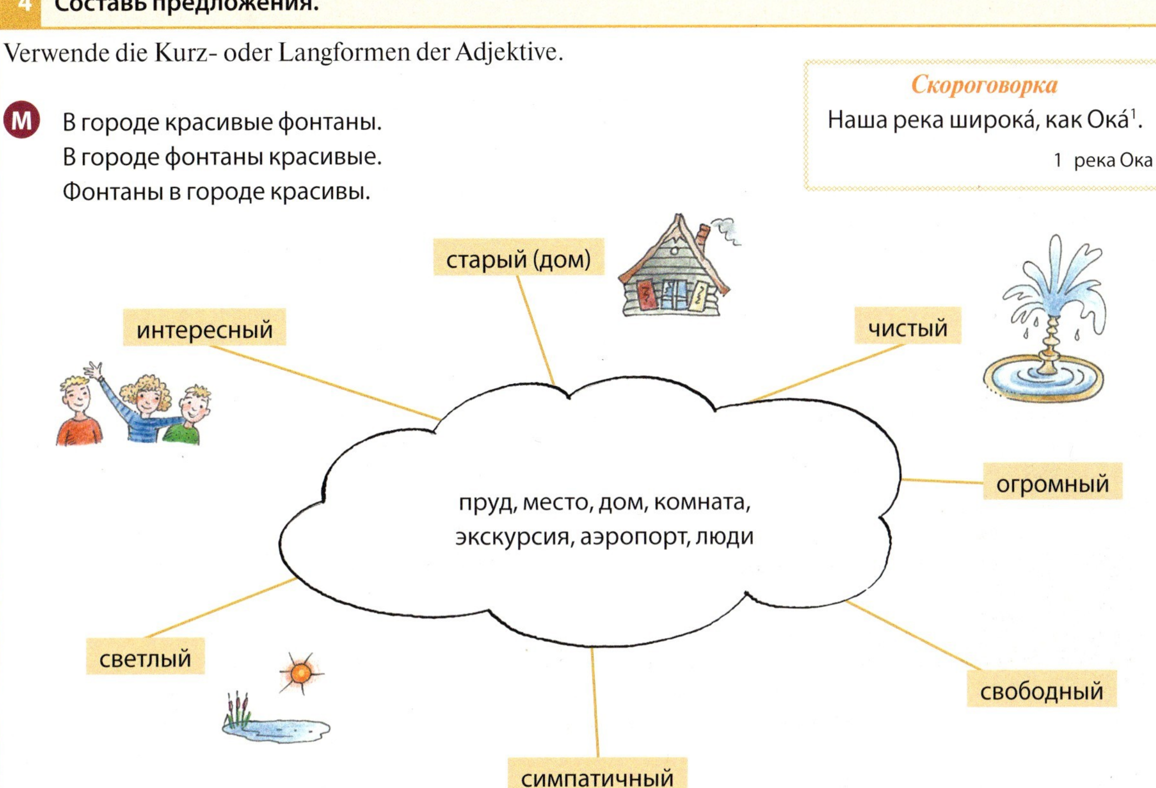

5 Переведи на немецкий язык.

Beachte, dass die Lang- und Kurzformen der Adjektive auch verwendet werden, um ein Übermaß auszudrücken.

Маклер предлагает красивый, но **дорого́й** дом. Дом красив, но для нас **сли́шком** до́рог.
Комната для меня слишком **тёмная**. В этой комнате я не могу читать.
Дома в деревне слишком **малы́**. В них мало места.

6 Скажи по-русски.

Verwende die Kurzform der Adjektive.

Sage, dass

- die große Wohnung mit Balkon schön ist,
- das Bad ziemlich klein ist,
- die Zimmer hell sind,
- die Wohnung euch zu teuer ist.

7 Прослушай текст.

О чём говорят друзья Максима? Выбери правильный ответ.

а) Виктор думает, что жизнь в деревне скучна.– Виктор думает, что жизнь в деревне интересна.
б) Мальчики хотят пойти в театр.– Мальчики хотят пойти в кино.
в) Потом они хотят пойти на дискотеку.– Потом они хотят погулять по городу.
г) Скоро у них будут гости из Германии.– Скоро у них будут гости из Италии.

8 *Сад* или *огород*?

Прочитай текст и скажи, что такое сад, а что такое огород.

В России **мно́гие** люди в городах живут в маленьких квартирах. **За́ городом** у них есть дачи. **В выходны́е** дни они часто отдыхают на даче.

Это сад.
В саду **ря́дом с** домом **расту́т** фрукты и цветы, например, ро́зы, тюльпа́ны, гера́нь, гвозди́ки и маргари́тки.

Это **огоро́д**.
В огороде растут **о́вощи**, например, помидо́ры, огурцы́, капу́ста и лук.

9 Скажи по-русски.

Sage,

- ob du in der Stadt oder auf dem Dorf wohnst,
- was für eine Wohnung ihr habt,
- ob ihr einen Garten habt,
- ob du gern im Garten bist,
- was in dem Garten wächst.

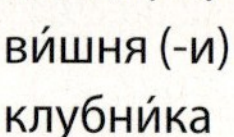

овощи	**фрукты**
морко́вь	я́блоко (-и)
карто́фель	гру́ша (-и)
реди́с	сли́ва (-ы)
свёкла	ви́шня (-и)
цветна́я капу́ста	клубни́ка

10 Прочитай и выучи стихотворение Ива́на Су́рикова.

Де́тство

Вот моя́ дере́вня:
Вот мой дом родно́й;
Вот качу́сь[1] я в са́нках[2]
По горе́ круто́й[3];

Вот сверну́лись[4] са́нки,
И я на́ бок[5] – хлоп[6]!
Ку́барем качу́ся[7]
По́д гору, в сугро́б[8].

1865 г. или 1866 г.

1 gleite, fahre
2 Schlitten
3 steil
4 kippten um
5 Seite *(hier: Körperteil)*
6 plumps
7 kopfüber fallen
8 Schneewehe, Schneehaufen

2 А
2 Б
2 В

11 А что Ирина и Максим будут делать после окончания школы?

а) Прочитай, какие у Ирины и Максима планы на **бу́дущее**.

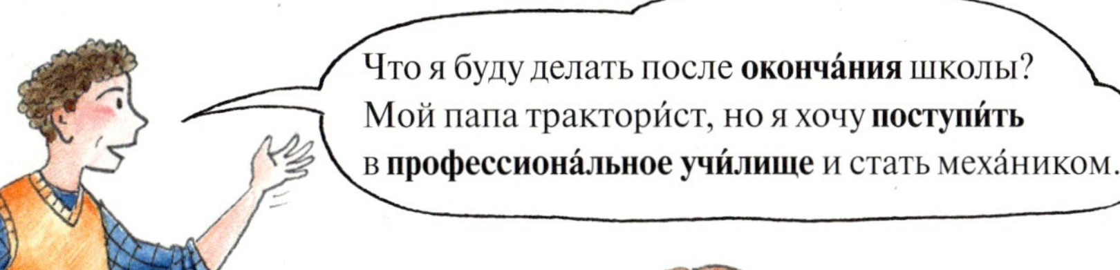

Что я буду делать после **оконча́ния** школы?
Мой папа трактори́ст, но я хочу **поступи́ть** в **профессиона́льное учи́лище** и стать меха́ником.

Е́сли я хорошо **око́нчу** школу, **то** буду поступать в университет. Я хочу учиться **на** библиоте́каря, потому что я очень люблю читать.

б) Скажи, что ты будешь делать после окончания школы.

12 Переведи и сравни предложения. ↗G 6

Обрати внимание на употребление *если* и *когда*.

Если Максим хорошо окончит школу, (то) он **смо́жет** поступить в профессиональное училище.
Если Максим хорошо окончит училище, он сможет работать автомехаником.
Когда Ирина встречается с подругой, они часто говорят о школе, литературе и музыке.
Когда папа работает в саду, Максим ему всегда помогает.

13 Закончи предложения.

M Если я хорошо окончу школу, (то) я смогу поступить в университет.

Если завтра будет хорошая погода, (то) я ???
Когда я поеду к бабушке в деревню, я ???
Если пойдёт дождь, (то) я ???
Когда я читала книгу, ???

14 Где лучше: в городе или в деревне? ↗L 10

а) Составь ассоциограммы. Напиши аргументы за и против.

много магазинов
аргументы за
планы на будущее
там всегда **ти́хо**
там всегда **шу́мно**
много людей
аргументы против
нет супермаркетов

б) Скажи, где ты хочешь жить. Объясни, почему.

Интересные деревни и города в России

1 **Прочитай текст и расскажи, что ты узнал(а) о деревне Шува́ловке.**

Максим **сове́тует** Ирине посетить деревню Шуваловку. Ирина никогда не слышала о ней. Максим рассказал ей, что эта деревня была постро́ена[1] в 1714 году по ука́зу[2] Петра́ Пе́рвого недалеко от Петербурга. Сегодня туристы чувствуют себя там как в сказке, потому что там всё построено в сти́ле 18 **ве́ка**. Ирине стало интересно и она **нашла́ информа́цию** об этой деревне в Интернете. Если ты хочешь посмотреть флеш-ролик с музыкой, то посети интернет-страницу.

1 wurde gebaut
2 auf Befehl

2 **Прочитай тексты о деревне Шуваловке из Интернета со словарём.** ↗ L7, L9

а) Расскажи по-немецки, что ты понял(а).

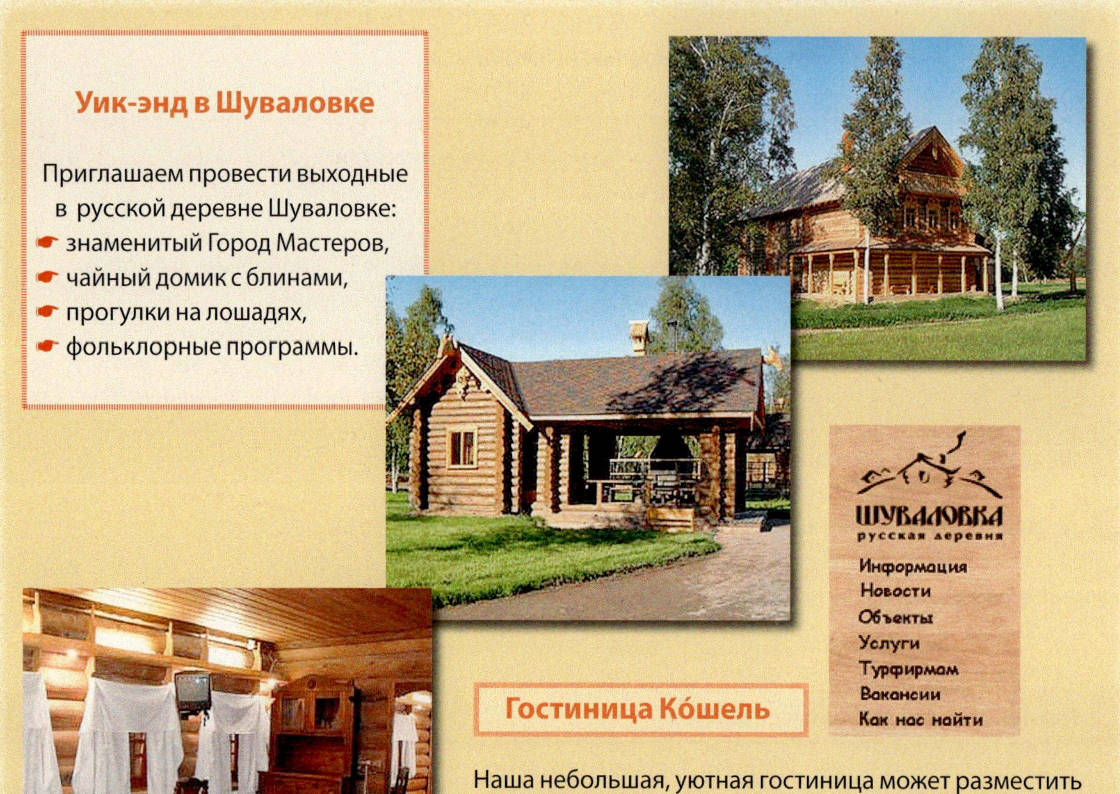

Уик-энд в Шуваловке
Приглашаем провести выходные в русской деревне Шуваловке:
знаменитый Город Мастеров,
чайный домик с блинами,
прогулки на лошадях,
фольклорные программы.
ШУВАЛОВКА
русская деревня
Информация
Новости
Объекты
Услуги
Турфирмам
Вакансии
Как нас найти
Гостиница Ко́шель
Наша небольшая, уютная гостиница может разместить гостей в десяти двухместных номерах. Из них 4 номера – с двумя раздельными кроватями, 5 номеров – с двуспальными кроватями и один номер класса люкс с двуспальной кроватью. В каждом номере есть телевизор, душ, туалет. В нашей гостинице есть конференц-зал до 40 человек.

б) Ты хочешь поехать в русскую деревню Шуваловку? Объясни, почему.

в) Обсудите результат вашей работы над текстом.
У вас были проблемы? Какие?

3 Прослушай и прочитай диалог.

Нижний Новгород – гостиница *Октябрьская*

Клаус Фишер:	Здравствуйте! Меня зовут Клаус Фишер. Я из Германии, из Эссена. Я **зарезерви́ровал** у Вас **но́мер** по телефону. Вот мой **па́спорт**.
Администратор:	Добро пожаловать в нашу гостиницу! Да, мы **заброни́ровали** для Вас очень хороший номер с **ви́дом** на Волгу. **Запо́лните**, пожалуйста, анкету.
Клаус Фишер:	Скажите, а там есть **до́ступ** к Интернету?
Администратор:	Конечно, есть и доступ к Интернету. Как Вы будете **плати́ть**?
Клаус Фишер:	Можно **креди́тной ка́рточкой**?
Администратор:	Да, пожалуйста. Завтрак – с восьми до десяти. Если хотите, можете сейчас ещё поужинать. Ресторан находится на первом этаже рядом с лифтом.
Клаус Фишер:	Спасибо. Но мои друзья пригласили меня на ужин. Я учитель русского языка. Мы с учениками проводим школьный **обме́н** между гимназией № 3 и нашей гимназией в Эссене.
Администратор:	Очень интересно! Всего доброго, **господи́н** Фишер!

4 Кто поможет?

Am nächsten Tag reist auch noch der Direktor des Essener Gymnasiums, Markus Vogt, an. Da er kein Russisch spricht, bittet er seinen Kollegen Fischer, ihm beim Einchecken zu helfen. Er möchte ein großes Zimmer mit Dusche und WC, Kühlschrank und Telefon. Außerdem hat er Durst nach der langen Reise und möchte ein Mineralwasser.

Что скажет Клаус Фишер администратору? Составьте диалог и разыграйте его.

5 Города-партнёры

а) Скажи, кто с кем **дру́жит**.

M Город Кёльн дружит с городом Волгоградом с 1988-го года.

Берлин	Москва	1990
Галле	Уфа	1997
Гамбург	Санкт-Петербург	1957
Дрезден	Санкт-Петербург	1961
Дюссельдорф	Москва	1992
Зуль	Калуга	1969
Киль	Калининград, Советск	1992
Котбус	Липецк	1974
Нойбранденбург	Петрозаводск	1983
Хемниц	Волгоград	1988
Эссен	Нижний Новгород	1991

б) Выясни и напиши, какие города-**партнёры** есть у вашего города (региона, столицы).

Школьный обмен

1 Прочитай электронные письма и ответь на вопросы.

Кому: Alex.Orlow@N-Nowgorod.ru
Тема:

Привет, Александр! Тебе пишет твой партнёр по школьному обмену. Моя учительница дала мне твой адрес и сказала мне, что ты будешь у нас жить, когда ты вместе с ребятами приедешь в Эссен. Меня зовут Деннис Крюгер, я учусь в 10-м классе. Я живу недалеко от центра города. Напиши, пожалуйста, о **себé**.
Пока!
Деннис

Кому: Dennis.Krueger@brd-net.de
Тема:

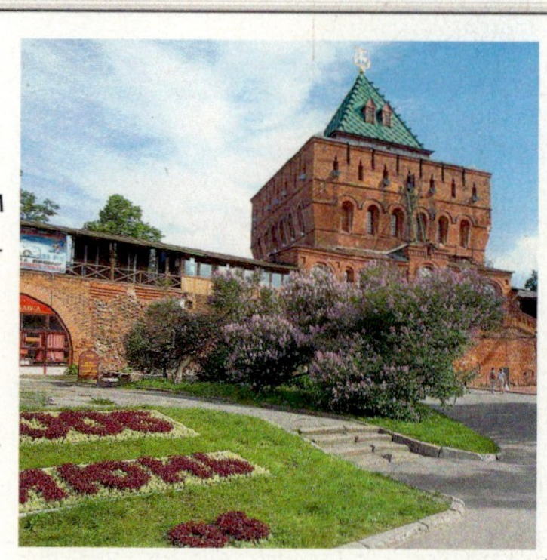

Привет, Деннис! Я очень **рад перепи́сываться** с тобой. Как ты уже знаешь, меня зовут Александр Орло́в, можно просто Саша. Я тоже учусь в гимназии, только в 9-м классе. Мы живём в центре Нижнего Новгорода, недалеко от кремля. У нас большая квартира. Здесь живут мама и папа, моя сестра Света и я, бабушка и кот Мурзик. Когда ты приедешь к нам, моя сестра будет жить у подруги, а ты будешь жить в её комнате. Мы вас уже ждём!
Пока
Саша.

Кому: Alex.Orlow@N-Nowgorod.ru
Тема:

Привет, Саша! Спасибо за твоё письмо. Я очень рад, что я буду жить в русской семье, а не в гостинице. Я хочу увидеть, как живут русские и, конечно, **попрактикова́ться** в русском языке. Это здорово!
Интересно, что в Нижнем Новгороде тоже есть кремль. Я думал, что кремль есть только в Москве. Ещё вопрос: Нижний Новгород и Горький – это один и тот же город? А почему Горький? Это **ведь писа́тель**! ☺
Эссен старый город, но у нас очень мало достопримечательностей, потому что во время **войны́** почти всё было разру́шено[1] бомбами. В Эссене есть красивый собор, университет, интересный музей, большой парк, много ресторанов, кафе и магазинов. На юге города находится очень красивое озеро. В выходные мы любим там отдыхать.
А что у вас можно посмотреть?
Пока!
Деннис

1 zerstört

а) Что ты узнал(а) о Деннисе и о Саше?

б) Что ты узнал(а) об Эссене и о Нижнем Новгороде?

в) Найди в Интернете информацию о Макси́ме Го́рьком. Расскажи о нём.

2 Напиши ответ Деннису на его второе письмо.

Прочитай информацию о Нижнем Новгороде.
О чём Саша может спросить Денниса?

Материал из Википедии:

Нижний Новгород – город в России, административный[1] центр Нижегородской области[2], центр Приволжского федерального округа[3]. Основан[4] в 1221 году. Население[5] – 1,3 млн человек. Город расположен[6] по берегам реки Оки, в месте её впадения[7] в Волгу. Расстояние[8] до Москвы – 400 км.

1 Verwaltungs-
2 Gebiet
3 Föderalbezirk
4 gegründet
5 Bevölkerung
6 liegt, gelegen
7 Mündung
8 Entfernung

3 Школьный обмен – что нас ждёт?

а) Чего российские ученики **ожида́ют** от школьного обмена? Составьте диалог и разыграйте его.

Я рад(а), что мы поедем в Эссен.
Когда мы будем в Германии, …
Если мой партнёр (моя партнёрша) живёт недалеко от центра города, …

☹

Я немного **бою́сь**.
Если мой немецкий друг (моя немецкая подруга) плохо говорит по-русски, …
Если его (её) мама плохо готовит, …

– я буду паниковать и не знать, что делать.
– я каждый день буду фотографировать.
– я куплю брату (сестре, родителям) сувениры.
– я буду говорить **ме́дленно** и повторять всё три раза.
– я весь день буду практиковаться в немецком языке.
– я буду смотреть новые слова в **словаре́**.
– я буду много смотреть телевизор.
– я выучу все слова из **уче́бника**.
– я буду есть только бутерброды …

б) А чего вы ожидаете от школьного обмена?

4 Мы собираем чемодан.

Ihr bereitet euch auf die Reise nach Russland vor und packt euren Koffer. Überlegt, was ihr mitnehmt.

Первый ученик: Когда я поеду в Нижний Новгород, я возьму с собой джинсы.
Второй ученик: Когда я поеду в Нижний Новгород, я возьму с собой джинсы и мобильник.

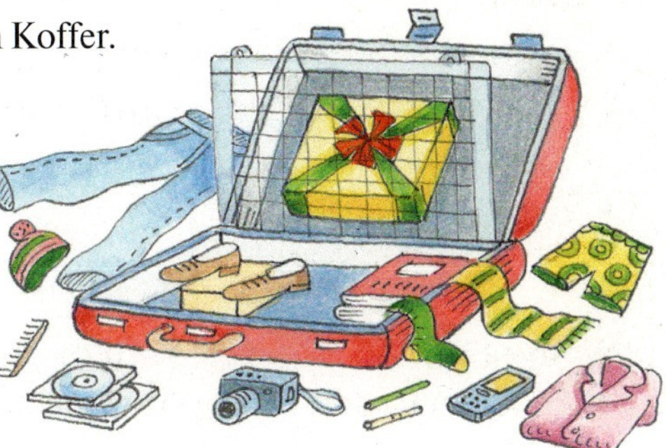

Sieger ist, wer als letzter alles vollständig wiedergeben kann.

УРОК 3 Молодёжь в России и в Германии

1 Какая же она – молодёжь наших дней?

Посмотри на фотографии и ответь на вопросы.

а) Что делают эти **молоды́е** люди?
б) Какие они? Весёлые или серьёзные, симпатичные?
в) Сколько им, **по-тво́ему**, лет?
г) Как ты думаешь, где они находятся?
В России или в Германии? Почему ты так думаешь?
д) Как ты думаешь, в чём **разли́чия** между российской и немецкой молодёжью?

2 Выбери одну из фотографий и опиши её.

М На этой фотографии мы видим молодых людей.
Они, наверное, в театре.
По-моему, они играют сказку на русском языке.
Я так думаю, потому что они в интересных костюмах.
И, кроме того, можно прочитать слово *Тридесятое*, что значит «очень далеко». Это слово часто встречается в сказках.

3 **Как вы думаете, о чём разговаривают молодые люди? Придумайте диалог.**

4 **Составь в тетради ассоциограмму на тему *Молодёжь*.**

Подготовь монолог на эту тему.

Немецко-русский обмен

1 Прочитай объявление из газеты.

Ответь на вопросы.

- Ученики из каких стран могут участвовать в программе школьного обмена?
- Какие семьи **и́щут** организаторы программы «Немецко-Русский Обмен» для **приёма** иностранных школьников?
- Сколько месяцев ученики могут жить в другой стране?

DEUTSCH-RUSSISCHER AUSTAUSCH E.V.

> «Немецко-Русский Обмен» прово́дит[1] программу школьного обмена с Германией.
> Мы организуем поездку российских школьников в Германию, **а та́кже** приём в Санкт-Петербурге немецких школьников.
> В проекте могут участвовать школьники 14—18[2] лет.
> Для иностранных школьников мы ищем открытые, **гостеприи́мные** семьи.
> Если вы интересуетесь немецкой **культу́рой** и хотите **обща́ться с** людьми из этой страны, звоните нам по телефону:
> (+ 7-812) 718-37-93.
> «Немецко-Русский Обмен» организует ещё три программы:
> 1. Школьный год в Германии (10 месяцев).
> 2. Трёхмесячный[3] обмен с Германией.
> 3. Программа обмена со школой № 664 (один месяц).

1 führt durch
2 четырнадцати – восемнадцати
3 *ср.* три месяца

2 Прослушай телефонный разговор.

а) Скажи, какие высказывания о Тобиасе правильны, а какие неправильны.

1. Тобиас звонит в Петербург из Гамбурга.
2. Он говорит с Игорем.
3. Он приедет в Петербург в начале декабря.
4. Он очень любит футбол.
5. Он хочет узнать, как ребята в Петербурге проводят свободное время.
6. Он очень любит борщ.

б) Прослушай разговор ещё раз и исправь неправильные высказывания.

3 Переведи и сравни.

↗ L 10 | ↗ G 8, 10

Кузнецо́вы ждут Тобиаса и думают о нём:

Наверно, он спортивнее меня.

Думаю, он приле́жнее нашего **сына**.

Мне будет интереснее общаться с Тобиасом, чем с братом.

У них, наверно, бо́лее красивая квартира, но это для меня ме́нее важно.

У него, наверно, более спортивная фигура, чем у меня.

4 Прочитай и переведи. ↗G 11

Ира <u>спортивнее **всех**</u> других учениц класса.
Класс Иры – <u>**са́мый** спортивный</u> в нашей школе.
Максим <u>сильнее всех</u> в нашем классе. А <u>самый сильный</u> ученик в нашей школе – это Игорь.
И́горь Акинфе́ев <u>**лу́чший**</u> врата́рь (Torwart) России.

5 Ответь на вопросы.

Кто спортивнее всех в твоём классе?
Кто самая спортивная девочка в твоём классе?
Кто сильнее всех в вашем классе?
Кто самый сильный ученик в твоей школе?
А кто самый хороший вратарь Германии?

6 Прочитай и запомни. ↗G 9, 11

Beachte die unregelmäßige Bildung einiger Komparativformen.
Finde den dazugehörenden Positiv (die Grundstufe).

1. Летом И́горь много занимался спортом, а сейчас он им **ме́ньше** занимается. Он хочет **бо́льше** тренироваться.
2. Ему нравятся футбольные команды *ЦСКА* и *Спарта́к*, они играют не **ху́же** известных европейских команд. Но **бо́льше всего́** он любит команду *Зени́т*.
3. Саша **ста́рше** Игоря. Катя **моло́же** Саши.

7 Расскажи немного о себе.

По каким предметам твои отметки лучше отметок Олега, а по каким – хуже? Что ты больше всего любишь делать по дому, а что – **ме́ньше всего́**? Кто в вашем классе старше тебя, а кто моложе?

СВИДЕТЕЛЬСТВО
Об окончании 8 класса

Выдано *Петрову Олегу Игоревичу*

Предметы	Отметка
Русский язык	*хорошо*
Математика	*хорошо*
Биология	*отлично*
Физика	*хорошо*

8 Прочитай монолог Вале́нти́на Петро́вича. ↗G 3, 4

Познакомься с употреблением местоимений *свой*, *его*, *её*, *их*.

Это моя семья: моя **жена́** Екатери́на Серге́евна, наша дочь А́нна Валенти́новна, **её муж**, Ви́ктор Ива́нович, **их** дети, наши **вну́ки**: Игорь, Катя и Ира. А вот это я – муж, отец и дедушка. Хорошо, что мы все живём в одном доме. Я **ви́жу свои́х** внуков каждый день. Сначала Аня, Виктор и **их** дети жили в Алекса́ндровке, в родной деревне Виктора. Там и сейчас ещё живут **его́** мама и брат. На каникулах Катя и Ира часто в гостях у **свое́й** другой бабушки. Она тоже очень любит **свои́х вну́чек**.

9 Расскажи о своей семье.

Принеси фотографию и (или) родосло́вное дре́во[1] твоей семьи.

M Сегодня я хочу представить вам свою семью.
Вот это моя мама, её зовут Керстин, ей 40 лет.
А это её родители, моя бабушка и мой дедушка.

1 Stammbaum

10 Прочитай письмо Тобиаса.

Найди и выпиши информацию о российской молодёжи.

Большой привет из Санкт-Петербурга!
Здравствуйте, госпожа Мюллер! Привет, ребята!

Вот уже месяц я в Питере.
Я живу в семье Кузнецовых. Мне очень весело с ними.
Каждый день я практикуюсь в русском языке.
Интереснее всего мне проводить время с Игорем и его сёстрами.
Игорь тоже интересуется футболом. Мы с ним уже были на футбольном матче между российскими командами «Зенит» и «ЦСКА».
Я думаю, что российские футболисты хорошо играют, а Игорь говорит, что немецкие футболисты – самые сильные, они играют лучше всех.
Я уже познакомился с жизнью российских ребят. Я узнал, что у них здесь ***таки́е же*** *проблемы и такие же интересы, как и у нас: они, как и мы, иногда не слушают[1] своих родителей. Иногда они не делают свои уроки, но* ***ча́ще всего́*** *делают их.*
Молодые люди в России, как и у нас в Германии, любят слушать разную музыку: хард-рок, хеви-метал, гранж, панк-рок, рэп, хип-хоп или поп- и софт-рок, ...
Кстати, Игорю очень нравится наша рок-группа Rammstein, а Кате и Ире больше нравится поп-группа «Челси».
Российские тинейджеры, как и немецкие, часто встречаются со своими друзьями, любят сидеть в Интернете, играть на компьютере, играть в футбол, в бильярд...
Мне здесь очень нравится, у меня здесь сейчас много новых друзей.
Конечно, мне повезло, что я три месяца буду жить в Петербурге. Кузен Игоря живёт в маленькой деревне на Урале. Там, наверно, менее интересно.
Ну, на сегодня это всё. Мы сейчас пойдём на концерт поп-группы «Челси».

Встретимся в июне!

Ваш Тобиас

1 *hier:* auf *jmdn.* hören

11 Расскажи о жизни российской молодёжи.

- о её **увлече́ниях**,
- о её кумирах,
- о её интересах,
- о её проблемах.

12 Прочитай рекламную информацию.

Передай основное содержание.
Скажи, в каком из этих клубов ты хочешь провести время.

КЛУБ «АРКТИКА»

находится недалеко от станции метро «Приморская», на улице Беринга 38.

☛ Концерты

В клубе «Арктика» проводятся[1] разные концерты.

☛ Вечеринки

Каждую пятницу, субботу,
а также в праздничные дни для Вас:
лучшие DJ,
шоу-программа,
конкурсы,
подарки и …

Каждый день в кафе-баре «Арктика» проводится конкурс КАРАОКЕ.

В твой день рождения ты получаешь билет в подарок,
а для 4 (четырёх) твоих друзей – ски́дка[2] 50 %.

1 werden durchgeführt 2 Rabatt

Сити-Фитнес в бизнес-центре «Акватория»
Добро пожаловать в новый фитнес-клуб!

Адрес:
Санкт-Петербург,
Выборгская набережная, 61А.
Тел. (812) 309-20-20

О клубе

Общая площадь[3] клуба – 2500 кв.м.
Здесь есть большой тренажёрный зал[4],
3 зала для групповых программ и персонального тренинга, бассейн, сауна, солярий,
массажные кабинеты, зона релаксации,
фитнес-бар и салон красоты.

Групповые занятия
Аэробика
Силовые уроки[5]
Йога
Танцевальные уроки
Тренажёрный зал
Персональные тренировки
Фитнес для детей
Фитнес-бар

3 Gesamtfläche 4 Trainingssaal 5 Kraftübungen

13 Оформи рекламный флаер.
Опиши твой любимый клуб, кинотеатр, бассейн или твоё любимое кафе.

Напиши

- адрес, координаты,
- как туда доехать,
- важную информацию,
- дета́ли программы.

14 Составь ассоциограмму.
Расскажи, как немецкая молодёжь проводит свободное время.

- где, когда, с кем и как вы любите проводить свободное время,
- чем твои одноклассники больше всего любят заниматься,
- какую музыку они чаще всего слушают,
- где вы любите отдыхать.

Первая любовь

1 Прочитай текст о книге *Ко́стя+Ни́ка* и ответь на вопросы.

↗L 7

Кто написал книгу *Костя+Ника*?
О чём рассказывает эта книга?
Кто **гла́вные геро́и по́вести**?

А́втор книги Тама́ра Крю́кова – современная писательница.
Костя+Ника – это история о первой любви.
Костя и Ника – это Ромео и Джульетта наших дней.
Лето в деревне. У школьников каникулы. Они весело проводят время
5 со своими друзьями, слушают разную музыку, **флирту́ют**.
В этой атмосфере рожда́ется[1] **настоя́щая** любовь. Косте 16 лет.
Его семья проводит каждое лето в этой деревне на даче.
Ника тоже живёт на даче, ей 15 лет. Она из **бога́той** семьи.
Её отец – известный худо́жник[2]. Он много работает,
10 поэтому Ника всегда одна.
Она почти всё время сидит дома, потому что она не может ходить.
Она ни с кем не общается. Нике интересно общаться только с Костей,
потому что только он её понимает. Костя стал для Ники настоящим другом.

1 *hier*: entsteht 2 Maler

2 Прочитай отрывок из книги со словарём.

↗L 9

Расскажи, о чём Ника и Костя говорят.
Как Ника чувствует себя во время разговора с Костей?

– А какие книги ты любишь? – спросила Ника.
– Да так. Разные. Фэнтези, например.
– Я тоже, – обрадовалась Ника. – Читал *Арфистку Менолли*?
Я её вчера закончила.
5 – А я как раз сейчас читаю, там, где драконы родились. Классная книга.
– А у меня вся трилогия есть.
Если хочешь, можешь взять почитать, – предложила Ника.
Они разговаривали и удивлялись, как много одинаковых книг они читали.
Ника́ндра[1] ни с кем не говорила о книгах. О книгах она говорила только
10 с учительницей, которая приходила к ней на дом давать уроки литературы.
Но эти разговоры были совсем неинтересны. И вдруг встречается человек,
которому нравятся те же авторы и те же книги.

(по Т. Крюковой. Костя+Ника)

1 Никандра = Ника

3 Поговорите о результатах своей работы над текстом.

Ответьте на вопросы по-немецки.

Как вы справились с текстом и с вопросами?
Вы всё поняли? Что было непонятно?
У вас были проблемы? Какие?

4 Прослушай песню из фильма *КостяНика. Время лета.*

Прочитай текст песни и переведи его.

А мо́жет быть, она́ со мно́й
Туда́ пойти́ отва́жится[1],
Где не́бо схо́дится с землёй[2],
Как э́то лю́дям ка́жется?
Ведь[3] я ещё её не звал[4] –
Боя́лся, что отка́жется[5],
Не ве́рил[6] …
Сли́шком твёрдо[7] знал,
Что э́то – то́лько ка́жется.

Группа «Бигуди», композиция «Горизонт»
(на стихи Бориса Заходера)

1 wagt
2 wo sich Himmel und Erde vereinen
3 doch
4 не звал = не приглашал
5 ich hatte Angst, sie sagt nein
6 glaubte
7 *hier:* zu gut

5 Прочитай информацию и расскажи, что ты узнал(а) о фильме.

Жанр:	мелодрама
Режиссёр:	Дмитрий Фёдоров
Продюсер:	Виталий Сидоренко
Автор сценария:	Лев Дельцов по[1] повести Т. Крюковой «Костя+Ника»
В главных ролях:	Ольга Старченкова Иван Вакуленко Любовь Германова Владимир Симонов
Оператор[2]:	Иван Гудков
Композитор:	Андрей Дойников
Кинокомпания:	«Ракурс»
Длительность[3]:	100 минут
Страна:	Россия
Год:	2006

1 nach 2 Kameramann 3 Dauer

6 Напиши, каким, по-твоему, должен быть настоящий друг.

Настоящий друг должен

быть каким?

скромн<u>ым</u>, весёл<u>ым</u>, открыт<u>ым</u>, красив<u>ым</u>, толерантн<u>ым</u>, прилежн<u>ым</u>, богат<u>ым</u>, **че́стн<u>ым</u>**, **надёжн<u>ым</u>**

что делать?

думать только обо мне, всегда помогать мне, рассказывать мне обо всём, говорить мне только хорошее, делать мне комплименты, слушать меня, нравиться моим родителям, интересоваться футболом, театром, …
понимать меня, заниматься спортом, …
говорить мне, что я делаю неправильно, …

7 Прочитай пословицы со словарём и объясни их значение.

Не имей сто рублей, а имей сто друзей.

Не родись красивым, а родись счастливым.

Любовь слепа́.

Какая она – молодёжь XXI века?

1 Прочитай тезисы на тему *Молодёжь.*

Выбери один из сла́йдов и подготовь монолог на эту тему.
Выскажи своё мнение.

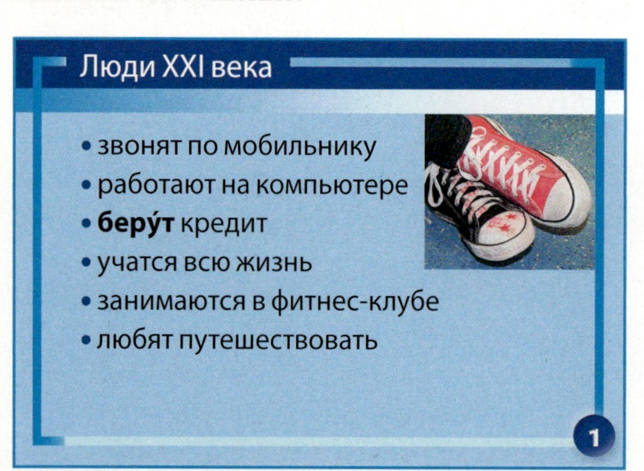

Люди XXI века
• звонят по мобильнику
• работают на компьютере
• **беру́т** кредит
• учатся всю жизнь
• занимаются в фитнес-клубе
• любят путешествовать
1

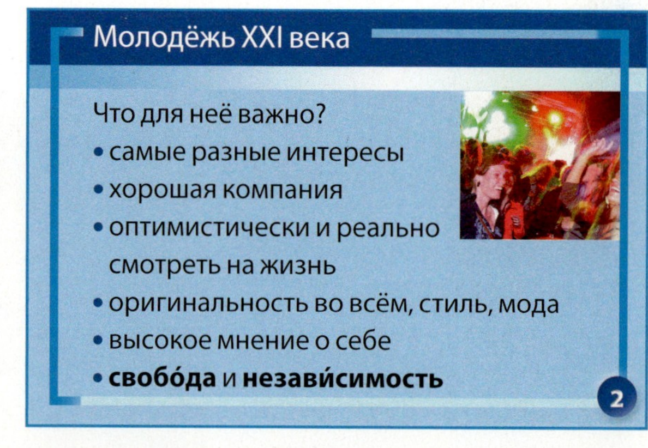

Молодёжь XXI века
Что для неё важно?
• самые разные интересы
• хорошая компания
• оптимистически и реально смотреть на жизнь
• оригинальность во всём, стиль, мода
• высокое мнение о себе
• **свобо́да** и **незави́симость**
2

Це́ли молодых людей XXI века

- карьера и деньги
- интересное место работы
- хорошее **образова́ние**
- счастье
- хорошая жизнь
- социальная компетентность

3

M Слайд 1 показывает, какой он – человек XXI века. Он, например, любит звонить по телефону. Не может жить без мобильника. Он много работает на компьютере.
Но, по-моему, человеку XXI века важно общаться с друзьями и жить в хорошей семье.

2 Проведите дискуссию на тему *Российская молодёжь* или *Молодёжь XXI века.*

↗ L 11

Используйте эту лексику.

Начало дискуссии

- Я хочу с тобой (вами) поговорить о …
- У меня к тебе (вам) вопросы: …
- Я хочу тебя (вас) **спроси́ть**, …
- Давай(те) поговорим о …
- Давай(те) проведём дискуссию о …
- Что ты думаешь о …
- Мне интересно узнать, …

Основна́я часть дискуссии

- Думаю, тебе (вам) будет интересно узнать, …
- Наверное, ты знаешь (вы знаете), что …
- Важно сказать, что …
- Также важно, что …
- Кстати, …
- **С одно́й стороны́** …, а **с друго́й стороны́**, …
- Сейчас немного о …
- Как, по-твоему (**по-ва́шему**), …
- **Я́сно**, что …
- Ты **прав(а́)** (Вы пра́вы), но …

Заключе́ние дискуссии

- Я по́нял (поняла́), что …
- В результате надо сказать, что …
- (Одним) **сло́вом**: …
- **Зна́чит, …**
- **Ита́к**, …
- В заключение я хочу отме́тить, что …
- Всё это говорит о том, что …

3 Поговорите о проблемах молодёжи.

а) Как вы думаете, у молодых людей есть такие проблемы?

проблемы с друзьями
конфликты с родителями
стресс и проблемы в школе
нет друзей
моббинг
мало карма́нных де́нег[1]

алкого́ль
сигареты
лекарства
нарко́тики
компьютерные игры
телевизор

алкоголи́зм
наркома́ния
компьютерома́ния
телема́ния
телефонома́ния
булими́я

1 Taschengeld

б) Что вы посоветуете этим молодым людям?

- поговорить со своими друзьями (со своими родителями) о проблемах и конфликтах,
- найти компромисс,
- искать настоящих друзей,
- составить свой план дня или недели,
- хорошо учиться,
- игнорировать алкоголь (сигареты, наркотики),
- найти и реализовать свой талант,
- подумать о своих планах на будущее и о своих целях в жизни

4 Выскажите своё мнение.

Выберите одну из тем форума на сайте pod-rostok.ru или другого интернет–сайта.(→ упр. 2 и 3)

Форум на pod-rostok.ru

Последние темы:
Где найти хороших друзей для своих детей?
Что делать? Мой сын весь день сидит за компьютером.

Используйте лексику:
- мы хотим **отве́тить** на твой (ваш) вопрос, …
- вы **спра́шиваете**, …
- мы – молодые люди, нам … лет, …
- мы можем вам помочь, …
- мы считаем, что надо …

5 Напишите сказку или сценарий спектакля на тему *Настоящий друг*.

Придумайте интересные названия и покажите в своих сценках:

Кто для вас настоящий друг?
Как (можно) узнать настоящего друга?
Какую роль в вашей жизни он должен играть?

6 Опиши и проинтерпретируй одну из этих карикатур.

Начни так:
- Я хочу **описа́ть** и проинтерпретировать карикатуру №…
- Я вижу на этой карикатуре…
- Я думаю, что компьютер для многих людей играет большую роль, но…

1

2

В мире СМИ

Средства массовой информации

1 **Расскажи о себе.**

Как часто ты

- читаешь журналы или газеты? Какие?
- смотришь телевизор? У тебя есть любимая телепрограмма (любимый телеканал)? Какая (Какой)?
- сидишь в Интернете или играешь в компьютерные **и́гры**?

2 **СМИ – это сре́дства ма́ссовой информации.**

Они **информи́руют**, **рекламу́руют**, **развлека́ют**, а также помогают общаться.
Посмотри на фотографии. Расскажи, какие средства массовой информации важны для тебя. Почему?

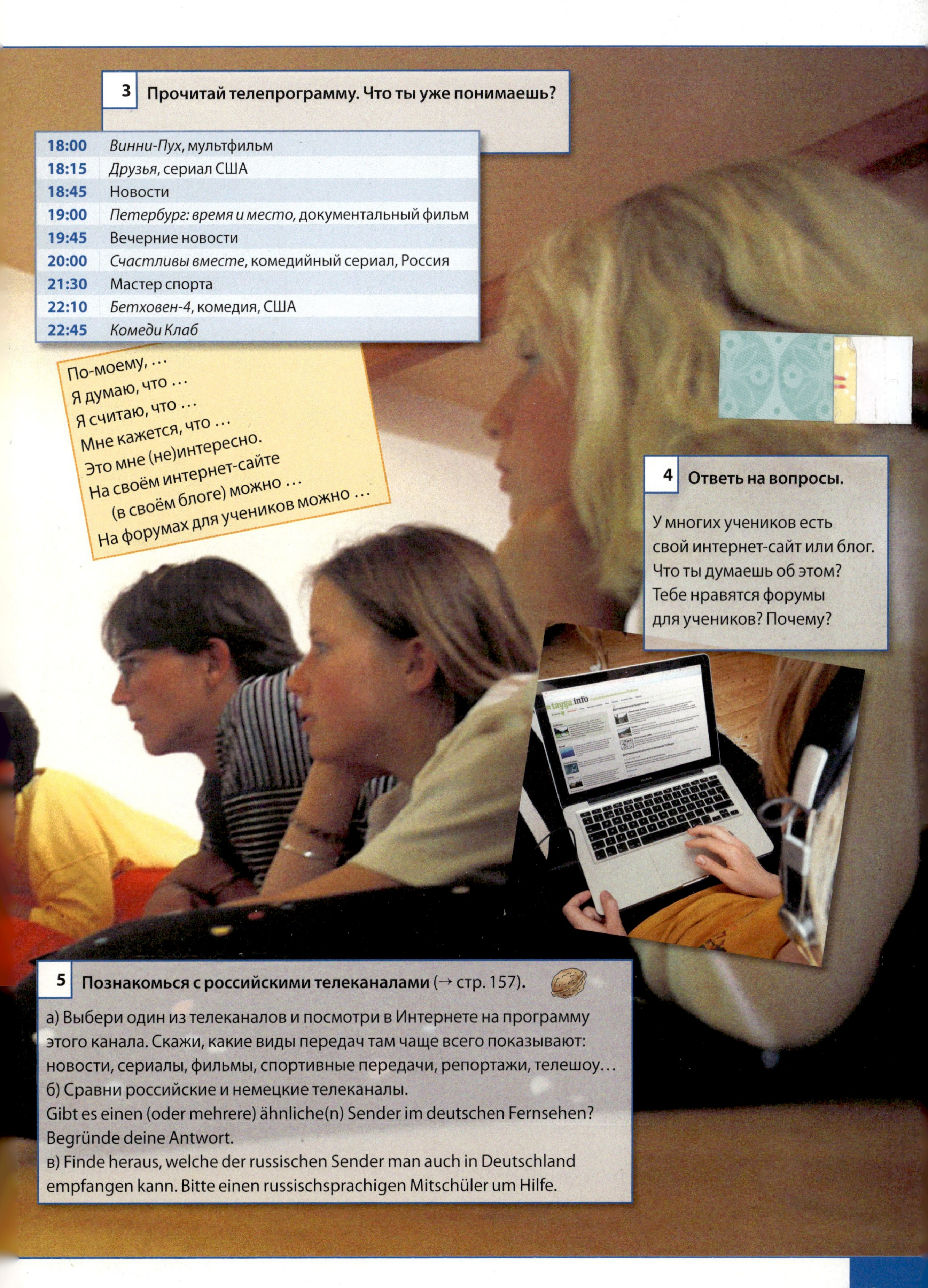

3 **Прочитай телепрограмму. Что ты уже понимаешь?**

18:00	*Винни-Пух*, мультфильм
18:15	*Друзья*, сериал США
18:45	Новости
19:00	*Петербург: время и место*, документальный фильм
19:45	Вечерние новости
20:00	*Счастливы вместе*, комедийный сериал, Россия
21:30	Мастер спорта
22:10	*Бетховен-4*, комедия, США
22:45	*Комеди Клаб*

По-моему, …
Я думаю, что …
Я считаю, что …
Мне кажется, что …
Это мне (не)интересно.
На своём интернет-сайте
(в своём блоге) можно …
На форумах для учеников можно …

4 **Ответь на вопросы.**

У многих учеников есть свой интернет-сайт или блог. Что ты думаешь об этом? Тебе нравятся форумы для учеников? Почему?

5 **Познакомься с российскими телеканалами** (→ стр. 157).

а) Выбери один из телеканалов и посмотри в Интернете на программу этого канала. Скажи, какие виды передач там чаще всего показывают: новости, сериалы, фильмы, спортивные передачи, репортажи, телешоу…

б) Сравни российские и немецкие телеканалы.
Gibt es einen (oder mehrere) ähnliche(n) Sender im deutschen Fernsehen? Begründe deine Antwort.

в) Finde heraus, welche der russischen Sender man auch in Deutschland empfangen kann. Bitte einen russischsprachigen Mitschüler um Hilfe.

СМИ и молодёжь

1 Прочитай мнения молодых людей о роли СМИ в их жизни.

Ответь на вопросы.

Какие журналы и **газе́ты** читает Лена? Почему?
Что родители Лены говорят о роли газет?
Какие телепрограммы смотрит Вади́м?
Почему Нина не может **предста́вить себе́** жизнь без Интернета?

Лена: Я **регуля́рно** читаю журналы, из **кото́рых** я узнаю о своих кумирах и о новых **тенде́нциях** в музыке и моде. Я не читаю газеты, которые пишут о **поли́тике**. Это тема, на которую я не люблю говорить. Это скучно. Мои родители говорят, что человек, который читает газеты, понимает всё, что происходит в мире, лучше. Ну разве я **глу́пая**? У меня ведь просто другие интересы.

Вадим: Очень важный **исто́чник** информации – это **телеви́дение**. Я смотрю только телепрограммы, которые мне интересны. Почти каждый вечер я смотрю *Время* или ***Но́вости***, потому что хочу знать, что происходит в **ми́ре**. Очень люблю музыкальные и спортивные **переда́чи**. Вечером мы всей семьёй смотрим фильмы или **сериа́лы**. Но, к сожалению, на всех телеканалах слишком много **рекла́мы**. Реклама меня очень **нерви́рует**, потому что она **прерыва́ет** интересные фильмы и передачи.

Нина: Я каждый день **приме́рно** 5 часов сижу в Интернете. Там есть всё: рок-журналы и информация о популярных группах, большие библиотеки и конкурсы. Можно читать онлайновые газеты, **ска́чивать** музыку, смотреть **фи́льмы**, играть в разные игры или общаться с людьми, которые живут в разных странах. Я не могу представить себе жизнь без Интернета! Моя мама говорит, что я компьютерная **наркома́нка**.

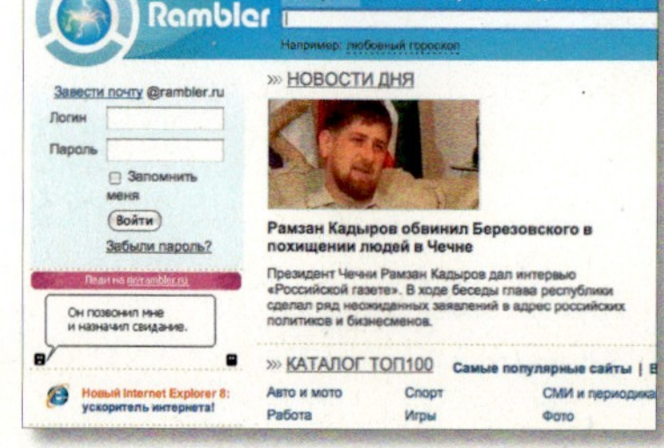
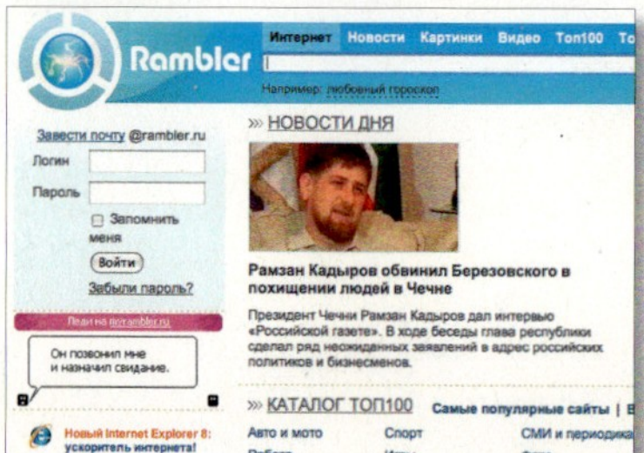

2 Прочитай предложения и переведи их на немецкий язык.

↗ G 5

Обрати внимание на падежные формы относительного местоимения *который*.

- Вадим, который каждый день смотрит *Новости*, хочет знать, что происходит в мире.
- Лена, которая не интересуется политикой, читает журналы о музыке и моде.
- Рекламные ролики, которые прерывают интересные фильмы, нервируют Вадима.
- Вадим, у которого нет телевизора в своей комнате, смотрит фильмы вместе с родителями.
- Люди, с которыми Нина общается в Интернете, живут в разных странах.

3 Дополни предложения.

Выбери правильную падежную форму местоимения *который*.

Компьютерный наркоман – это человек, ??? всё время сидит в Интернете.
Девушка, ??? я общаюсь в Интернете, живёт в Чика́го.
Река, ??? можно купаться, находится недалеко от города.
Английский рок – это музыка, ??? я могу слушать каждый день.
Дом, ??? я живу, старый, но очень красивый.
Актрису, ??? пишут все СМИ, зовут Анджели́на Джоли́.
Родственники, ??? мы были в гостях, живут в Екатеринбу́рге.

в котором
в которой
которую
у которых
о которой
который
с которой

4 Русские СМИ в Германии

В Германии живёт много российских немцев и русских. У них есть свои СМИ на русском языке: газеты, журналы, телевидение и радио, интернет-порталы…

РГ Русская Германия

а) Какие русские СМИ вы знаете? Назовите их.

б) Расскажите своим одноклассникам, о каких темах информируют русские СМИ в Германии. Подготовьте презентацию на тему *Русские СМИ в Германии*.

5 Прочитай анекдот и перескажи его на немецком языке.

На улице стоит маленький мальчик и плачет[1]. Милиционер спрашивает его:
– Почему ты плачешь, мальчик?
– Я потеря-я-ялся[2].
– А адрес свой знаешь?
– Да-а-а. Netmaster@mail.ru.

1 weint
2 Ich habe mich verlaufen.

6 Компьютерная лексика **E**

Прочитай слова.
Назови ещё другие англицизмы на тему *Компьютер*.

брау́зер
ха́кер
блог
веб-ка́мера
се́рвер
моде́м
дисплéй
ю́зер
онла́йн
мегаба́йт
ноутбу́к
при́нтер
джо́йстик

7 Прочитай информацию о двух плеерах.

Welches Gerät würdest du kaufen? Begründe deine Wahl auf Deutsch.

цвет	розовый	белый
интерфе́йс	USB 2.0	USB 2.0
диспле́й	нет	LCD цветно́й диагона́ль 6 см
па́мять	3 гигаба́йт	5 гигаба́йт
слот для карты па́мяти	нет	один слот miroSD
батаре́йка	ли́тий-ио́нный аккумуля́тор	ли́тий-полиме́рный аккумуля́тор
время работы	8 часов	до 20 часов
FM тюнер	нет	да
микрофо́н	да	да
диктофо́н	да	да
видео	нет	да
язык меню	русский	русский, английский
цена́	1621 руб.	1931 руб.

Я ищу, мне нужен, я возьму vgl. Я беру

8 В компьютерном магазине

UHS.67 T12

Прослушай диалоги и передай главное содержание.

9 Кто что говорит?

а) Составьте мини-диалог между продавцом и Ниной и прочитайте его.

А какой **объём** памяти?	Я ищу MP4-плеер.	Какой большой дисплей!	Здорово! Я беру этот плеер.
Четыре гигабайта.	Батарейка работает примерно 20 часов.	Вам помочь?	Могу **предложи́ть** вот эту новую **моде́ль**.

б) Разыграйте аналогичные диалоги.

предлогать
предложение

10 Типичный день Димы ↗G 12

а) Прочитай рассказ Димы о его обычном дне.
Обрати внимание на падежные формы числительных.

Обычно я **встаю́** в шесть часов. Сначала я **включа́ю** ноутбук и читаю электронную почту. **С полвосьмо́го** до восьми я завтракаю с моей сестрой Ларой. С девяти до двух я в школе. С трёх до четырёх я провожу время со своими друзьями. Мы часто ходим в компьютерный магазин, который находится недалеко от кафе.

Приблизи́тельно в пять часов я обычно дома. Я сижу в Интернете, скачиваю музыку, играю в онлайновые игры или пишу электронные письма. С шести до семи я делаю уроки. В семь часов наша семья ужинает.

С восьми до десяти или одиннадцати мама, папа и Лара смотрят телевизор. А я, конечно, сижу в Интернете и занимаюсь новыми компьютерными программами или играми. В двенадцать часов я обычно уже сплю. Обычный день компьютерного наркомана не очень интересен, правда?

9:00–14:00

КАФЕ

17:00–18:00

18:00–19:00

20:00–22:00

24:00

б) Скажи, какие иллюстрации соответствуют содержанию текста.

в) Опиши свой обычный день.

11 Переведи на немецкий язык.

- **бо́лее** тысячи рублей
- примерно тысяча двести спортсменов
- приблизительно сто туристов
- почти девяносто процентов
- более восемнадцати тысяч мест
- с двух до шести часов
- **ме́нее** двух часов

12 Скажи по-русски.

Sage, dass

- fast 90 % aller Schüler ein Handy besitzen,
- Jugendliche mehr als 4 Stunden täglich fernsehen,
- ungefähr 70 % der Jugendlichen das Internet nutzen,
- mehr als 30 % der Schüler täglich chatten,
- weniger als 15 % der Schüler Online-Zeitungen lesen,
- beinahe 80 % der Jugendlichen sich Musik herunterladen.

13 Составь ассоциограмму на тему *В мире СМИ*.

Расскажи, какую роль играют СМИ в твоей жизни.

1 Прочитай текст. 

↗L 12

а) Ответь на вопросы.
Где можно увидеть рекламу?
Почему реклама на телевидении особенно важна?
Что делают молодые люди во время рекламной паузы?
Почему реклама нереальна?

Мы видим и **слы́шим** рекламу **везде́** – на ТВ, по радио, в газетах и журналах, в Интернете, в кино, а также на улицах. Молодёжный журнал *Молоток* **провёл** опрос на тему *Реклама в нашей жизни*. Вот результаты опроса.
93 % девушек и **ю́ношей** каждый день смотрят телевизор, а только 36 % читают
5 газеты и журналы. Это показывает, что реклама на телевидении особенно важна и **эффекти́вна**. А что делают молодые люди во время **рекла́мной** паузы?

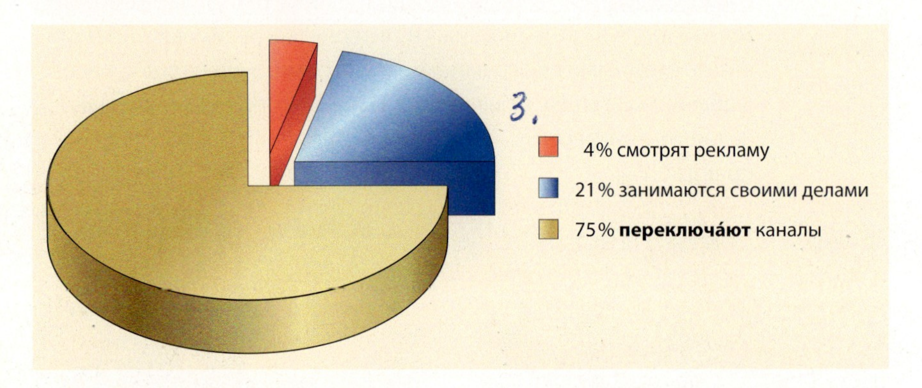

Более 60 % молодых людей согласны с мнением, что реклама важна. Она помогает им **вы́брать** хорошие **това́ры**. 86% молодых людей думают, что реклама информирует о новых и **мо́дных** товарах.
10 Примерно 30 % равноду́шны[1] к рекламе. Они говорят, что реклама неэффективна, она не стимулирует их покупать новые товары.
Часто рекламируют товары, которые не очень интересны молодым людям.
А почти 60 % молодых людей считают, что реклама **обма́нывает** людей.
Они говорят, что реклама глупа (30 %) и нереальна (41 %). В рекламных клипах
15 мы видим только красивых и счастли́вых[2] людей.

1 gleichgültig 2 *ср.* счастье

б) Какую роль, по-твоему, играет реклама? Выскажи своё мнение. (→ 1В упр. 2)
А какую роль она играет для тебя?

2 Прослушай рассказ Лены. Какие высказывания правильны, а какие неправильны? 

Лена любит смотреть рекламу.
В рекламном клипе музыка не играет никакой роли.
Лена говорит, что телереклама лучше, чем реклама в журналах.
Мама Лены тоже считает, что нужно обязательно смотреть рекламу.
Лена считает, что реклама обманывает людей.

3 Прочитай слоганы. Какие товары они рекламируют?

Три в одном — телефон, телекамера и плеер!

Моё кино в гостиной!

Музыка – лучше, чем на концерте!

Дети любят ЭСКИМО[1]!

Мы работаем – Вы отдыхаете!

ФРУКТЫ + ВИТАМИНЫ – САХАР = FruitGold

1 это мороженое

4 Посмотрите на рекламу.

а) Опишите рекламные картинки. Какие из них вам особенно нравятся? Почему?
б) Придумайте рекламные слоганы для товаров, которые вам очень нравятся. Сделайте рекламный плакат.
в) Снимите рекламный видеоклип, составьте рекламный текст и разыграйте сценки. 

Телевизор или кино?

Vok. S. 109

1 Прочитай текст.

а) Расскажи о *Фабрике звёзд*[1].
Обрати внимание на три пункта:

о проекте

пра́вила уча́стия в проекте

жизнь *фабрикантов* в *Звёздном доме*

На российском телевидении много разных телеканалов и программ: **информацио́нные**, музыкальные, детские, молодёжные[2], спортивные, **документа́льные**, ток-шоу.
Многим молодым людям нравится музыкальное телешоу *Фабрика звёзд*.
Фабрика звёзд – это российская версия телепроекта телекомпании Эндемоль *Академия звёзд*.
5 В проекте участвуют молодые люди, которые любят петь, танцевать и которые **мечта́ют** стать поп-звёздами.
Чле́ны[3] жюри – известные продюсеры и артисты. Сначала они смотрят видеоза́писи[4] **выступле́ний** молодых людей, а потом приглашают кандидатов на ка́стинги.
Там они выбирают **уча́стников** проекта. Примерно три месяца *фабриканты* живут
10 в *Звёздном доме*.
В этом доме **стро́гие** правила: во время всего проекта у *фабрикантов* нет мобильника и музыкальной аппаратуры, им нельзя общаться с родителями и друзьями. Каждый день они занимаются **вока́лом**, фитнесом, хореографией. Кроме того, два раза в неделю у них **заня́тия** по психологии. Жизнь в *Звёздном доме* – это не только радость и **удово́льствие**,
15 но и стресс, потому что везде видеокамеры, которые фиксируют всё, что происходит в доме. **Телезри́тели** видят, как *фабриканты* проводят свободное время, репети́руют[5], убирают комнаты, готовят …
На уроках с ними занимаются звёзды российского шоу-бизнеса. В субботу вечером концерт, в котором участвуют все ребята. После концерта телезрители **реша́ют**, кто должен **поки́нуть** *Звёздный дом*. Победи́теля[6] ждёт контракт и за́пись[7] альбома.

1 *ср.* поп-звезда 2 *ср.* молодёжь 3 Mitglieder
4 Videoaufnahmen 5 proben 6 der Sieger 7 Aufnahme

б) Тебе нравятся такие музыкальные телепроекты, как *Фабрика звёзд*? Почему?

2 Выберите одно из следующих высказываний и выскажите своё мнение.

Читать лучше, чем смотреть телевизор.
Я люблю смотреть спортивные программы, но не люблю заниматься спортом.
Телевизор – это окно в мир.

Согласие
- Я **разделя́ю** это мнение.
- Я **вполне́** (**части́чно**) согласен (согласна) с этим высказыванием.
- Я согласен (согласна) с тем, что …
- Можно **согласи́ться** с этим мнением.

Несогласие
- Я не разделяю это мнение.
- Я думаю **ина́че**.
- Я абсолютно (совершенно) не согласен (согласна) с этим мнением.
- Нельзя согласиться с этим мнением.

Аргумента́ция
- **Во-пе́рвых**, …
- **Во-вторы́х**, …
- **В-тре́тьих**, …
- Не менее важно, что …
- Кроме того, …
- Нельзя **забыва́ть**, что …

3 О кино

а) Прочитайте страницу из молодёжного журнала.
Что думают о кино девушки и юноши?
Расскажите, какую роль в вашей жизни играет кино.

б) Обсудите мнения молодых людей.
Вы согласны с ними? (→ упр. 2)

Почему вы любите кино?

1 Methode 2 Zeit totschlagen

4 Проведите опрос на тему *Телевидение и кино.*

Составьте анкету. Потом проведите опрос и составьте график.
Поговорите о результатах опроса.
Выберите вопросы и слова для анкеты. (→ 4Б упр.1 и 4В упр.3)

Как часто?
Сколько часов в день?
Сколько раз в неделю (в месяц)?
Какие программы (фильмы)?

никогда
редко
иногда
часто
регулярно
1 раз
2, 3, 4 раза
5 … раз

Почему?
Потому что там можно
– хорошо отдохнуть,
– посмеяться,
– помечтать,
– забыть о проблемах,
– провести время с друзьями,
– узнать о жизни людей в других странах,…

Спорт и мы

1 Расскажи о себе.

1. Ты интересуешься спортом?
2. Какие виды спорта ты знаешь?
3. Какие виды спорта тебе нравятся больше всего, а какие – не нравятся?
4. Какими видами спорта ты активно занимаешься?
5. Какими видами спорта ты занимаешься на уроках физкультуры?
6. Ты уже участвовал(а) в спортивных соревнованиях? По какому виду спорта? Какое место ты занял(а)?
7. Какие спортивные телеканалы ты знаешь и смотришь?

2 Посмотри на картинки.

а) Выбери слова к картинкам.

бадминтон, бейсбол, баскетбол, бокс, велоспорт, волейбол, гандбол, горные лыжи, дзюдо, лёгкая атлетика, плавание, синхронное плавание, сноуборд, теннис, фигурное катание, футбол, хоккей

б) Распредели их по таблице в тетради.

олимпи́йские виды спорта		**неолимпи́йские** виды спорта
летние	зимние	

в) Ответь на вопросы.
Где **состоя́тся** Олимпийские игры в 2014 году и в 2018 году?
Когда состоятся Олимпийские игры в Сочи, летом или зимой?

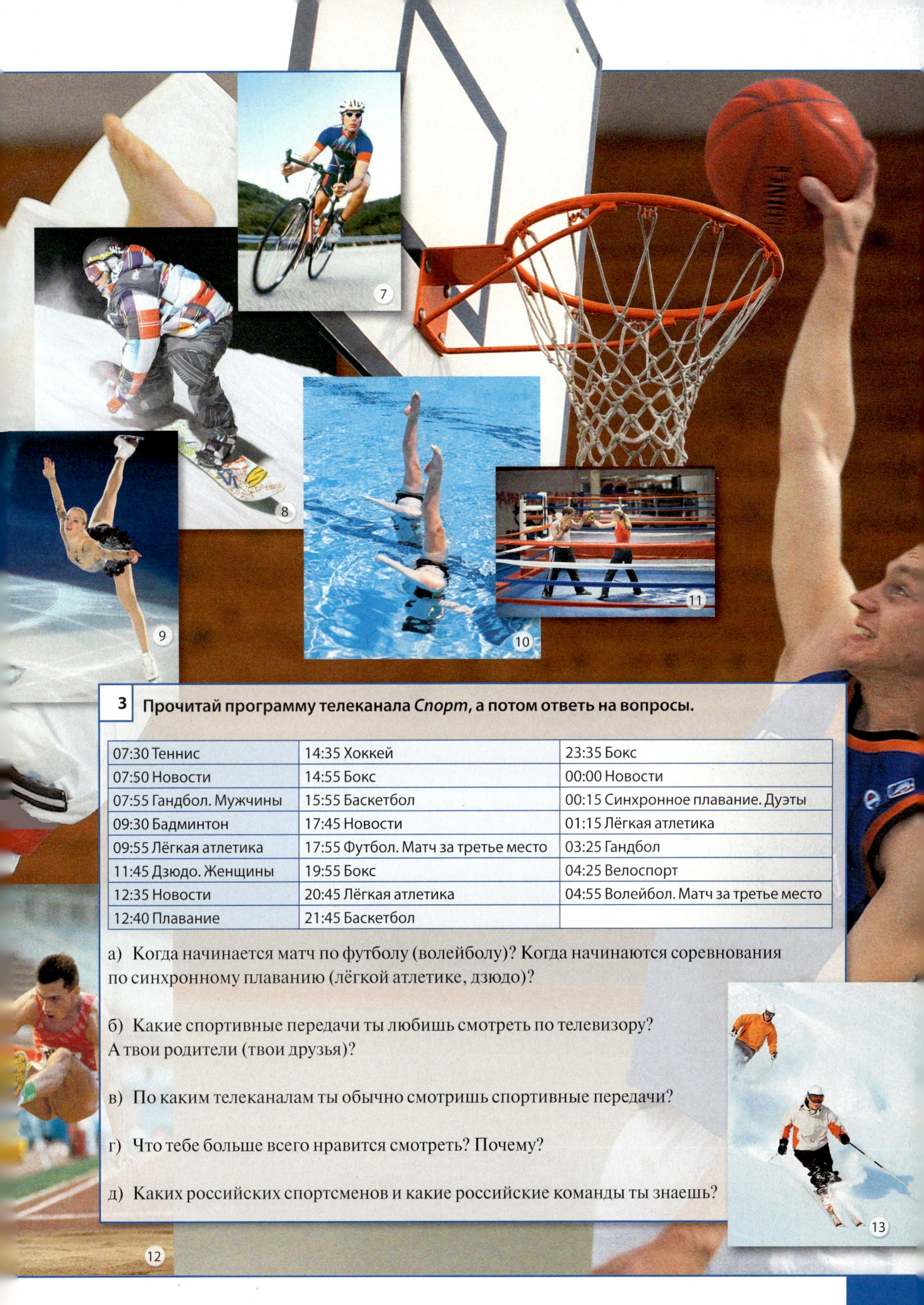

3 **Прочитай программу телеканала *Спорт*, а потом ответь на вопросы.**

07:30 Теннис	14:35 Хоккей	23:35 Бокс
07:50 Новости	14:55 Бокс	00:00 Новости
07:55 Гандбол. Мужчины	15:55 Баскетбол	00:15 Синхронное плавание. Дуэты
09:30 Бадминтон	17:45 Новости	01:15 Лёгкая атлетика
09:55 Лёгкая атлетика	17:55 Футбол. Матч за третье место	03:25 Гандбол
11:45 Дзюдо. Женщины	19:55 Бокс	04:25 Велоспорт
12:35 Новости	20:45 Лёгкая атлетика	04:55 Волейбол. Матч за третье место
12:40 Плавание	21:45 Баскетбол	

а) Когда начинается матч по футболу (волейболу)? Когда начинаются соревнования по синхронному плаванию (лёгкой атлетике, дзюдо)?

б) Какие спортивные передачи ты любишь смотреть по телевизору? А твои родители (твои друзья)?

в) По каким телеканалам ты обычно смотришь спортивные передачи?

г) Что тебе больше всего нравится смотреть? Почему?

д) Каких российских спортсменов и какие российские команды ты знаешь?

Спорт и здоровье

1 Прочитай разговор между Катей и Светой.

а) О каких видах спорта девушки разговаривают?

Катя: Света, представляешь, все мои джинсы мне малы. Я тоже хочу **вы́глядеть** так классно, как ты. Поэтому я решила **серьёзно** заниматься спортом. Я знаю, что ты активно занимаешься спортом. Какой вид спорта ты можешь мне **порекомендова́ть**?

Света: Я люблю фитнес и **бег** по утрам.

5 *Катя:* Фитнес? Разве это спорт? Я думала, что это только модная тенденция.

Света: Нет, фитнес – это серьёзный вид спорта.

Катя: Значит, мне надо купить абонемент в фитнес-клуб?

Света: Правильно. В фитнес-клубе есть много **возмо́жностей** для **заня́тия** спортом. Там можно заниматься, например, аэробикой, йогой,

10 **насто́льным** теннисом … Кстати, там работают профессиональные тренеры. Они порекомендуют **упражне́ния**, которые **подхо́дят** только тебе. Кроме того, там есть также хорошие возможности для **о́тдыха**. В клубе есть сауна, бассейн, массажный кабинет, солярий …

Катя: А бег?

15 *Света:* Бег – это не дорогой, но **здоро́вый** вид спорта. Врачи говорят, что занятия бегом дают такие же результаты, как занятия в фитнес-клубе. Бег **поле́зен** для здоровья и фигуры. Заниматься бегом может каждый, в **любо́е** время и в любую погоду.

Катя: А где ты **бе́гаешь**?

20 *Света:* Я бегаю по парку и по лесу, потому что бегать по городу **вре́дно**. Лучше не бегать и там, где ребята катаются на роликах. Это **опа́сно**.

Катя: Света, спасибо за твои **сове́ты**, я **поду́маю**.

б) Скажи, какие высказывания правильны, а какие неправильны.

У Кати спортивная фигура.
Света занимается фитнесом и плаванием.
Сначала Кате надо купить абонемент в фитнес-клуб.
Занятия бегом дают лучшие результаты, чем **трениро́вка** в фитнес-клубе.
Нельзя бегать в плохую погоду.
Бег иногда может быть опасным.

2 Возьми у твоего соседа (твоей соседки) по парте интервью о спорте.

Frage deinen Partner (deine Partnerin),

– welche Möglichkeiten des Sporttreibens es an eurer Schule (in eurem Wohnort) gibt,
– welche Sportarten er (sie) dir (davon) empfehlen könnte,
– welche Sportarten er (sie) für gefährlich hält,
– ob er (sie) glaubt, dass Tischtennis eine ernsthafte Sportart ist.

5 А	5 Б	5 В

3 Прочитай предложения. Сравни употребление слова *время*. ↗ G 13

– Бегом можно заниматься всегда: в любое время и в любую погоду.
– У меня сегодня нет времени для занятий в фитнес-клубе.
– В свободное время Игорь любит плавать. Когда у него есть время, он ходит в бассейн.
– Завтра у него не будет времени, потому что ему надо делать уроки.

4 Скажи по-русски.

Frage deinen Freund (deine Freundin), warum er (sie) heute keine Zeit hat.
Frage deine Mitschüler, was sie nur während der Ferien machen.
Sage, dass man zu jeder (beliebigen) Zeit Sport treiben kann.
Sage, dass du am Sonntag ins Fitnessstudio gehen wirst, wenn du Zeit hast.

5 Прочитай рекламу из газеты, а потом ответь на вопросы.

О чём этот текст?
Какие товары можно купить в этом магазине?
При занятиях какими видами спорта полезны наколе́нники[1] и напу́льсники[2]?
Ты решил(а) заниматься бегом. Что тебе для этого надо купить?

1 Knieschützer
2 Pulsmesser

6 Посмотри на картинки.

У немецкого слова *Schläger* есть разные русские эквиваленты. Запомни их.

Подбери к каждой картинке одно из этих слов: *клю́шка, раке́тка, би́та.*
Потом объясни, при занятиях какими видами спорта можно использовать эти **аксессуа́ры**.

7 Дай твоему другу (твоей подруге) советы.

Он (она) решил(а) **начáть вестú** здоровый **óбраз** жизни.
Он (она) просит твоего совета. Что ты ему (ей) порекомендуешь есть и пить?

(Не) бери	воду, кока-колу
(Не) пей	картофель фри
Попробуй	овощи и фрукты
Покупай	мюсли
(Не) ешь	гамбургеры, конфеты

M Не ешь гамбургеры на ужин.

8 Поговорим о пирамиде здорового питания.

1. Посмотри на пирамиду и скажи, какие продукты более полезны для здоровья, а какие – вредны?
2. Что ты (не) любишь есть на завтрак (обед)?
3. Назови ещё пять полезных (вредных) продуктов.
4. Составь здоровое меню на ужин или день рождения с друзьями.
5. Найди в словаре русские эквиваленты к немецким словам *Vitamine, Ballaststoffe, Cerealien, Kohlenhydrate, Proteine.*

9 Извините – скажите – повторите.

↗ G 14

а) Сравни окончания глаголов. Переведи предложения.

Посмотри(те), у нас есть большой выбор модных спортивных товаров.
Не покупай(те) эти кроссовки!
Поздравь(те) чемпиона!
Занимайся (Занимайтесь) спортом серьёзнее!

б) Найди ещё другие формы императива (→ упр. 7).

в) Какие инструкции твой учитель (твоя учительница) часто использует на уроке русского языка?

10 Что тебе советует твой тренер?

Преобразуй предложения по образцу.

M Надо ходить в бассейн. → Ходи в бассейн.
Надо слушать советы тренера. → Слушай советы тренера.

Надо серьёзно и регулярно тренироваться.
Надо отдыхать после занятий спортом.
Надо пить воду и есть много овощей и фруктов.
Надо купить/покупать полезные продукты.
Надо бегать **быстрée**.
Надо убирать спортзал после занятий спортом.

11 Дай советы.

Катя решила заниматься спортом.
Что ты ей порекомендуешь?
Дай ей советы о здоровом **пита́нии**.

12 Прочитай рекламные объявления.

Переведи их на немецкий язык.

13 Гимн XXII Зимних Олимпийских игр в Сочи 2014 года

Прочитай (со словарём) отрывок из текста гимна.
Выпиши слова, которые **передаю́т** позитивные эмоции россиян при организации Олимпиады.

Гото́вы к бо́ю за серебро́ и зо́лото,
Душо́й и те́лом мо́лоды, не боя́сь[1] жары́ и хо́лода
Иду́т го́рдо ру́сские спортсме́ны.
Дава́й побе́ду! – реву́т трибу́ны со́чинской аре́ны.
Нам на́до, что́бы[2] мы о гла́вном не забы́ли:
В еди́нстве на́ша си́ла, услы́шь меня́, Росси́я!

1 мы не боимся 2 dass

Спорт и фитнес

1 Прочитай рекламные тексты и помоги Вадиму и Вере.

Вадим и Вера **собира́ются** купить абонементы в спортклуб или в фитнес-клуб.
Вадим решил заниматься теннисом и аэробикой,
а Вера хочет заниматься фитнесом с персональным тренером.
Прочитай рекламные объявления, которые они нашли в Интернете.
Какой клуб ты посоветуешь Вадиму, а какой – Вере?

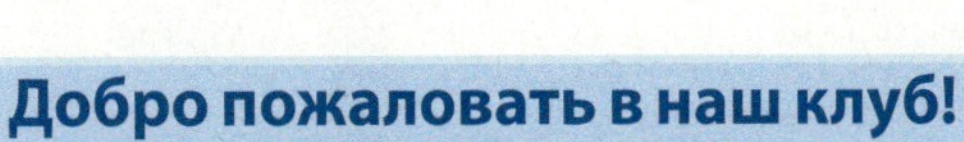
Добро пожаловать в наш клуб!

Мы – профессиональный фитнес-центр.
У нас вы найдёте всё:
залы аэробики,
зал для сайкла, солярий, бар,
салон красоты,
массажный кабинет,
спортивный магазин

1

Наш клуб для тех,
кто понимает, что **следи́ть**
за здоровьем, за **си́лой**
и красотой – это стильно. Наш фитнес-центр – это большие тренажёрные залы для групповых занятий по аэробике, сауна, бар, солярий и, конечно, классная команда тренеров. У нас в центре **внима́ния** стоит каждый клиент.

2

Юно-Спорт – элитный спортивный центр на северо-западе Москвы, недалеко от стадиона *Наука*. Это высококлассный спортивный комплекс, где есть оптимальные возможности для занятий спортом и фитнесом. В нашем спорткомплексе есть: футбольный и **те́ннисный** центр – 4 **ко́рта** и 3 мини-футбольных поля. У нас самый большой тренажёрный зал в городе.
Кроме того, у нас хорошие залы для занятий аэробикой, сауна и солярий.

3

В фитнес-центре
Хай Энерджи
к вашим **услу́гам**:
тренажёрный зал, степ-аэробика,
фитнес-бар, солярий и многое другое.
У нас можно тренироваться в группе или у персонального тренера.
Высококвалифицированный персональный тренер предложит вам оптимальную для вас программу.
Мы ждём вас!

4

2 Спроси у своего соседа (своей соседки) по парте.

Какой из этих фитнес-клубов ему (ей) больше всего нравится и почему?
Какая информация при выборе спортклуба (фитнес-центра) важна для него (неё)?

3 Найди в тексте русские эквиваленты немецким словам (→ упр.1) . D

Kosmetikstudio, Solarium, Sportgeschäft, Trainingssaal,
Sauna, Fußballplatz, Stepaerobic, Trainer, Kunde,
professionell, stilvoll, elitär (Elite-), erstklassig,
harmonisch, hochqualifiziert, optimal

4 Что важно для тебя?

Какие возможности для занятия спортом и отдыха в фитнес-клубе особенно важны для тебя?
Напиши несколько предложений.

5 Прочитайте высказывания на тему *Спорт и здоровье.*

а) Переведите следующие высказывания на немецкий язык.
Как вы **догада́лись о** значении незнакомых слов? Объясните по-русски или по-немецки.

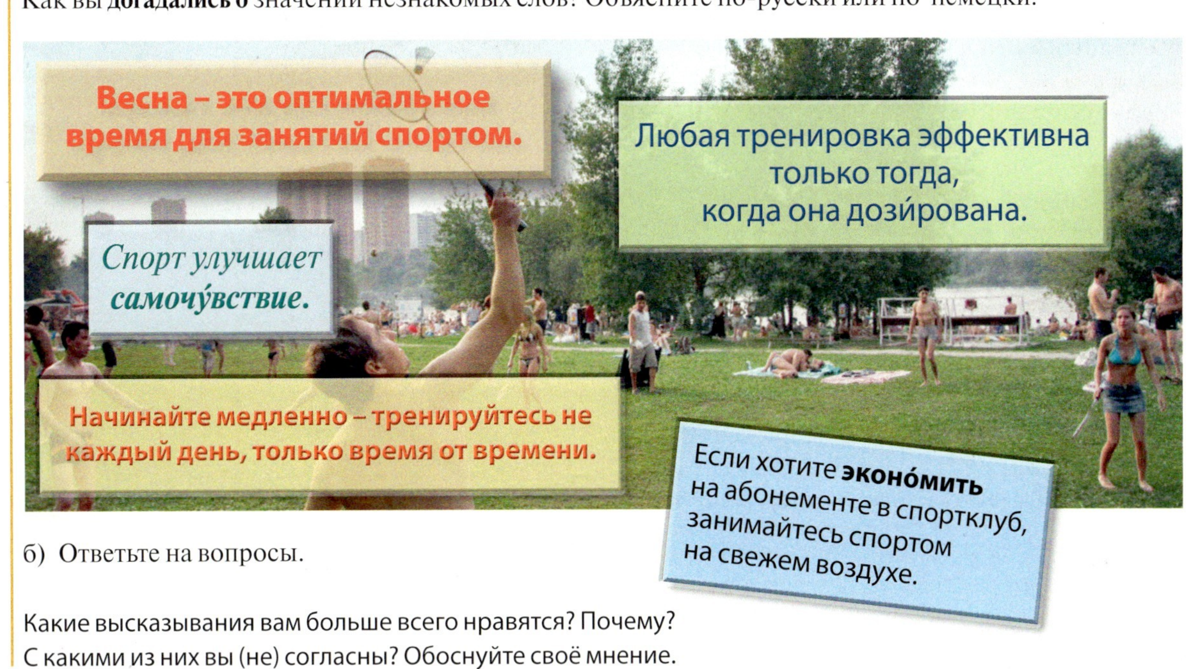
Весна – это оптимальное время для занятий спортом.
Любая тренировка эффективна только тогда, когда она дози́рована.
Спорт улучшает ***самочу́вствие.***
Начинайте медленно – тренируйтесь не каждый день, только время от времени.
Если хотите **эконо́мить** на абонементе в спортклуб, занимайтесь спортом на свежем воздухе.

б) Ответьте на вопросы.

Какие высказывания вам больше всего нравятся? Почему?
С какими из них вы (не) согласны? Обоснуйте своё мнение.

6 Прослушай текст *Источники спортивной информации в России.*

Выбери правильный ответ.

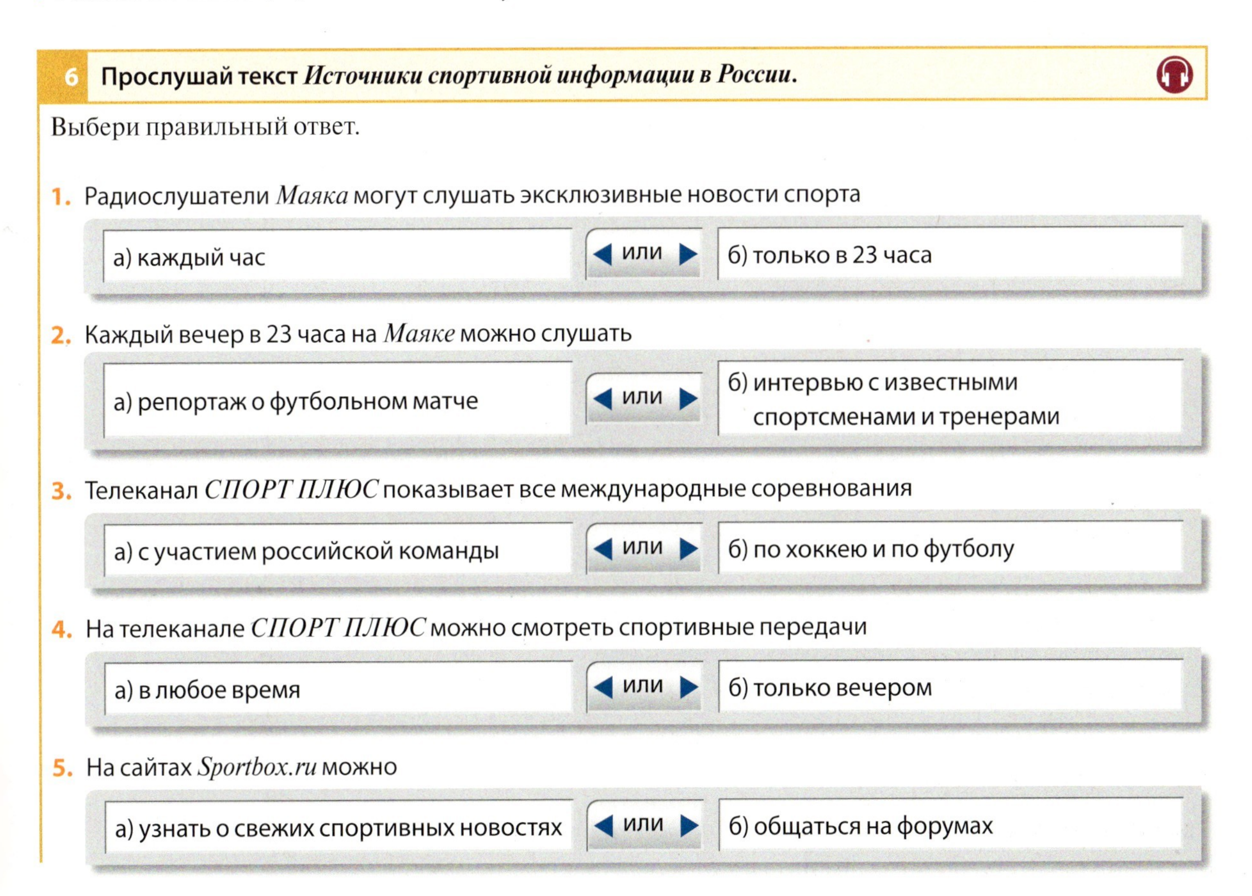

1. Радиослушатели *Маяка* могут слушать эксклюзивные новости спорта
   а) каждый час ◀ или ▶ б) только в 23 часа
2. Каждый вечер в 23 часа на *Маяке* можно слушать
   а) репортаж о футбольном матче ◀ или ▶ б) интервью с известными спортсменами и тренерами
3. Телеканал *СПОРТ ПЛЮС* показывает все международные соревнования
   а) с участием российской команды ◀ или ▶ б) по хоккею и по футболу
4. На телеканале *СПОРТ ПЛЮС* можно смотреть спортивные передачи
   а) в любое время ◀ или ▶ б) только вечером
5. На сайтах *Sportbox.ru* можно
   а) узнать о свежих спортивных новостях ◀ или ▶ б) общаться на форумах

Спорт – это для меня...

1 Роль спорта в моей жизни

а) Составьте таблицу с позитивными и негативными сторонами спорта.
Обсудите плюсы и минусы.

плюсы	минусы
заниматься на свежем воздухе – полезно для здоровья	некоторые виды спорта – опасны
спорт может улучшить самочувствие	
…	

б) Проведите в классе опрос на тему *Какую роль в твоей жизни играет спорт?*
Предста́вьте результаты своего опроса **в ви́де** графика и обсудите их.

2 А что думают россияне о значении спорта?

а) Ознакомьтесь с результатами интернет-опроса на тему *Спорт – это, прежде всего, ...*
В этом опросе участвовало 1200 **россия́н**.

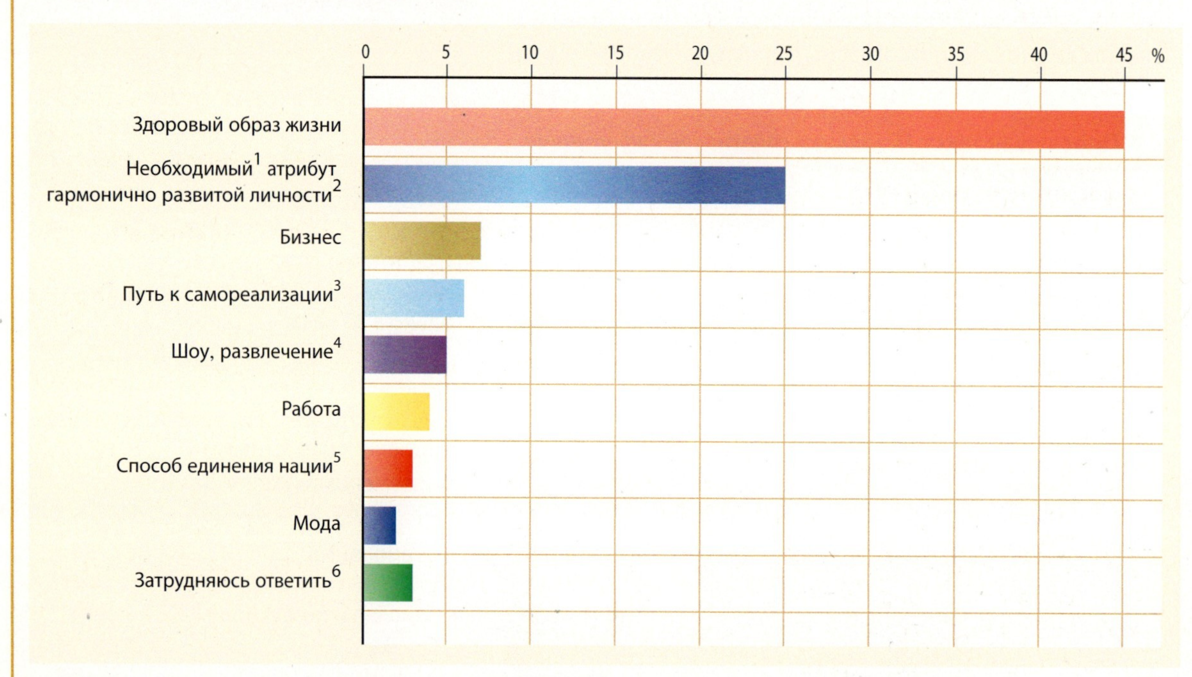

1 notwendig 2 entwickelte Persönlichkeit 3 Weg zur Selbstfindung 4 Entspannung, Unterhaltung, Vergnügen
5 Mittel, die Nation zu einen 6 ich kann die Frage nicht beantworten

б) Расскажите.
Что спорт для россиян прежде всего?

в) Сравните результаты вашего опроса в классе с результатами интернет-опроса (→ график).
Есть различия? **Назови́те** и объясните их по-немецки.

3 Разыграйте диалог.

А. Фри́зингер

У тебя в комнате **виси́т** постер твоего любимого спортсмена (твоей любимой спортсменки). Твои друзья (гости) из России не знают его (её) и задают тебе вопросы о нём (ней).

Gib Auskunft über Namen, Sportart, sportliche Erfolge, ob du dir TV-Übertragungen mit ihm (ihr) ansiehst, über einige biographische Fakten usw.

Ф. Ха́мбюхен

4 Как хорошо ты знаешь своего кумира?

Найди информацию о нём (ней) в Интернете.
Подготовь презентацию. Форму презентации выбери сам(а).

Начало презентации

- Я хочу представить вам (вашему вниманию) презентацию на тему … (результаты опроса на тему …, результаты проекта, свои тезисы на тему …)
- Я хочу проинформировать вас о …
- Я занимался (занималась) темой …
- Я оформил(а) постер (плакат, флаер).
- Я подготовил(а) график (диаграмму, таблицу).
- Я хочу показать (описать) вам свой (этот) постер.
- Я нашёл (нашла) материал (информацию, фотографии) в газетах, журналах, Интернете …
- Я хочу показать вам самые интересные картины (фотографии).
- План моей презентации такой: сначала (потом, после этого) я …
- Итак, начнём. (Давайте начнём.)

Основная часть презентации

- В центре моей презентации (моего внимания) стоит вопрос о … (конфликт между …)
- Кроме того, я хочу поговорить (рассказать) о …
- А ещё нужно поговорить (рассказать) о …
- С одной стороны, …, с другой стороны, …
- Сейчас первый (второй, **сле́дующий**, последний) пункт (факт).
- Во-первых, …; во-вторых, …; в-третьих, …
- Я хочу **отме́тить** ещё другой факт – …
- По-моему, …
- Кроме того, надо сказать …
- Значит, это …
- А сейчас посмотрите на этот график (эту таблицу, фотографию).

Заключение презентации

- А сейчас я назову источники информации.
- На этом я **зака́нчиваю** презентацию .
- А сейчас я отвечу на ваши вопросы.
- Спасибо за внимание.

Путешествие по России

1 Россия – очень большая страна.

Расскажи, что ты уже знаешь о России. Какие горы, моря, реки и озёра есть в России?
Что ты узнал(а) о **кли́мате** в России на уроках географии?
С какими большими городами России ты уже познакомился (познакомилась)?
А что ты ещё знаешь о России?
Как ты думаешь, куда россияне любят ездить отдыхать? Почему?

2 Приезжайте к нам в гости!

Приезжайте к нам в Сочи!

Сочи – это самый большой курорт России.
Он находится на берегу Чёрного моря,
но и горы Кавказа можно видеть отсюда.
Климат – субтропический.
Город называют южной или курортной столицей России.
Мы всегда рады гостям.
Здесь можно не только лежать на солнце или купаться в море, но и ходить по музеям, в библиотеки, в театр или танцевать на дискотеке . . .

Мы ждём вас!

Прочитай флаер о Сочи.
Скажи, почему туристы любят ездить в Сочи?
Какую информацию можно ещё дать туристам?

Будьте первыми!

Наша гостиница находится на берегу моря! 20 метров до моря!

Прожива́ние:
2-ме́стные номера с балконом, телевизором, холодильником и душем.

Питание:
Завтрак, обед и ужин в нашем ресторане

Услуги:
Обмен денег, сауна, спортивные площадки, тренажёрный зал, теннисные корты, …

Транспорт:
Российская авиакомпа́ния

Передай основное содержание флаера гостиницы.
Придумай и сделай свой рекламный флаер.

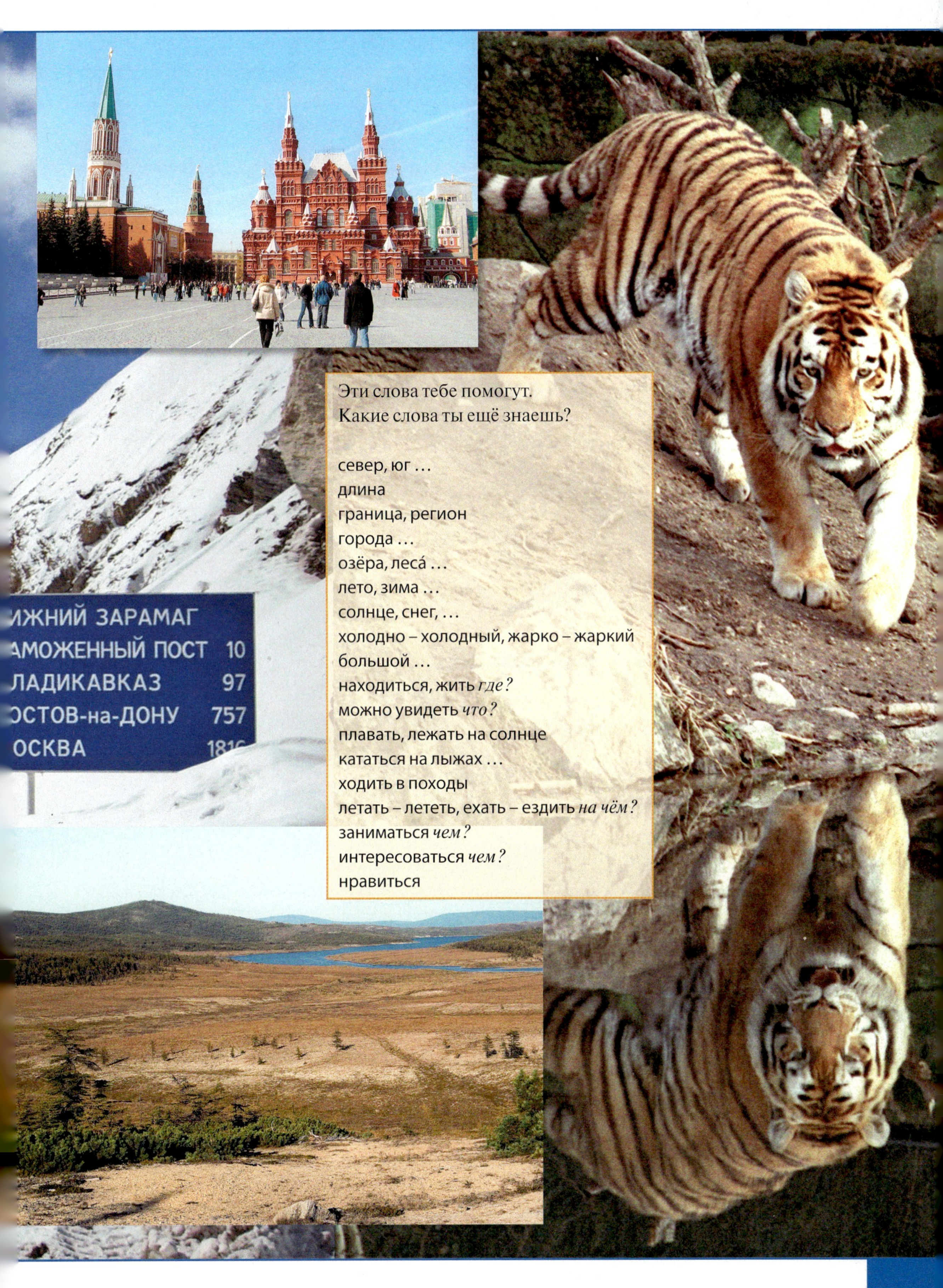

Эти слова тебе помогут.
Какие слова ты ещё знаешь?

север, юг …
длина
граница, регион
города …
озёра, леса́ …
лето, зима …
солнце, снег, …
холодно – холодный, жарко – жаркий
большой …
находиться, жить *где?*
можно увидеть *что?*
плавать, лежать на солнце
кататься на лыжах …
ходить в походы
летать – лететь, ехать – ездить *на чём?*
заниматься *чем?*
интересоваться *чем?*
нравиться

На самолёте в отпуск

1 Прочитай разговор и ответь на вопросы.

1. О чём разговаривают Иса́чкины?
2. Что предлагает мать?
3. О чём мечтает Лена?
4. Какие планы у отца?
5. Детям нравятся его планы? Почему (нет)?
6. Вадим предлагает компромисс. Какой?

В семье Иса́чкиных

Ольга Петровна: Скоро каникулы. **Пора́** подумать о том, куда поехать в этом году. Я принесла несколько рекламных **проспе́ктов** из **тураге́нтства**. Вот, посмотрите.

Пётр Иванович: **Како́е там** турагентство? Мы поедем на озеро. Там хорошо, **споко́йно**. Будем жить в **пала́тке**, кататься на **ло́дке**, **лови́ть** рыбу.

Лена: Папа, это же так скучно! Нет, в этом году я хочу поехать на юг, купаться в Чёрном море, посмотреть **что́-нибудь** новое и интересное.

Вадим: Правда, папа. На озеро можно поехать в выходные. А в **о́тпуске** надо сделать что-нибудь **осо́бенное**, например, поехать **куда́-нибудь** в горы или на море.

Лена: А ещё лучше **полете́ть**! Я ещё никогда не летала на самолёте. Давайте полетим куда-нибудь **за грани́цу**. Я **давно́** мечтаю поехать в Германию или во Францию.

Ольга Петровна: Нет, Леночка, это слишком дорого. Давайте проведём этот отпуск **где́-нибудь** в России. У нас ведь огромная страна. Подумайте все, а потом решим.

Нам 10 лет!
СОЛНЕЧНЫЙ ПАРУС
туристская компания
С.-Петербург, ул. Восстания, 55
(812) 322-96-86 327-35-25 (495) 540-37-75
www.solpar.ru
ДОМИНИКАНА
из Москвы отель 4* по системе "Все включено"
еженедельно в ПН и ЧТ от 55 320 р
возможны вылеты из Санкт-Петербурга
каждые 11-12 дней прямой чартерный рейс
от 48 830 р
Отдых на морских курортах
КИПР · ГРЕЦИЯ · ИЗРАИЛЬ
ПОРТУГАЛИЯ · ИСПАНИЯ · ИТАЛИЯ
ТУРЦИЯ · ТУНИС · БОЛГАРИЯ

2 Составь предложения.

↗ G 15

Исачкины ещё не решили, что делать во время отпуска. Кто что хочет делать?

сделать что-нибудь интересное
ловить где-нибудь рыбу
поехать куда-нибудь за границу
провести каникулы где-нибудь в России

3 Что ты хочешь делать на летних каникулах?

ездить на *чём?*, отдыхать (все) вместе, кататься на *чём?*,
узнать/**узнава́ть** о *чём?* в турагентстве,
по-/сове́товаться с братом или с сестрой, с-/делать что-нибудь вместе с друзьями,
ездить к **кому́-нибудь** в гости, мечтать об отпуске на море

4 Вспомни глаголы движения. Выбери правильный вариант и объясни свой выбор.

1. Лена ещё никогда не *(летала, летела)* на самолёте.
2. В этом году она хочет *(летать, полететь)* за границу.
3. Пётр Иванович часто *(ездит, поедет)* на озеро ловить рыбу.
4. Вчера Ольга Петровна *(шла, ходила)* в турагентство и принесла рекламные проспекты.
5. А куда ты хочешь *(поехать, ездить)* этим летом?

5 Сравни и запомни глаголы.

↗ G 16

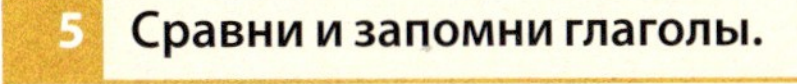

Самолёт летит в Со́чи.

Самолёт из Москвы **прилети́т** в Сочи в 15 часов.

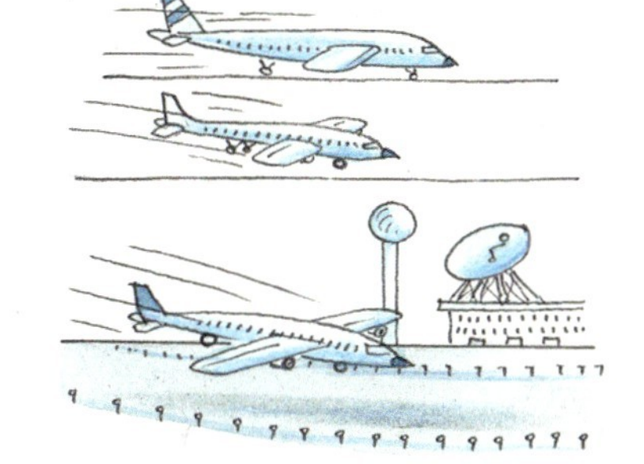

Самолёты из Москвы прилетают 3 раза в день.

Вадим идёт в библиотеку.

Вадим придёт в библиотеку в 16 часов.

Вадим всегда приходит в библиотеку в 16 часов.

6 Переведи словосочетания.

Назови инфинитив несовершенного вида.

уе́хать/уезжа́ть из Со́чи, **вы́лететь/** ??? в 15:00, **перее́хать/** ??? из Москвы в Минск, **пройти́/** ??? в вагон, **перелете́ть**/ ??? горы, **прое́хать**/ ??? всю страну на машине, **вы́йти/** ??? из дома, **подойти́**/ ???

! ездить → **-езжать**

Grundbedeutungen einiger russischer Vorsilben

у-	weg-
вы-	heraus-, ab-
пере-*	über-,
про-	durch-
под-	heran-

!*переехать = umziehen

7 Совершенный или несовершенный вид?

Объясни, почему.

1. Сегодня мама пришла с работы в 7 часов. Она была в турагентстве. Обычно она приходит домой в 5 часов.
2. Вадим сегодня после ужина не **ушёл** в свою комнату. Он хотел посмотреть рекламные проспекты. Обычно он в последнее время после ужина **уходи́л** в свою комнату.
3. Исачкины в выходные дни часто ездят на озеро, но в отпуск они, наверное, поедут на море.
4. Твоя семья когда-нибудь переезжала из одной квартиры в другую? Когда вы переехали в квартиру (в дом), где вы сегодня живёте?

8 Составьте мини-диалоги. Выберите правильные ответы.

Бабушка:	Леночка, скоро у тебя летние каникулы. Когда вы с мамой приедете ко мне в деревню?	*Лена:* ???
Пётр Иванович:	Послезавтра мы должны уехать, а ты ещё не купила билеты?!	*Ольга Петровна:* ???
Пассажир:	Когда мы приедем в Комаро́во?	*Проводник:* ???
Анто́н:	Нина, когда вылетает твой самолёт?	*Нина:* ???
Тётя Аня:	Вы уже здесь? Когда же вы приехали?	*Дети:* ???

- Я не полечу на самолёте. Я поеду на поезде. Я выезжаю утром в 4 часа.
- Мы прилетели вчера вечером.
- А мы же ещё не решили, на каком поезде поедем.
- Скоро приедем. В конце июня.
- Мы проедем (проезжаем) Комаро́во сегодня ночью.

9 Что делает Ольга Петровна? Вставь глагол из рамки в нужной грамматической форме.

Она ??? в турагентство.

Она ??? к **туропера́тору**.

Она хочет узнать, когда ??? самолёты.

Она купила билеты и ??? из турагентства.

Когда она ??? домой, дети уже ждут её.

вылетать

выйти

приезжать

подходить

входить

10 Разговор в немецком турагентстве ↗L 14

Арту́р в гостях у своей тёти в Гамбурге. Он не говорит по-немецки.
В выходные он хочет полететь к своей подруге в Мюнхен.
Туроператор не говорит по-русски. Помоги им, пожалуйста!

Арту́р: Сколько стоит билет на самолёт из Гамбурга до Мюнхена и **обра́тно**?
Туроператор: Wann möchten Sie denn fliegen?
Арту́р: Туда – 14 августа, а 17 августа – обратно.
Туроператор: Am 14. August können Sie mit *German Wings* um 11.00 Uhr fliegen.
Ein Flugzeug der *Lufthansa* startet um 15.00 Uhr.
Und zurück können Sie auch mit *German Wings* um 17.20 Uhr fliegen.
Арту́р: Очень хорошо. Сколько стоит билет туда и обратно?
Туроператор: 140 Euro.

11 Прослушай разговоры в аэропорту.

а) Сначала найди немецкие эквиваленты этим **на́дписям** в аэропорту.
Какие из них подходят к **отде́льным** разговорам?

ПРИБЫТИЕ
ПАСПОРТНЫЙ КОНТРОЛЬ
ВЫДАЧА БАГАЖА
ТАМОЖНЯ
ТУАЛЕТ

ЗАПАСНЫЙ ВЫХОД
EMERGENCY EXIT

ВЫХОДЫ 6,7,8,9,10
ДИСПЕТЧЕР ПО ТРАНСФЕРУ
ПАСПОРТНЫЙ КОНТРОЛЬ
ВЫДАЧА БАГАЖА
ВЫХОД В ГОРОД

GATES 6,7,8,9,10
TRANSFER DISPATCHER
PASSPORT CONTROL
BAGGAGE CLAIM AREA
EXIT

ИНФОРМАЦИЯ О ПОЛЕТАХ
FLIGHT INFORMATION
КАССЫ ПРОДАЖИ БИЛЕТОВ
TICKET OFFICES
ОБМЕН ВАЛЮТЫ
CURRENCY EXCHANGE
ТУАЛЕТЫ / WC
БАНКОМАТЫ / ATM

б) Vermittle in dem Gespräch beim Zoll.

12 Прослушай объявления в московском аэропорту Домоде́дово.

Передай их содержание по-русски или по-немецки.

13 Как ещё говорят?

Выбери правильный вариант перевода.

Придёт время, и …	So, da haben wir's. Das wär's dann wohl.
Ну вот, приехали!	Es gibt keinen Ausweg aus dieser Situation.
Из этой ситуации нет выхода.	Es kommt die Zeit, und …
Ты с ума сошёл (сошла)?	Die Zeit ist schnell vergangen.
Время быстро пролетело.	Hast Du den Verstand verloren?

В далёкие края

1 Прочитай текст и скажи, что такое Трансси́б.

Транссиби́рская магистра́ль

Желе́зная доро́га сегодня есть, наверное, в каждой стране. Почему же так много пишут и рассказывают о Транссибирской магистрали, или, как её ещё называют, о **Трансси́бе**? Что в ней особенного? Во-первых, это самая **дли́нная** железная дорога в мире, её **длина́** 9297 км. Она ведёт[1] от Москвы, от Яросла́вского вокзала до Владивосто́ка, и **соединя́ет** европейскую часть России с Сибирью. **Вдоль** этой дороги находятся почти 400 вокзалов. Конечно, поезда из Москвы **остана́вливаются** только на самых важных вокзалах (их 87!). Сколько времени поезд едет от Москвы до Владивостока? Поезд **в сре́днем** проезжает 75 км в час. Это примерно 1600 км в **су́тки**. А между Москвой и Владивостоком – 9288 км. Во-вторых, дело не только в огромных расстоя́ниях[2], но и в экстремальных географических и климатических усло́виях[3], в которых **стро́или** эту железную дорогу 100 лет **наза́д**. Особенно трудно было строить дорогу вдоль Байкала, где надо было построить 200 **мосто́в** и 30 **тунне́лей**. Сегодня, конечно, быстрее летать на самолёте. Но для российских пассажиров билеты на поезд **намно́го деше́вле**, чем на самолёт. Большой популярностью Транссиб по́льзуется[4] у иностранных туристов. Им нравится ездить в **шика́рных** спальных вагонах. Они **восхища́ются прекра́сной** сибирской природой.

1 führt 2 Entfernungen
3 Bedingungen
4 erfreut sich großer Beliebtheit

2 Скажи, какие из этих высказываний о Транссибе правильные.

1. Транссиб – это бо́льшая часть Транссибирской магистрали.
2. От Москвы до Владивостока дешевле лететь на самолёте.
3. Построить эту железную дорогу было не очень просто.
4. Сегодня по Транссибирской магистрали ездят только туристы.
5. Из окон вагона можно видеть только природу Сибири. Это немного скучно.
6. Для туристов поездка по Транссибу – **приключе́ние.**

3 Подготовьте презентацию.

Выберите один из городов, где останавливаются поезда на своём пути во Владивосток. Найдите интересные факты о нём.

Москва
Пермь
Екатеринбург
Омск
Красноярск
Иркутск
Улан-Удэ
Владивосток

4 Приключения на озере Байкал ↗L 9

Прочитай со словарём рассказ Лены.
Какие фотографии подходят по содержанию к отдельным абзацам?

Приключения в тайгé

А Меня зовут Лена. У меня есть хорошие друзья: Ханна, Иво, Фолькер, Нико и Андрей. Мы дружим с пятого класса. Андрей и я – русские, но мы давно живём в Германии. Мы все давно мечтали побывать в Сибири, увидеть Байкал. Мы долго собирали информацию и планировали нашу поездку. Наконец мы получили визы и поехали в Россию. После долгой, но интересной поездки по Транссибу мы приехали в Иркýтск. Этот город стоит на реке Ангарé. Мы начали свой поход в деревне Байкáльское, и хотели пройти пешком 40 км до мыса[1] Котéльниковский**.**

Б Первый день похода был интересным и спокойным. На пути были речки и ручьи́[2], в которых была чистая и холодная вода. Второй день был уже более **тяжёлым**. Чем выше мы поднимались, тем меньше было воды. Мы часто видели сгорéвшие[3] деревья. И вот мы встретили на нашем пути настоящий **пожáр**. Позже люди нам рассказали, что летом в тайге часто бывают пожары. **Живóтные** бегут от пожара к воде, и у рек можно встретить даже **медвéдей.** Но мы тогда этого не знали.

В Из-за пожара мы потеря́ли тропý[4] и долго не могли найти воду. Все очень хотели пить. И когда мы, наконец, нашли ручей, мы там же поставили палатки. Все очень устали и спали хорошо, кроме Андрея. Он слышал, как ночью мимо палаток проходил медведь. Утром мы видели его следы. Ханна и Андрей побоялись идти дальше и решили **вернýться** в деревню Байкáльское. Они **оттýда** хотели на лодке доехать до мыса Котéльниковский.

Г **Слáва бóгу**, всё **кóнчилось** хорошо, хотя нас ожидало ещё много приключений. Мы все встретились через несколько дней. На мысе мы нашли термальные источники, в которых мы купались. В этой маленькой «ванне», которую туристы сделали из камней, температура воды была 35 градусов, а в озере только 3 градуса.
Такие **чудесá** происходят только на Байкале.

По свету, 2003/1

1 Landzunge 2 Quellflüsse 3 verbrannte 4 *hier:* haben uns verlaufen

Летние приключения

1 Представь себе, что ты Андрей (→ упр. 4, 6Б).

а) Допиши письмо родителям Андрея от его имени.

Эти слова тебе помогут:
тяжёлый день, устал, хотел спать,
вдруг услышал **шóрох**,
не знал, что делать,
побоялся, решил

Байкальское, 19 августа

Дорогие мама и папа!
Пишу вам из тайги. Здесь очень красиво, каждый день у нас новые впечатления, и мы просто восхищаемся Байкалом и лесом вокруг него. Одним словом, здорово!

Но иногда бывает и опасно. Вчера…

б) Расскажи другу (подруге) о своих летних приключениях.

Так ты можешь рассказать о своих **впечатлéниях**:

- У меня (было) много новых впечатлений.
- Я никогда не видел(а) таких красивых лесов, …
- Особенно (Больше всего) мне нравятся (понравились) прекрасные озёра, …
- Я восхищаюсь (восхищался, восхищалась) природой, горами, …
- Я всю жизнь мечтал(а) побывать на Байкале.
- Это (была) моя самая интересная поездка. Всё (было) просто здорово!

2 Почему некоторым людям нравится жить в тайге?

Проведите дискуссию.

На Байкал приезжают не только туристы, там и **постоя́нно** живут люди.
Наверное, им там очень трудно и скучно жить. Как вы думаете?
Аргументируйте свой ответ. Слова в рамке вам помогут:

- Я (не) думаю, что …
- Я слышал(а) (читал(а)), что …
- Когда очень холодно, …
- свежий воздух
- ветер, снег
- во-первых, …
- любить природу
- в хорошую (плохую) погоду можно (надо) …
- с одной стороны, …, а с другой стороны, …
- кроме того, …

3 **Прослушай песню о Байкале.**

Сла́вное мо́ре – свяще́нный Байка́л

17

Сла́вное мо́ре – свяще́нный Байка́л,
Сла́вный кора́бль – омулёвая бо́чка,
Эй, баргузи́н, пошеве́ливай вал,
Мо́лодцу плыть недале́чко.

До́лго я тя́жкие це́пи влачи́л,
До́лго скита́лся в гора́х Акату́я,
Ста́рый това́рищ бежа́ть пособи́л,
О́жил я, во́лю почу́я.

Шёл я и в ночь, и средь бе́лого дня,
Близ городо́в озира́лся я зо́рко.
Хле́бом корми́ли крестья́нки меня́,
Па́рни снабжа́ли махо́ркой.

Сла́вное мо́ре – свяще́нный Байка́л,
Сла́вный мой па́рус – кафта́н дырова́тый,
Эй, баргузи́н, пошеве́ливай вал,
Слы́шатся гро́ма раска́ты.
Эй, баргузи́н, пошеве́ливай вал,
Слы́шатся гро́ма раска́ты.

Д. Давы́дов

4 **Как отдыхают российские школьники летом?**

Прочитай тексты из журнала *Здоровье школьника*.
Представь себе, что ты спецкорреспондент.
Что ты посоветуешь родителям?

Отдых без родителей

Куда же **посла́ть ребёнка** на летних каникулах? Перспектива провести летние дни на улице или за компьютером не очень ра́дует. Многие родители боятся посылать своих детей одних куда-нибудь отдыхать. Что им посоветует наш специальный корреспондент по семейным вопросам?

Приключения на необита́емом[1] острове

... Здесь всё необычно! Высокие деревья, чистый воздух, красивый берег. Но самое главное, конечно, интересная программа.
Дети от 10 до 15 лет в разных играх и приключениях учатся жить в гармонии с природой ...

1 unbewohnt, *hier auch:* einsam

5 **Выбери одно из этих заданий для своего портфолио.**

1. Напиши о своих планах на летние каникулы.
   Куда ты поедешь и почему?
   На чём ты поедешь туда?
   Где вы будете жить?
   Что вы будете делать там?
2. Представь себе, ты купил(а) путёвку в лагерь, который находится на острове (→ упр. 4).
   Там ты сейчас проводишь каникулы. Напиши в своём дневнике о своих впечатлениях и приключениях.
3. Расскажи о своих самых лучших каникулах.

Чтение

1 **Прочитай сначала ситуации 1–4, а потом – объявления А–Ж. Соотнеси ситуации с объявлениями из журнала.**

Рейнское время
Monatliche regionale Informationszeitschrift in russischer Sprache • Erscheint seit 2004
№9 (61)

1. У твоих друзей проблемы с компьютером. Они хотят купить новую антивирусную программу.
2. Родственники Димы живут в Дортмунде. Они ищут дачу.
3. Алина из Дортмунда хочет заниматься аэробикой.
4. У школьника из Москвы болит зуб. Он хочет пойти к зубному врачу, который говорит по-русски.

(M) Ситуация № 2 и объявление **А**.

А Продаётся дача с домиком, садом и огородом 400 кв. м. недалеко от Дортмунд-Фреденбаума. Контакт. тел.: 0176 / 54 32 57 78

Б Бесплатно! Канд. медицинских наук, глазной врач из С.-Петербурга, Григорий Авербах консультирует по тел.: 02161/ 203 41 78

В Маккаби-Дортмунд приглашает в секции баскетбола, волейбола, футбола в зале, шахмат, аэробики. Тел.: 0231/ 398 40 65

Г Студия веб-дизайна. Сайты, программирование. Быстро и аккуратно. Тел.: 0221 460 22 63 www.project33.eu

Д Молодёжный клуб г. Дюссельдорфа приглашает желающих от 14 до 25 лет на занятия аэробикой и карате. Абсолютно бесплатно! Карате: 0177/ 734 04 54. Аэробика: 0211/ 49 32 73

Е Стоматологический кабинет Ангелики Шушке (диплом Первого Ленинградского медицинского института). Siegfriedstr. 204, 10365 Berlin, тел.: 030-99 27 67 00

Ж Компьютер-сервис: русификация, программы, антивирусы. Юбилейные фотодиски. Тел.: 0201/ 30 26 89

2 **Прочитай рекламное объявление и назови вариант, который правильно передаёт содержание текста.**

Легенда Байкала

Гостиница **Легенда Байкала** *находится в посёлке Листвянка (в 62 км от центра Иркутска), прямо на берегу Байкала, у истока реки Ангары. С балконов почти всех номеров открывается прекрасная панорама на Байкал. Первые гости побывали здесь осенью 2006 года. В каждом номере есть ванная комната с современной сантехникой и душевой кабиной, холодильник, телефон и телевизор.*

ДЛЯ ГОСТЕЙ РАБОТАЕТ:
- *ресторан с панорамным видом на 90 человек,*
- *сауна с бассейном,*
- *русский бильярд.*

А Гостиница *Легенда Байкала* – самая современная гостиница в Листвя́нке. В каждом номере есть компьютер с доступом в Интернет и LCD-телевизор.

Б Это современная гостиница на Байкале. Почти во всех номерах есть балкон с видом на Байкал.

В Эта гостиница находится в центре Иркутска. Отсюда можно быстро доехать до Байкала и до Ангары.

Г В гостинице *Легенда Байкала* могут жить 90 человек.

3 **Прочитай тексты А-Г со словарём. Подбери к каждому из них заголовок.**

1. По Транссибу до Байкала
2. Наши друзья-партнёры – какие они?
3. Экскурсия по реке Оби
4. Проект «Солнечное затмение-2008»
5. Берлин-Новосибирск = 72 часа на поезде
6. Новосибирск – сибирский мегаполис
7. Мы общались без проблем
8. Немецкие школьники в Москве

А)

1 августа 2008 года в Новосибирск приехало много российских и иностранных туристов. Они хотели увидеть полное солнечное затмение. По инициативе Фонда «Германо-российский молодёжный обмен» там побывали и 150 ребят из разных городов Германии. Вместе со 150 российскими ребятами они провели 12 интересных дней в летнем лагере на реке Оби недалеко от Новосибирска. Вместе отдыхали, ездили на экскурсии, вместе наблюдали солнечное затмение.

Б)

Ребята из Германии ездили в Новосибирск на поезде.
Вот что можно прочитать в их блоге о путешествии в Сибирь:

Чт, 24 июля: До свидания, Берлин! Завтра мы будем уже в Москве!
Пт, 25 июля: В 20:35 мы приехали в Москву на Белорусский вокзал. Где холодный душ?
Сб, 26 июля: Ну вот мы и на Транссибе! В 16:20 сели в *Сибирский экспресс* на Ярославском вокзале.
Вс, 27 июля: Мы едем, едем, едем: Пермь, Екатеринбург, Тюмень. Вот мы уже в Сибири: почти нет домов, тайга – от горизонта до горизонта.
Пн, 28 июля: Наконец, в 15:00 мы приехали в Новосибирск – столицу Сибири! А здесь так тепло: 28 градусов.

В)

Вот что пишет в *Учительской газете* о времени, которое молодые люди провели в лагере на Оби, Людмила Гейм, учительница немецкого языка гимназии № 6 новосибирского Академгородка: «Неделю жили в лагере, общались на русском, немецком, французском, английском языках. Мы показали гостям город, свою гимназию. Им очень понравилась наша школа, их заинтересовали наши проекты, олимпиады и конкурсы. Немецкие школьники создали прекрасный сайт, где можно узнать об истории Новосибирска, посмотреть фотографии, видео, пообщаться в блогах …».

Г)

Журналисты попросили немецких ребят дать характеристику своим российским партнёрам в двух-трёх словах. Вот что они ответили:
– Наши партнёры в трёх словах? – Радостные, живые, открытые.
– В двух словах? Современная Россия!
– В трёх словах? Честные – нормальные – по-хорошему сумасшедшие!
– Наши партнёры в трёх словах – гостеприимные, общительные, целеустремлённые.

Аудирование

1 **Прослушай телефонный разговор. Потом выбери правильный вариант.**

а) Катя позвонила Жене
А) в субботу утром.
Б) в субботу вечером.
В) в воскресенье утром.
Г) в воскресенье вечером.

б) Подруги договорились встретиться
А) в 14:30 на остановке троллейбуса.
Б) в 15:00 дома у Кати.
В) в 15:00 на остановке автобуса.
Г) в 15:30 в фитнес-клубе.

2 **Прослушай новости спорта. Потом напиши в тетради нужные слова (1–5).**

1. Чемпионат мира по хоккею в 2013 году состоится в (1) и Мальмё.
2. Швеция уже (2) раз принимала участников чемпионата мира по хоккею.
3. Россия хотела провести этот чемпионат в 2013 году в (3).
4. В 2007 году, когда чемпионат проходил в (4), команда России заняла (5) место.
5. А в 2008 году чемпионом мира по хоккею стала команда (6).

M (1) Стокгольме

3 **Прослушай четыре диалога. Соотнеси время с местом встречи.**

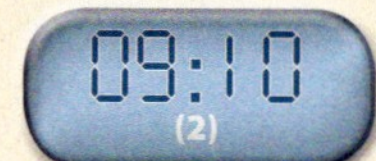

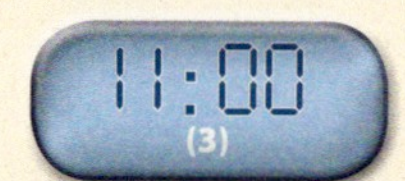

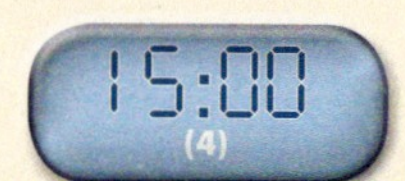

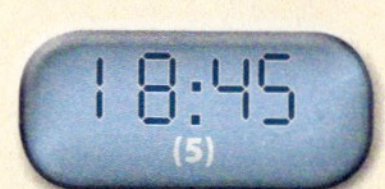

Метро «Спортивная» (А)

Ленинградский вокзал (Б)

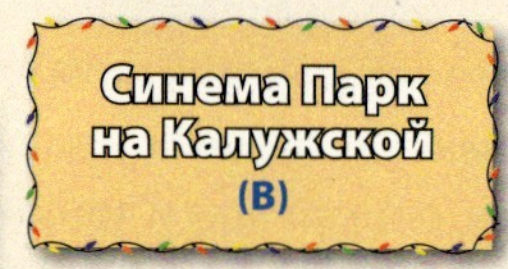

Битцевский парк (Г)

M Диалог № 1: (5) – (В)

4 **Прослушай новости культуры.**

Gib den wesentlichen Inhalt deutsch wieder.

Achte auf die Informationen zur Rolle
- von Fernsehen und Radio,
- des Internets,
- von Zeitungen und Zeitschriften.

Письмо

1 Напиши русскому другу (русской подруге) письмо.
Расскажи ему (ей) о своей семье.

Напиши,

- где живёт твоя семья,
- какая у вас квартира и где она находится,
- кто вместе с тобой живёт в этой квартире,
- где живут твои родственники,
- что вы делаете в выходные дни,
- какие традиции есть в вашей семье,
- какие праздники вы отмечаете,
- какую работу по дому ты (не) любишь делать.

2 Напиши e-mail российским школьникам-участникам программы школьного обмена.

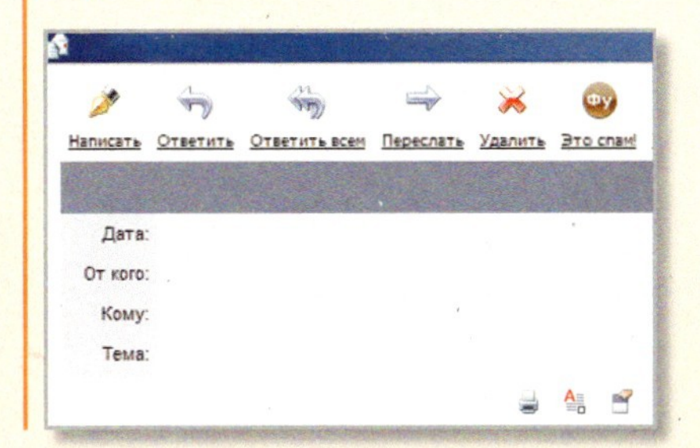

Спроси,

- когда они приедут,
- сколько учеников и учителей приедут,
- что они хотят посмотреть в Германии,
- на каких иностранных языках они говорят.

Объясни,

- где ваши гости будут жить,
- с кем вы хотите их познакомить,
- что вы хотите им показать,
- какие экскурсии вы планируете.

3 Подготовь для гостей из России флаер.
Составь и напиши рекламный текст о своём городе (своей деревне).

Гостей интересует:

- где находится город (деревня),
- сколько человек в нём (в ней) живёт,
- какие достопримечательности есть в городе (деревне),
- какие интересные места, здания есть в городе (деревне),
- чем можно заниматься в свободное время,
- где встречается молодёжь,
- как можно проводить вечера.

4 Напиши гостям из России записку.

Дорогие друзья!

Сообщи,

- что завтра будет экскурсия,
- куда вы поедете,
- что вы будете делать или смотреть,
- когда и где вы встретитесь.

Говорение

1 **Посмотри на картинки. Придумай маленькую историю и расскажи её своим одноклассникам.**

2 **Разыграйте диалог. Используйте ролевые карточки.**

Partner A
Du wohnst in einem Dorf. Die nächste Stadt ist 10 km entfernt.
Du willst deinen Gesprächspartner/ deine Gesprächspartnerin überzeugen, dass das Leben auf dem Land auch für junge Leute interessant ist. Nenne 3 Gründe, warum du gern im Dorf wohnst.
Sage, dass es dir in der Stadt zu laut ist.

Reagiere auf die Meinung deines Partners/ deiner Partnerin, dass es auf dem Land langweilig ist.

Partner B
Du wohnst in einer größeren Stadt.

Du willst deinen Gesprächspartner/ deine Gesprächspartnerin überzeugen, dass nur das Leben in der Stadt für junge Leute interessant ist. Nenne 3 Gründe, warum du gern in der Stadt wohnst.
Sage, dass du das Leben auf dem Land langweilig findest.
Reagiere auf die Meinung deines Partners/ deiner Partnerin, dass es in der Stadt zu laut ist.

3 **Расскажи о жизни молодёжи в твоей деревне (в твоём городе). Используй план.**

Жизнь молодёжи у нас в деревне (городе):
– увлечения и интересы,
– роль СМИ,
– проблемы,
– планы на будущее.

4 **Ответь на вопросы репортёра школьной газеты *Большая перемена* на тему *Роль СМИ в жизни молодёжи*.**

Репортёр: Какие газеты или журналы ты регулярно читаешь и почему?
Ты: ???
Репортёр: Какую роль в твоей жизни играет телевидение?
Ты: ???
Репортёр: Какие передачи ты любишь смотреть, а какие тебе абсолютно не нравятся?
Ты: ???
Репортёр: Ты можешь представить себе жизнь без Интернета? Аргументируй, пожалуйста, твой ответ.
Ты: ???

5 **Подготовь презентацию на тему *Здоровый образ жизни*.**

Расскажи о
- роли спорта,
- здоровых видах спорта,
- здоровом питании.

Представь план здорового образа жизни на одну неделю.

6 **Посмотри на фотографии этих немецких городов и расскажи о них своим российским друзьям. Найди нужные факты в Интернете.**

Сообщи,
- где находится город,
- сколько человек в нём живёт,
- почему там всегда много туристов,
- какие достопримечательности там есть,
- на чём можно поехать туда,
- почему тебе этот город нравится или не нравится.

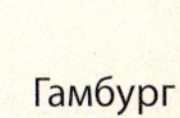
Гамбург

Берлин

Дрезден

Медиация

1 У врача. Переведи разговор.

Российский ученик (Российская ученица), который (которая) учится в твоём классе в рамках программы школьного обмена, заболел(а).
Он (она) не очень хорошо говорит по-немецки. А врач не понимает по-русски.
Помоги им, пожалуйста.

Врач: Was fehlt dir?
Пациент(ка): Я очень плохо себя чувствую. У меня сильно болят уши.
Врач: Hast du Schluckbeschwerden?
Пациент(ка): Да, глотать мне больно.
Врач: Hast du auch Kopfschmerzen?
Пациент(ка): Да, голова тоже болит. И у меня высокая температура.
Врач: Wie hoch war das Fieber heute früh?
Пациент(ка): Сегодня утром температура была 39,2.
Врач: Öffne den Mund und strecke die Zunge heraus. Sage a-a-a.
Ja, du hast eine Angina. Ich schreibe dir ein Antibiotikum auf.
Пациент(ка): Сколько раз мне надо его принимать?
Врач: Dreimal täglich, und du brauchst Bettruhe. Wenn die Beschwerden nicht nachlassen, komm in einer Woche noch einmal in meine Sprechstunde.

2 Объясни по-русски.

Твой друг (Твоя подруга) из России увидел(а) в газете рекламу мобильника.
Помоги ему (ей) и объясни по-русски, какой это мобильник.

цвет: чёрный
... стоит

Vgl. LB S.52/8 ☺

HANDY MIT KAMERA/ MP3-PLAYER/FM-RADIO

Farbe: schwarz
Akku: Lithium-Ionen
Gesprächsdauer: bis 240 Minuten
Speicher: 1 GByte
Preis: 190,00 Euro

3 Скажи по-русски.

Sage, dass
- du Fitnesstraining für eine seriöse Sportart hältst,
- man im Fitnessstudio zu jeder Zeit trainieren kann,
- du auch Outdoor-Sportarten magst,
- Sportkleidung und richtiges Schuhwerk besonders wichtig sind, wenn man draußen joggt,
- sportliche Betätigung und eine gesunde Ernährung wesentliche Faktoren einer gesunden Lebensweise darstellen.

4 **Прочитай тексты со словарём. Передай их содержание по-немецки.**

In einem Projekt wollt ihr euch aktuelle ausländische Filme (mit Untertiteln) ansehen, in denen es um die Probleme von Jugendlichen geht. Stelle deinen Mitschülern zwei Filme kurz vor, damit sie auch einen russischen Film auswählen können.

1. **Нирвана** (2008)
Это история о любви, о дружбе и о предательстве. Она рассказывает о двух девушках, которые живут в одном городе. Это очень простая история, в которой нет хеппи-энда. Алиса переезжает из Москвы в Санкт-Петербург. Она решает начать всё сначала. В Питере Алиса живёт в одной квартире с Вэл и её парнем Валерой. Вэл и Валера – наркоманы. Вэл очень любит Валеру, но она его теряет. И в этот момент она понимает, что у неё остался только один человек, который не предаст её – Алиса.

2. **Индиго** (2008)
Индиго – это уникальные дети: более творческие, более независимые, чем обычные. Тихон помнит всё о своей прошлой жизни. Таня понимает язык животных. Жека знает компьютерные программы лучше, чем компьютерные специалисты. Андрей предчувствует опасность.
Хотя ребята живут в разных районах Москвы, они дружат. Андрей – их лидер. Когда они вместе, они чувствуют себя свободными и неуязвимыми.
Взрослые – родители, учителя, врачи, пресса и милиция – их не понимают и не принимают. За ребятами началась охота, их убивают по одному…
Но ребята возьмут игру в свои руки…

5 **Расскажи по-русски.**

Ihr plant für den Besuch aus eurer Partnerschule einen gemeinsamen Aufenthalt in einer Jugendherberge.
Stelle euren Partnern das Angebot mit eigenen Worten in russischer Sprache vor.

JH Creglingen/Sport

(Beach-)Volleyball-Camp

14 bis 19 Jahre

Endlich Zeit für den Lieblingssport. Hier im Taubertal, einer bald schon traditionellen Volleyball-Hochburg, wird gepritscht, gebaggert, aufgeschlagen, gepunktet und trainiert, was das Zeug hält.
Mit etwa fünf Stunden Training und Spiel pro Tag, freien Getränken während des Trainings, Videoabend, Sauna, Cocktailparty, T-Shirt, Grillabend und individueller Freizeitgestaltung begleitet dich das Trainer-Team durch das Camp.

Leistungen: 4 bzw. 5 ÜN/VP, Kursleitung wie oben beschrieben
Mindestteilnehmerzahl: 10 bzw. 8
Veranstalter: DJH-Landesverband Baden-Württemberg
Termin Volleyballcamp: 13.04.11 – 17.04.11
Preis: 204 €/Person
Reise-Nr.: JH FUN BWB 632
Termin Beachvolleyballcamp: 02.08.11 – 07.08.11
Preis: 240 €/Person
Reise-Nr.: JH FUN BWB 631

6 **Послушай, что рассказал Ники́та о городе Сочи.**

Gib den wesentlichen Inhalt deutsch wieder.

Du hast Nikita, einen Schüler aus eurer Partnerschule, zu Gast.
Dein Freund Lars, der kein Russisch kann, ist sehr sportinteressiert und fragt nach Sotschi.

За́втра ты ста́нешь взро́слой

Группа Лицей

За пять мину́т успе́ть в метро́,
В пусто́м ваго́не ты никто́,
Но по́мнишь ты его́ проща́льный взгляд,
И гу́бы поцелу́й храня́т.

5 Не на́до ду́мать, что пото́м
Не всё сбыва́ется поро́й,
Но не сего́дня, то́лько не сейча́с,
Не в э́тот раз, не в э́тот раз.

Припе́в:

Е́сли хо́чешь, э́то так про́сто,
10 За́втра у́тром ты ста́нешь взро́слой,
Разбива́лось се́рдце на ча́сти,
Говори́ла - э́то на сча́стье.

Е́сли хо́чешь, э́то так про́сто,
За́втра у́тром ты ста́нешь взро́слой,
15 О любви́ мечта́ла днём,
А но́чью ду́мала о нём.

Печа́льный свет ночны́х витри́н,
Луны́ холо́дный апельси́н,
От одино́чества не ле́чит он,
20 И го́род сам в себя́ влюблён.

Преодоле́ть пыта́ясь сон,
Дидже́й зева́ет в микрофо́н,
И ты одна́, и он сейча́с оди́н
Ночно́й глота́ет аспири́н.

Припе́в

Крыла́тые каче́ли

Слова́: Ю́рий Э́нтин
Му́зыка: Евге́ний Крыла́тов

В ю́ном ме́сяце апре́ле в ста́ром па́рке та́ет снег
И весёлые каче́ли начина́ют свой разбе́г.
Позабы́то всё на све́те! Се́рдце за́мерло в груди́!
То́лько не́бо, то́лько ве́тер, то́лько ра́дость впереди́.
5 То́лько не́бо, то́лько ве́тер, то́лько ра́дость впереди́.

Припе́в:

Взлета́я вы́ше е́ли, не ве́дая прегра́д,
Крыла́тые каче́ли летя́т, летя́т, летя́т.
Крыла́тые каче́ли летя́т летя́т, летя́т.

Де́тство ко́нчится когда́-то, ведь оно́ не навсегда́,
10 Ста́нут взро́слыми ребя́та, разлетя́тся кто-куда́.
А пока́ мы то́лько де́ти, нам расти́ ещё расти́
То́лько не́бо, то́лько ве́тер, то́лько ра́дость впереди́.
То́лько не́бо, то́лько ве́тер, то́лько ра́дость впереди́.

Припе́в

Шар земно́й быстре́й кружи́тся от весе́нней кутерьмы́
15 И пою́т над на́ми пти́цы. И поём, как пти́цы, мы.
Позабы́то всё на све́те! Се́рдце за́мерло в груди́!
То́лько не́бо, то́лько ве́тер, то́лько ра́дость впереди́.
То́лько не́бо, то́лько ве́тер, то́лько ра́дость впереди́.

Припе́в

Де́вочка, кото́рая хоте́ла сча́стья

Слова́ и му́зыка: Го́род 312

Ве́чер на неё смотре́л,
Не опуска́я глаз,
Се́рое пальто́
И неприме́тный ста́рый шарф.
Сто́лько ли́стьев в сентябре́,
Наве́рно, в пе́рвый раз,
Мо́жет, и не сто́ит
В э́тот хо́лод ей меша́ть.

А она́ предста́вила,
Как вниз лети́т с моста́,
Как над ней склони́лись
Ско́рой по́мощи врачи́.
И реши́ла – непреме́нно
Бу́дет жить до ста,
У неё на э́то
Бо́льше ты́сячи причи́н.

Припе́в:
Де́вочка, кото́рая
Хоте́ла сча́стья…
Де́вочка, кото́рая
Хоте́ла сча́стья,
Сча́стья…

Ей, коне́чно, ну́жно
О́чень мно́го рассказа́ть,
Вот как раз на кры́шу
Се́ла ста́я голубе́й…
То́лько на щеке́ блести́т
Преда́тельски слеза́,
Слёзы – э́то сла́бость,
Мо́жно их прости́ть себе́.

Ве́чер на неё смотре́л,
Не опуска́я глаз,
Се́рое пальто́
И неприме́тный ста́рый шарф.
Сто́лько ли́стьев в сентябре́,
Наве́рно, в пе́рвый раз,
Мо́жет, и не сто́ит
В э́тот хо́лод ей меша́ть.

Припе́в:
Де́вочке, кото́рой
Так хоте́лось сча́стья…
Де́вочка, кото́рая
Хоте́ла сча́стья…
Де́вочка, кото́рая
Хоте́ла сча́стья,
Сча́стья…

Непого́да

Слова́: Н. О́лев
Му́зыка: М. Дунае́вский

Измене́ния в приро́де
Происхо́дят год от го́да,
Непого́да ны́нче в мо́де,
Непого́да, непого́да,
Сло́вно из водопрово́да
Льёт на нас с небе́с вода́.

Полго́да плоха́я пого́да,
Полго́да совсе́м никуда́. *(2 ра́за)*

Припе́в:
Никуда́, никуда́ нельзя́ укры́ться нам,
Но откла́дывать жизнь ника́к нельзя́,
Никуда́, никуда́, но знай, что где́-то там
Кто́-то и́щет тебя́ среди́ дождя́.

Гро́ма гро́зные раска́ты
От зака́та до восхо́да,
За грехи́ людски́е пла́та
Непого́да, непого́да.
Не анги́на, не просту́да,
Посерьёзнее беда́:

Полго́да плоха́я пого́да,
Полго́да совсе́м никуда́. *(2 ра́за)*

Припе́в (2 ра́за)

Де́вочка, живу́щая в Сети́

Слова́ и му́зыка: Земфи́ра Рамаза́нова

Де́вочка, живу́щая в Сети́…
Наше́дшая любо́вь
Ме́жду строк,
Ме́жду не́бом и землёй.
Па́льцами пыта́ясь угада́ть,
Наде́ясь угада́ть
До конца́, до конца́…

Де́вочка, живу́щая в Сети́…
Живу́щая за всех,
До конца́,
На после́днем этаже́…
Кла́виши, храня́щие тепло́,
Та́ящие вопро́с никому́, никому́…

Мо́жет быть, на том конце́ встре́тив
В чьём-нибу́дь чужо́м лице́ тре́тьем
Что́-нибудь, отда́шь се́рдце,
Кто́-нибудь отда́ст се́рдце
И, зна́ешь ли, быва́ет же чу́до,
Зна́ешь ли, встреча́ют же лю́ди…
Мо́жет быть, и ты то́же,
Мо́жет быть…

Де́вочка, живу́щая в Сети́…
Забы́вшая любо́вь
Ме́жду строк,
Ме́жду не́бом и землёй.
Де́вочка – уста́вшие глаза́,
Догна́вшие рассве́т…
То́лько ей, то́лько ей…

Lerntipps

Bereits in *Dialog 1* und *2* hast du gezielt Lerntechniken genutzt. Auch beim weiteren Russischlernen können die aufgeführten Lerntipps nützlich sein:
- L 1 – 6 sind dir bereits aus *Dialog 1* und *2* bekannt,
- L 7, 8, 13 und 14 sind bekannt, werden in *Dialog 3* aber weiterentwickelt,
- L 9 – 12 findest du hier zum 1. Mal.

Alle Lerntipps können dir helfen, die russische Sprache auf höherem Niveau erfolgreich zu verwenden.

L 1 Unbekannte Wörter erschließen

Hilfen für das Erschließen unbekannter Wörter sind z. B.:

- der *Sprachvergleich*, d. h. der Vergleich und die Suche nach Ähnlichkeiten im Schrift- oder Klangbild mit Wörtern der Muttersprache, des Englischen oder aus anderen Fremdsprachen,
- das Nutzen von verschiedenen *Verstehenshilfen*, wie
  - Internationalismen,
  - Kontext (Situation oder Sinnzusammenhang),
  - Fotos und Illustrationen,
- der *Strukturvergleich*, d. h. das Prüfen der grammatischen Besonderheiten unbekannter Wörter, wie die Wortart, die Bestandteile des Wortes, seine Stellung im Satz.

L 2 Interkulturelle Vergleiche für das Verstehen nutzen

Mit einer Sprache lernt man auch immer eine *Kultur* kennen. Dabei erfährt man viel über die Menschen und das Land, in dem die Sprache als Muttersprache verwendet wird. Der Vergleich mit der eigenen Kultur zeigt, dass es sowohl *Gemeinsamkeiten* als auch *Unterschiede* gibt, die wichtig für das Verstehen sind.

Für den interkulturellen Vergleich sind folgende *Hinweise* hilfreich:
- Gemeinsamkeiten, Ähnlichkeiten und Unterschiede (z. B. bei Mimik, Gestik, Einstellungen und Verhaltensweisen) durch Vergleiche mit der eigenen Kultur herausfinden,
- der anderen Kultur bei diesem Vergleich mit Offenheit begegnen,
- die Unterschiede nicht ausschließlich aus eigener Sicht bewerten,
- die herausgefundenen Besonderheiten der anderen Kultur beachten,
- nachfragen, wenn etwas unklar ist.

L 3 Details oder den wesentlichen Inhalt beim Hören verstehen

Wichtige Tipps für das Hören eines russischsprachigen Textes sind:

- Aufgabenstellung genau anschauen und prüfen, ob der Hörauftrag klar ist.
  - Sollen Details oder der wesentliche Inhalt verstanden werden?
  - Vermutungen zum Inhalt anstellen, diese z. B. aus dem Hörauftrag ableiten.
- Konzentriert zuhören, dabei,
  - auf bekannte Wörter oder auf Wörter achten, die ähnlich wie im Deutschen oder Englischen klingen,
  - ruhig bleiben, wenn nicht alle Wörter verstanden werden,
  - versuchen, auch aus dem Sinnzusammenhang zu kombinieren,
  - akustische Signale der Sprecher nutzen (z. B. das Anheben der Stimme, die Lautstärke) und Geräusche.
- Notizen entsprechend der Höraufgabe anfertigen.

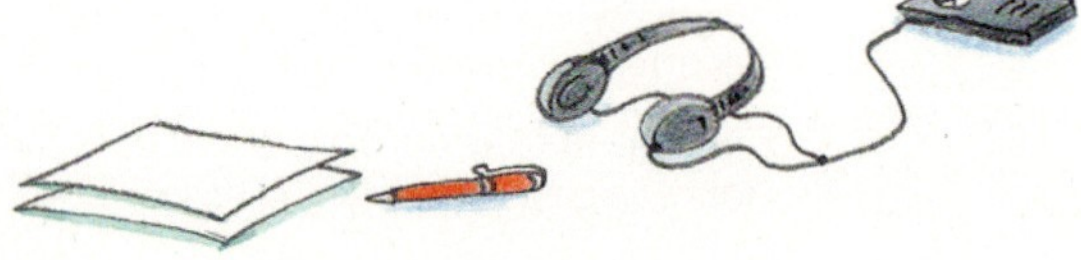

L4 Verstehenslücken ausgleichen, Sprechpausen vermeiden

Hilfen für Gespräche in russischer Sprache	Beispiele
dem Gesprächspartner mitteilen, dass man etwas nicht verstanden hat	Я не по́нял. (Я не поняла́.)
den Gesprächspartner um Wiederholung bitten	Повтори́(те), пожа́луйста.
noch einmal nachfragen	Я не по́нял. (Я не поняла́.) Где ты живёшь? Когда́ начина́ется конце́рт? Что Ле́на сказа́ла?
lange Sprechpausen vermeiden, Mimik und Gestik nutzen, „Pausenfüller" verwenden	Ну, … Ну, да (вот). Так. Вот. Хм-м. Подожди́-ка, … Дай поду́мать. Ла́дно.

L5 Zusammenhängend sprechen

Für einen Vortrag oder einen Monolog zu einem bestimmten Thema sind die folgenden Tipps hilfreich:

- Aufgabenstellung genau anschauen und prüfen, ob alles verständlich ist,
- Aufgabe prüfen und herausfinden, ob es vielleicht inhaltliche Hilfen gibt, die für den Vortrag als Redeplan genutzt werden können (z. B. Fragen oder Stichpunkte),
- einen eigenen Redeplan erstellen, dazu
  - inhaltliche Stichpunkte zum Thema (auf Russisch oder Deutsch) notieren,
  - *Stichpunkte sortieren* und in eine sinnvolle/logische Reihenfolge bringen, evtl. auch als Mindmap gestalten,
  - bei der Gliederung *Einleitung, Hauptteil* und *Schluss* beachten,
  - *keine vollständigen Sätze* aufschreiben, falls nötig, einige schwierige Substantive, Verben oder Satzanfänge auf Russisch als *Merkhilfen notieren*,
  - *Symbole verwenden* (z. B. ✓ für *etwas ist vorhanden*),
- den Vortrag üben und (halblaut) mit Hilfe des Redeplans vortragen,
- möglichst frei sprechen und beim Vortrag die Zuhörer anschauen.

L6 Eine E-Mail (einen Brief) schreiben

Hinweise für das Schreiben einer E-Mail oder eines Briefes	Beispiele
mit einer Begrüßung beginnen, dabei beachten, dass im Unterschied zum Deutschen ein Komma vor dem Namen steht	*Приве́т,* + Name! *Здра́вствуй(те),* + Name!
sich im Antwortbrief für die erhaltene Post bedanken	*Спаси́бо за e-mail (за письмо́).*
es folgt, was man schreiben, mitteilen oder fragen möchte	
evtl. an jmdn. Grüße ausrichten	*(Большо́й) приве́т* … кому́?
zum Schluss eine Verabschiedung schreiben	*Пока́!/До свида́ния!* + eigener Name
den Text auf sprachliche Korrektheit prüfen	mit dem alphabetischen Wörterverzeichnis des Schülerbuchs oder mit einem Wörterbuch (→ L 9)

L7 Globales Lesen (Skimming, kursorisches Lesen, überfliegendes Lesen) ↗1Б

Die folgenden Tipps sind hilfreich für das globale Lesen:

- den Text schnell *überfliegen*, d. h.
  - ▸ auf Überschriften und Hervorhebungen achten,
  - ▸ die *Hauptgedanken erfassen* und sich nicht an Einzelheiten aufhalten,
- dabei beachten,
  - ▸ dass das Verstehen von *Details* hier nicht wichtig ist, sie werden *nicht abgefragt,*
  - ▸ dass unbekannte Wörter und Wendungen übergangen werden können (müssen).

L8 Detailliertes Lesen ↗1Б

Beim detaillierten Lesen sollten die folgenden Hinweise beachtet werden:

- genaues, aufmerksames Lesen des Textes,
- Erfassen und Verstehen relevanter Aussagen und *wichtiger Detailinformationen*,
- Bedeutung unbekannter Wörter und Wendungen
  1. erschließen mithilfe der Techniken aus Lerntipp 1,
  2. im Wörterbuch nachschlagen, s. L 9
  3. ggf. ignorieren,
- die Struktur des Textes erfassen (markieren),
- Schlüsselwörter unterstreichen,
- ggf. Unverständliches markieren,
- ggf. wichtige Passagen (Abschnitte) mehrfach lesen.

L9 Benutzen des zweisprachigen Wörterbuchs ↗1Б

Den Umgang mit einem Wörterbuch kennst du aus dem Englischunterricht.

Tipps für das Auffinden oder Nachschlagen der Bedeutung eines unbekannten Wortes im zweisprachigen Wörterbuch	Beispiele (→ 1 Б, упр. 1, S. 14)
die Wortart des unbekannten Wortes bestimmen	отмеча́ем → Verb
das Wort auf die Grundform zurückführen	**Substantive** → *Nom. Sg.* (z. B. о соста́ве (семьи́) – соста́в, куличи́ – кули́ч) **Verben** → *Inf.* (z. B. со́здали (созда́ли)– созда́ть, отмеча́ем – отмеча́ть) **Adjektive** → männliche Form im *Nom.* (z. B. дру́жная (семья́) – дру́жный, бли́зкими (ро́дственниками) – бли́зкий)
das Wort entsprechend der alphabetischen Reihenfolge suchen	
den Wörterbucheintrag und alle Informationen aufmerksam lesen	
am Sinnzusammenhang prüfen, welche der angegebenen Bedeutungen für den Text passt, z. B.: … 8 Ма́рта к нам приезжа́ют мои́ ба́бушки , и мы за больши́м столо́м <u>отмеча́ем</u> э́тот пра́здник. Па́сха – э́то о́чень <u>ва́жный</u> пра́здник в на́шей семье́. …	**ва́жный**, -ая, -ое; *Kz.* -жен, жна́! **1.** <u>wichtig</u>, bedeutend, schwerwiegend, **2.** *umg.* wichtig, gewichtig, schwerwiegend; ва́жная ши́шка großes Tier **3.** aufgeblasen, hochmütig, stolz **4.** -о *Adv:* -о держа́ть себя́ sich hochmütig benehmen **отме́тить**, -е́чу, -е́тишь; -е́ченный, -е́чен, -а *v.***1.** anmerken, anstreichen, kennzeichnen, bezeichnen; ~ ме́сто в кни́ге eine Buchstelle anmerken **2.** eintragen, vermerken; ~ да́ту отъе́зда das Abreisedatum vermerken **3.** bemerken, feststellen **4.** hervorheben, unterstreichen, betonen **5.** <u>feiern</u>, <u>begehen</u>; ~ юбиле́й Jubiläum feiern **6.** *ugs.* streichen, austragen; ~ жильца́ einen Mieter aus dem Hausbuch austragen || *uv.* отмеча́ть, -а́ю, -а́ешь

L 10 Vergleichen ↗ 2A; 3A

Vergleichen heißt, mindestens zwei Personen, Dinge, Vorgänge usw. genau betrachten oder prüfen und dabei feststellen, was gleich, ähnlich oder anders ist. Hilfreich dabei ist:

- Eigenschaften, Merkmale (Kriterien) festlegen, die verglichen werden sollen, z. B. für den Vergleich *Dorf – Stadt* Einkaufsmöglichkeiten oder Freizeitangebote betrachten,
- Gemeinsamkeiten und Unterschiede gegenüberstellen (in einer Tabelle oder in Form einer Mindmap)
- Komparativformen verwenden, z. B. *В го́роде шумне́е, чем в дере́вне.*

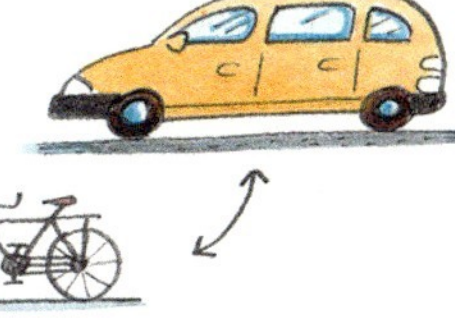

L 11 Eine Diskussion führen ↗ 3 B

Eine Diskussion ist ein Gespräch, in dem zwei oder mehrere Personen ihre Meinungen und Argumente zu einem Thema austauschen. Die Gesprächspartner sollten sich dabei mit gegenseitigem Respekt begegnen, einander gut zuhören, die Beiträge der anderen aufgreifen bzw. sich darauf beziehen und sie nicht vorschnell verwerfen.

Folgende Tipps helfen bei einer Diskussion in der Fremdsprache:

- *sprachliche Mittel vorbereiten*, z. B. in Form einer Stichwortsammlung oder einer Mindmap zusammenstellen,
- einzelne *Diskussionsschwerpunkte* für alle sichtbar *aufschreiben* (auf Tafel, Flipchart, o. ä.).
- einen *Diskussionsleiter bestimmen*, der für einen reibungslosen Ablauf sorgt, indem er
  - die Reihenfolge der Beiträge festlegt,
  - die einzelnen Diskussionsbeiträge zusammenfasst,
  - die Diskussion abschließt.

Hilfreiche Wendungen für die Einleitung der drei Diskussionsetappen: Beginn, Hauptteil und Abschluss der Diskussion, stehen auf S. 67.

L 12 Grafische Darstellungen verstehen und auswerten ↗ 4 Б

Viele Sachtexte beinhalten grafische Darstellungen (Tabellen oder Diagramme), in denen Informationen zusammengefasst und übersichtlich angeordnet werden. Sie helfen, den Text zu verstehen und liefern zusätzliche Informationen, aber nur, wenn man die grafische Veranschaulichung versteht.

Hinweise für die Arbeit mit grafischen Darstellungen	Beispiele
die Überschrift oder Bildunterschrift genau lesen und herausfinden, was dargestellt wird	*Гра́фик пока́зывает, чем молоды́е лю́ди в Герма́нии занима́ются в свобо́дное вре́мя.*
sich einen Überblick verschaffen, in welcher Form Zahlenwerte veranschaulicht werden	als absolute Zahlen oder Prozente
die Legende betrachten, sofern diese vorhanden ist	
bestimmen, welche verschiedenen Aussagen bzw. Sachverhalte dem Leser vermittelt werden	*35 % молоды́х люде́й смо́трят телеви́зор. 16 % (молоды́х люде́й) занима́ются спо́ртом.*
sich um zusammenhängende Aussagen bemühen, indem verschiedene Angaben miteinander in Beziehung gesetzt werden	*Бо́льшая часть тине́йджеров – 35 % – смо́трит телеви́зор, а то́лько 16 % занима́ются спо́ртом.*
überlegen, welche Schlussfolgerungen sich aus der grafischen Darstellung ziehen lassen, und diese formulieren	Angaben aus der Grafik nutzen, um die eigene Schlussfolgerung zu untermauern z. B. *Мо́жно сказа́ть, что неме́цкая молодёжь не о́чень лю́бит спорт, потому́ что спо́ртом занима́ются то́лько 16 % (молоды́х люде́й).*

L 13 Präsentieren ↗ 5 B

Präsentieren heißt, gezielt Informationen an andere zu vermitteln.
Daraus folgt die wichtigste Regel: Man plant eine Präsentation für die Zuhörer.

Die folgenden Tipps sollten bei der Vorbereitung und Durchführung einer Präsentation beachtet werden:

- rechtzeitige und gründliche *Materialsammlung* (meist zu Hause),
- *Aufbereitung* des Materials für das Publikum, dabei
  - die Frage beantworten, was die Zuhörer erfahren sollen,
  - das gesammelte Material auf das Wesentliche reduzieren,
  - bei selbst gefertigten Medien angemessene Schriftgröße wählen,
  - den Vortrag vorher laut vorsprechen, sich ggf. im Spiegel betrachten und die Zeit messen,
- anschauliches *Präsentieren* (Vorstellen) des Materials durch
  - zuhörergerechte sprachliche Formulierungen,
  - Erklärung von Eigennamen und unbekannten Wörtern,
  - gezielten Medieneinsatz (Grafiken, Abbildungen, Fotos; technische Medien),
  - Rückfragen an das Publikum und Beantwortung von Fragen aus dem Publikum,
- *Gliederung* der Präsentation in Einleitung, Hauptteil und Schluss:
  - *Einleitung*
    - das Thema nennen,
    - sagen, was man als Vorbereitung getan hat,
    - die Gliederung vorstellen,
  - *Hauptteil*
    - beim Wesentlichen bleiben,
    - bestimmte, immer wiederkehrende sprachliche Mittel nutzen, um den Vortrag zu strukturieren, z.B.: *Во-пéрвых, ...; Во-вторы́х, ...; В цéнтре моéй презентáции стои́т вопрóс о ...; Крóме тогó, нýжно (нáдо) сказáть (отмéтить) ...,*
  - *Schluss*
    - ggf. eine kurze Zusammenfassung geben,
    - sich für die Aufmerksamkeit bedanken,

- wichtige *Präsentationsregeln* beachten:
  - Zeit einplanen zum Aufbau und Ausprobieren von Technik,
  - durch das eigene Auftreten signalisieren, dass man sich für das Thema des Vortrags interessiert,
  - die Zuhörer immer ansehen,
  - angemessenes Redetempo, Lautstärke, (möglichst) kurze Sätze wählen,
  - erst sprechen, wenn alle zuhören,
  - weitgehend frei sprechen,
  - den Zuhörern Zeit geben zum Betrachten von Abbildungen u.ä.,
  - Zeit für Fragen einplanen.

L14 Sprachmitteln ↗ 6 A

Bei der Sprachmittlung (Mediation) geht es darum, russischsprachige Informationen auf Deutsch oder deutsche (bzw. auch anderssprachige wie englische) Informationen auf Russisch weiter zu geben, d. h. an jmdn. zu (ver)mitteln, der nur eine der Sprachen versteht.

Hierbei sind die folgenden Tipps hilfreich:
- die *wichtigen Informationen erfassen* und in die andere Sprache übertragen und dabei die Angaben von Daten, Preisen, Mengen usw. selbst aufschreiben oder vom Gesprächspartner aufschreiben lassen,
- den Text *nicht wortwörtlich* übersetzen,
- Unwichtiges weglassen,
- das, was man aus der Muttersprache ins Russische übertragen will, *sprachlich vereinfachen*, dabei
  - ▸ den Wortschatz nutzen, der in der russischen Sprache zur Verfügung steht,
  - ▸ auch Internationalismen verwenden und bedenken, dass international bekannte Namen und Bezeichnungen nicht übersetzt oder erklärt werden müssen, z. B.: *German Wings* beinhaltet gleichzeitig den Begriff *Fluggesellschaft*,
- unbekannte Wörter *umschreiben*, z. B. durch
  - ▸ Synonyme oder verneinte Antonyme,
  - ▸ Mimik und Gestik,
  - ▸ Nennen von Beispielen,
  - ▸ Beschreiben von typischen Merkmalen, Eigenschaften oder Tätigkeiten (dabei helfen oft Relativsätze),
  - ▸ zeichnerische Darstellung,
- ggf. ein Wörterbuch nutzen, um ein wichtiges unbekanntes Wort nachzuschlagen,
- bei der Sprachmittlung den Gesprächsinhalt *nicht mit den eigenen Ansichten vermischen und keine Ratschläge geben,*
- wenn zwischen zwei Gesprächspartnern vermittelt werden muss, kann der jeweilige Gesprächsinhalt auch in der 3. Person wiedergeben werden. z. B. *Он сказал, что ... Она любит ...*

Сле́дующие станда́ртные выраже́ния ты мо́жешь употребля́ть …

(Folgende Standardausdrücke kannst du … verwenden)

➤ при веде́нии диску́ссии (in einer Diskussion)

Нача́ло диску́ссии:
- Я хочу́ с ва́ми поговори́ть о … *mit Präp.*
- У меня́ к вам вопро́с(ы): …
- Я хочу́ вас спроси́ть, …
- Дава́йте поговори́м о … *mit Präp.*
- Дава́йте проведём диску́ссию о … *mit Präp.*
- Речь пойдёт (бу́дет идти́) о … *mit Präp.*
- Речь идёт о … *mit Präp.*
- Что вы ду́маете о … *mit Präp.*?
- Как вы ду́маете, …?
- Дава́йте снача́ла поговори́м о … *mit Präp.*

Основна́я часть диску́ссии:
- Ду́маю, вам бу́дет интере́сно узна́ть, что …
- Наве́рное, вы уже́ зна́ете, что …
- Ва́жно сказа́ть, что …
- С одно́й стороны́, …, а с друго́й стороны́, …
- Сейча́с немно́го о … *mit Präp.*
- Как, по-ва́шему, …
- Я́сно, что …
- Ты прав(а́) (Вы пра́вы), но …
- Я испо́льзовал(а) сле́дующие исто́чники: …
- Я испо́льзовал(а) информа́цию из Интерне́та.

Заключе́ние диску́ссии:
- Я по́нял (поняла́), что …
- В результа́те на́до сказа́ть, что …
- (Одни́м) сло́вом …
- Зна́чит, …
- Ита́к, …
- В заключе́ние я хочу́ отме́тить, что …
- Всё э́то говори́т о том, что …
- Всем большо́е спаси́бо за интере́сную диску́ссию.

➤ при веде́нии презента́ции (für eine Präsentation)

Нача́ло презента́ции:
- Дороги́е друзья́! Добро́ пожа́ловать на мою́ презента́цию!

Основна́я часть презента́ции:
- В це́нтре мое́й презента́ции (моего́ внима́ния)
  стои́т вопро́с о *mit Präp.* …
  конфли́кт ме́жду *mit Instr.* …
- Кро́ме того́, я хочу́ поговори́ть (рассказа́ть) о … *mit Präp.*
- А ещё ну́жно поговори́ть (рассказа́ть) о … *mit Präp.*
- С одно́й стороны́, … , с друго́й стороны́, …
- Сейча́с пе́рвый (второ́й, сле́дующий, после́дний) пункт (факт) …
- Во-пе́рвых, …; Во-вторы́х, …; В-тре́тьих, …
- Я хочу́ отме́тить ещё друго́й факт – …
- По-мо́ему, …
- Кро́ме того́, на́до сказа́ть …
- Зна́чит, э́то …
- А сейча́с посмотри́те на э́тот гра́фик (э́ту табли́цу, э́ту диагра́мму).
- На э́той фотогра́фии вы ви́дите … *mit Akk.*

Заключе́ние презента́ции
- На э́том я зака́нчиваю (свою́) презента́цию.
- Я испо́льзовал(а) сле́дующие исто́чники информа́ции: …
- А сейча́с, пожа́луйста, задава́йте свои́ вопро́сы.
- А сейча́с я с удово́льствием отве́чу на все ва́ши вопро́сы.
- Большо́е спаси́бо за внима́ние.

➤ для выраже́ния оце́нки уро́ка (zur Bewertung des Unterrichts)

- Сего́дня на уро́ке бы́ло о́чень интере́сно (не о́чень интере́сно, ску́чно).
- На уро́ке была́ прия́тная (хоро́шая, ую́тная) атмосфе́ра.
- (Вчера́) Сего́дня у нас был прекра́сный (интере́сный, ску́чный) уро́к.
- (Вчера́) Сего́дня уро́к прошёл интере́сно (бы́стро, норма́льно, ску́чно, пло́хо).
- (Вчера́) Сего́дня у нас была́ интере́сная те́ма уро́ка.
- (Вчера́) Сего́дня мы проходи́ли интере́сную те́му.
- Я (почти́) всё по́нял(а́).
- Я ничего́ не по́нял(а́).
- Мы повторя́ли … *mit Akk.* (писа́ли … *mit Akk.*, чита́ли … *mit Akk.*, практикова́лись в … *mit Präp.*, игра́ли сце́нку, игра́ли в *снежный ком*, пе́ли … *mit Akk.*).
- Мы (сли́шком) мно́го занима́лись … *mit Instr.*
- Я вы́учил(а) не́сколько но́вых слов (но́вую пе́сню).
- Я узна́л(а) мно́го но́вого (интере́сного). Я не узна́л(а) ничего́ но́вого.
- Мне осо́бенно понра́вилось то, что …
- Мне (не) нра́вится, что мы мно́го говори́м по-ру́сски, слу́шаем диало́ги, смо́трим фи́льмы (мультфи́льмы) на ру́сском языке́, пи́шем дикта́нты, разы́грываем сце́нки, …
- Господи́н … / Госпожа́ … отве́тил(а) на все мои́ (на́ши) вопро́сы.
- Мне (не) понра́вилось, что сего́дня господи́н … /госпожа́ … никого́ (меня́) не вызыва́л(а) к доске́.
- Мне (не) понра́вилось, что сего́дня господи́н … /госпожа́ … за́дал(а́) нам мно́го уро́ков.
- Мне (не) нра́вится, что господи́н … /госпожа́ … всегда́ задаёт нам мно́го уро́ков.

➤ для выраже́ния оце́нки результа́тов рабо́ты (zur Leistungsbeurteilung)

- Мне (не) о́чень понра́вилась презента́ция (*имя ученика/ученицы mit Gen.*).
- Презента́ция (*имя ученика/ученицы mit Gen.*) бы́ла (о́чень) интере́сной.
- Диало́г был, к сожале́нию, ску́чным (неинтере́сным, сли́шком дли́нным, коро́тким).
- Всё бы́ло интере́сно (поня́тно, логи́чно, пра́вильно, я́сно).
- Бы́ло интере́сно послу́шать ваш диало́г (ва́шу/твою́ презента́цию).
- Я с удово́льствием посмотре́л(а) ва́шу сце́нку.
- По-мо́ему, (*имя ученика/ученицы*) не допусти́л(а)/не сде́лал(а) оши́бок (ни одно́й оши́бки).
- Мне ка́жется, (*имя ученика/ученицы*) допусти́л(а)/сде́лал(а) не́сколько граммати́ческих (орфографи́ческих, стилисти́ческих) оши́бок.
- По-мо́ему, (*имя ученика/ученицы*) говори́л(а) сли́шком бы́стро (ме́дленно).
- Я ду́маю, (*имя ученика/ученицы*) предста́вил(а) интере́сный материа́л.
- Я счита́ю, (*имя ученика/ученицы*) подгото́вил(а) интере́сную (кла́ссную) презента́цию.
- По-мо́ему, (*имя ученика/ученицы*) вы́брал(а) интере́сные фа́кты (гра́фики, приме́ры).
- Мне понра́вилось, что (*имя ученика/ученицы*) показа́л(а) краси́вые фотогра́фии (иллюстра́ции, диагра́ммы).
- Я счита́ю, (*имя ученика/ученицы*) хорошо́ описа́л(а) гра́фик (диагра́мму, схе́му, табли́цу).
- (*Имя ученика/ученицы*), спаси́бо тебе за интере́сную презента́цию.

Сле́дующие станда́ртные выраже́ния ты мо́жешь употребля́ть, е́сли ты хо́чешь …
(Folgende Standardausdrücke kannst du verwenden, wenn du …)

➤ **узна́ть мне́ние собесе́дника** (die Meinung eines Gesprächspartners erfahren willst).

- Что ты ду́маешь о … *mit Präp.*?
- Как ты ду́маешь, …?
- Как ты счита́ешь, …?
- Ты счита́ешь, что э́то (не)пра́вильно?
- Ты счита́ешь э́то (не)пра́вильным?
- Ты согла́сен (согла́сна) с … *mit Instr.* ?
- Я хочу́ тебя́ спроси́ть, …
- Как, по-тво́ему, … ?

- Я хочу́ узна́ть, почему́ …
- У меня́ к тебе́ вопро́с(ы): …
- Тебе́ нра́вится (нра́вятся) … *mit Nom.* ?
- Ты интересу́ешься … *mit Instr.?*
- Тебе́ (не)интере́сно?
- Тебе́ (не)ску́чно?
- Тебе́ интере́сно … *mit Inf* ?
- Ты лю́бишь … *mit Akk. oder Inf.*?

➤ **вы́разить своё мне́ние** (die eigene Meinung ausdrücken willst).

- По-мо́ему, …
- Я (не) ду́маю, что …
- Я (не) счи́таю, что …
- Я (не) счита́ю э́то пра́вильным.
- Я ду́маю, э́то (не)пра́вильно.
- Мне э́то (не)интере́сно.
- Мне (не)интере́сно … *mit Inf.*
- Мне (не)ску́чно.
- Во-пе́рвых, … Во-вторы́х, … В-тре́тьих, …
- Не ме́нее ва́жно, что …
- Кро́ме того́, …
- Нельзя́ забыва́ть, что …

- Мне (не) ка́жется, что …
- Э́то для меня́ (не)ва́жно.
- Э́то для меня́ играет ва́жную роль.
- Э́то для меня́ не игра́ет никако́й ро́ли.
- Я хорошо́ понима́ю (не понима́ю), что …
- Мне (не)поня́тно, почему́ …
- Я разделя́ю э́то (твоё) мне́ние.
- Я не разделя́ю э́того (твоего́) мне́ния.
- О́чень хорошо́! Отли́чно!
- Здо́рово! *ugs.*
- Су́пер! *ugs.*
- Класс! *ugs.*

➤ **вы́разить своё согла́сие** (Zustimmung ausdrücken willst).

- Я согла́сен (согла́сна) с тобо́й (с э́тим мне́нием, с мне́нием … *mit Gen.*).
- Я вполне́ (части́чно) согла́сен (согла́сна) с э́тим выска́зыванием (мне́нием).
- Я согла́сен (согла́сна) с тем, что …
- Я разделя́ю э́то (твоё, ва́ше) мне́ние.
- Мо́жно согласи́ться с э́тим мне́нием.
- Э́то (соверше́нно) пра́вильно.
- Э́то так.
- Я то́же так ду́маю.
- Мне нра́вится, что …
- Я за … *mit Akk.*
- Коне́чно, да.

➤ **вы́разить своё несогла́сие** (Ablehnung ausdrücken willst).

- Я не согла́сен (согла́сна) с тобо́й (с э́тим мне́нием, с мне́нием … *mit Gen.*).
- Я абсолю́тно (соверше́нно) не согла́сен (согла́сна) с э́тим выска́зыванием (мне́нием).
- Я не согла́сен (согла́сна) с тем, что …
- Я не разделя́ю э́того (твоего́, ва́шего) мне́ния.
- Нельзя́ согласи́ться с э́тим мне́нием.
- Э́то (соверше́нно) непра́вильно.
- Э́то не так. А я ду́маю, что э́то не так.
- Я ду́маю ина́че.
- Мне не нра́вится, что …
- Я про́тив … *mit Gen.*
- Коне́чно, нет.

➤ **вы́разить своё удивле́ние** (Verwunderung ausdrücken willst).

- Неуже́ли …
- Ра́зве …
- Не мо́жет быть!
- Серьёзно? *ugs.*
- (Э́то) пра́вда? *ugs.*
- Вот э́то да! *ugs.*

➤ **вы́разить свои́ эмо́ции** (Emotionen ausdrücken willst).

- Я ра́д(а), что …
- Э́то здо́рово (отли́чно, кла́ссно, су́пер)! *ugs.*
- Я (немно́го) бою́сь, что …
- Я (не) бу́ду паникова́ть.
- Как жаль!
- (Мне) о́чень жаль, что …

Поурочный словарь

Уро́к 1: Семе́йные бу́дни и пра́здники

1 A

отме́тить/отмеча́ть *что? mit Akk.*	1. kennzeichnen; 2. feststellen, hervorheben; 3. feiern, begehen	1. ~ правильные варианты; 2. нужно ~, что … 3. Какие праздники вы отмечаете?
семе́йный, -ая, -ое; -ые	Familien-	⟷ семья Новый Год – наш любимый семейный праздник.
бу́дни *nur Pl.* *Gen.* бу́дней und бу́ден *когда́?* в бу́дни	1. Werktage, Wochentage 2. Alltag	⟷ день, дни Они работают в будни и в праздники.
дома́шний, ! -яя, -ее; -ие	Haus-, Heim-	⟷ дом, до́ма Я занимаюсь домашней работой.
до́лжен *m.*, должна́ *w.*, должно́ *s.*; должны́ *Pl.*	sollen, müssen	Кто должен заниматься домашней работой?
по до́му *ugs.*	bei der Hausarbeit, im Haushalt	⟷ дом, до́ма Юля должна помогать родителям по дому.
вы́мыть (помы́ть)/мыть *что? mit Akk.*	(ab)waschen, spülen	Я мою стаканы. Где можно помыть руки?
посу́да мыть посу́ду	Geschirr Geschirr spülen (abwaschen)	– Ты любишь мыть посуду? – Я не мою посуду. У нас есть посудомойка.
за *кем? чем? mit Instr. in Verbindung mit Verben der Fortbewegung:* идти́, ходи́ть, пойти́, е́хать, пое́хать, …	*hier: etw.* holen	Мы поедем в супермаркет за фруктами.
проду́кты *Pl.* ходи́ть за проду́ктами	Lebensmittel Lebensmittel einkaufen	Юля ходит в магазин за продуктами.
никогда́	nie, niemals	⟷ когда́ Мои братья мне <u>никогда</u> <u>не</u> помогают. ! *Doppelte Verneinung*
ничего́ ↗ **ничто́** **A** нич[иво́]		
ничто́ *Gen. Akk.* ничего́, *Dat.* ничему́, *Instr.* ниче́м, *Präp.* ни о чём **A** ни[што́]	nichts	Они <u>ничего</u> <u>не</u> делают по дому. ! *Doppelte Verneinung*
почти́	fast, beinahe	Они почти всё свободное время играют на компьютере.
попроси́ть/проси́ть *кого́? mit Akk. что с/де́лать? mit Inf.*	*(jmdn. um etwas)* bitten	Я прошу тебя помочь мне.
посмея́ться/смея́ться **A** по-/смея́[тца]	lachen	Когда я прошу братьев помочь мне, они только смеются.
мать *w.* ! *Gen., Dat., Präp.* ма́тери *Gen. Akk. Pl.* матере́й	Mutter	⟷ мама Его мать зовут Анне.
же́нский, -ая, -ое; -ие	Frauen-, Damen-	*Лиза* – это женский журнал.
счесть (посчита́ть *ugs.*)/ **счита́ть** **A** по[щи]та́ть	denken, halten	Моя мать считает, что убирать квартиру, мыть посуду – это женская работа.
(не)справедли́во *Adv.* (не)справедли́вый, -ая, -ое; -ые	(un)gerecht, (un)berechtigt	Я считаю, что это несправедливо. Это (не)справедливый человек. Это (не)справедливый вопрос.
над *кем? чем? mit Instr.* **A** надо мн<u>о</u>й *(Bet. auf мной)*	über über mich	Одноклассники смеются над Олегом, потому что он ходит в магазин за продуктами.
вы́нести/выноси́ть *кого́? что? mit Akk.*	1. hinaustragen; 2. aushalten, ertragen	1. Я помогу тебе вынести сумку. 2. Он не выносит критики.
му́сор	Müll	Утром я всегда выношу мусор. Мне надо вынести мусор.
пригото́вить/гото́вить *что? mit Akk.*	1. (vor)bereiten, zurechtmachen; 2. kochen, zubereiten	1. ~ уроки, ~ сюрприз; 2. Моя бабушка готовит обед. Мне надо приготовить ужин.

мужско́й, -а́я, -о́е; -и́е	Männer-, Herren- männlich	Друзья говорят, что готовить обед – это не мужская работа.
оте́ц *Gen., Akk.* отца́, *Pl.* отцы́	Vater	Мой отец всегда помогает маме по дому.
по *каки́м дням ? mit Dat. Pl.*	hier: jeden Wochentag (montags, dienstags, … sonntags)	понеде́льник – **по** – понеде́льникам вто́рник – вто́рникам среда́ – среда́м четве́рг – четверга́м пя́тница – пя́тницам суббо́та – суббо́там воскресе́нье – воскресе́ньям По субботам папа готовит обед.
ни с ке́м ↗ **никто́**	mit niemandem	
же́нщина	Frau *(als Person)*	⟷ же́нский Анна Олеговна – красивая женщина.
мужчи́на *m.* *Akk.* **!** мужчи́ну **А** му[щи́]на	Mann *(als Person)*	⟷ мужско́й Это старый мужчина. Ему 87 лет.
де́ти *Pl.* *Gen., Akk.* детей *Sg.* **!** ребёнок, *Gen., Akk.* ребёнка де́тство	Kinder Kind Kindheit	Я считаю, что дети должны помогать родителям по дому.
чей *m.* чья *w.* чьё *s.* чьи *Pl.*	wessen	– Чей это брат? – Это мой брат. – Чья это сестра? – Моя. – Чьё это письмо? – Моё. – Чьи это друзья? – Мои.
никто́ *Gen., Akk.* никого́ *Dat.* никому́, ни к кому́ *Instr.* нике́м, ни с ке́м *Präp.* ни о ко́м	niemand, keiner niemanden, keinen niemandem, zu keinem mit niemandem, mit keinem über (von) niemandem, über (von) keinem	⟷ кто **!** *Doppelte Verneinung* Die Pronomen: никто́, нигде́, никуда́, никако́й werden stets in Verbindung mit *не* vor dem Verb verwendet, z. B.: никто не знает, мы никого не ждём … Юле никто не помогает. Олег ни с кем не говорил об этом.
никуда́	nirgend(s)wohin	⟷ куда В субботу мы никуда не поедем. **!** *Doppelte Verneinung*
никако́й, -а́я, -о́е; -и́е	kein(er), kein(e)	⟷ какой Сейчас он никакую музыку не слушает. **!** *Doppelte Verneinung*
нигде́	nirgends	⟷ где Летом они нигде не были. **!** *Doppelte Verneinung*
никогда́	niemals	Они никогда не моют посуду. **!** *Doppelte Verneinung*
заболе́ть/заболева́ть *чем ?* *mit Instr.* ohne Präposition **!**	1. erkranken, krank werden; 2. anfangen (zu) schmerzen	⟷ болеть, болит, больно 1. Олег плохо себя чувствует. Он заболел гриппом. 2. У него заболела голова.
бо́льно *Adv.* больно́й, -а́я, -о́е; -ы́е	schmerzhaft, tut weh krank, Kranker *ugs.*	Ой, как больно! Глотать больно. У моей бабушки больные ноги.
спать *uv.* *Prät. w.* спала́ поспа́ть *v.*	schlafen (etwas, ein wenig) schlafen	⟷ спальня Ночью он плохо спал. После обеда ему нужно поспать.
си́льно *Adv.*	stark, heftig	⟷ сильный У Олега сильно болит голова.
(не)высо́кий, -ая, -ое; -ие (не)высоко́ *Adv.*	(nicht) hoch	высокие горы
температу́ра	Fieber, Temperatur	**E/F** temperature У Олега высокая температура.
анги́на	Angina	У Олега ангина. Он заболел ангиной.
грипп	Grippe	У Нади грипп. Она заболела гриппом.

врач, *Gen., Akk.* врача́, *Instr.* врачо́м; *Pl.* врачи́, *Gen., Akk.* враче́й	Arzt, Ärztin	Олегу надо пойти к врачу.
приня́ть/принима́ть *кого́/ что? mit Akk.*	1. empfangen 2. Sprechstunden haben 3. einnehmen	Врач принимает утром и после обеда. Он принимает антибиотики 3 раза в день.
регистрату́ра	Anmeldung (*in mediz. Einrichtung*), Patientenaufnahme	Регистратура находится на первом этаже.
регистра́тор (медици́нский)	Mitarbeiter(in) der Patientenaufnahme	↔ регистратура Регистратор спросила меня: – Что с тобой?
Что с тобо́й?	Was hast du?	
тало́н	Talon (Bestellschein, Bestellzettel (*für einen Arztbesuch*)	Олег получил талон к врачу.
пройди́ *Imp. Sg.* ↗ пройти́ *v.*		
приёмная (ко́мната) *где?* в приёмной *куда́?* в приёмную	1. Wartezimmer; 2. Sprechzimmer	1. Пройди в приёмную! В приёмной было много детей. 2. ~ директора
вы́звать/вызыва́ть *кого́? что? mit Akk.*	1. aufrufen; 2. hervorrufen, verursachen	↔ зовут 1. Подождите, пожалуйста, в приёмной. Вас вызовут. 2. ~ протест, ~ панику
кабине́т (врача́)	1. Arbeitszimmer; 2. Sprechzimmer, Behandlungs-zimmer	1. ~ моего отца; 2. Пройдите, пожалуйста, в кабинет врача.
проходи́ *Imp. Sg.* ↗ проходи́ть *uv.*		
пройти́/проходи́ть 1. *куда́?* в /на *mit Akk.*; 2., 5. *что? mit Akk.* *Prät.:* прошёл, прошла́, прошло́; прошли́	1. hereinkommen, durchgehen, näher kommen; 2. durchqueren, passieren; 3. vergehen; 4. verlaufen, stattfinden; 5. (*Lehrstoff*) behandeln, durchnehmen	1. Пройдите, пожалуйста, в кабинет. Проходи, пожалуйста. 2. Мы прошли пешком весь город. 3. Зимние каникулы быстро прошли. 4. Урок прошёл интересно. 5. Что вы сейчас проходите по литературе?
глотну́ть/глота́ть *что? mit Akk.*	schlucken	
ка́шель *m.* *Gen.* ка́шля	Husten	У дедушки сильный кашель.
на́сморк	Schnupfen	У Олега кашель и насморк.
откро́й *Imp. Sg.* ↗ откры́ть *v.*		
откры́ть/открыва́ть *что? mit Akk.*	1. aufmachen, öffnen; 2. aufschlagen; 3. eröffnen	1. ~ окно; 2. ~ книгу, ~ тетрадь; 3. ~ магазин, ~ фирму
язы́к	1. Sprache; 2. Zunge	1. Мы учим русский язык. 2. Открой рот и покажи язык.
прописа́ть/пропи́сывать *что? кого́? mit Akk.*	1. verschreiben, verordnen; 2. jemanden anmelden	↔ писать 1. Врач прописал мне антибиотик.
лека́рство	Arznei, Medizin	Врач прописал мне лекарства.
лежа́ть *uv.* полежа́ть *v.*	liegen (ein wenig, eine Weile) liegen	Кошка лежит в кресле. После обеда Лене нужно полежать на диване.
посте́ль *w.* *где?* в посте́ли	Bett (*mit Bettzeug*)	Олегу надо лежать в постели пять дней.
лежа́ть в посте́ли	das Bett hüten	

антибио́тик, реда́кция, реце́пт

1Б

тради́ция	Tradition	**E/F** tradition хорошая ~, русские традиции
рассказа́ть/расска́зывать *о ком? о чём?* о *mit Präp.*	erzählen	↔ расскажи(те) Я хочу рассказать о моей семье.
спра́виться/справля́ться *с чем? с кем?* с *mit Instr.* **A** спра́ви[тца]/справля́[тца]	bewältigen, meistern, zurechtkommen, schaffen	Вы справились с вопросами?
поня́ть/понима́ть *кого́? что?* *mit Akk.*	verstehen	↔ понятно Меня дома никто не понимает.

роль *w.*	Rolle	**E** role
сыгра́ть/игра́ть роль	eine ~ spielen	Какую роль играют семейные традиции?
опро́с	Umfrage	↔ вопрос
провести́/проводи́ть ~	eine ~ durchführen	Мы провели опрос.

гра́фик, пара́д, салю́т

1 B

купи́ть/покупа́ть *что? кого́? mit Akk.*	(ein)kaufen	Папа не разрешает мне покупать диски моей любимой группы.
по́здно *Adv.*	spät	Моим родителям не нравится, когда я прихожу домой поздно.
по́здний, -яя, -ее; -ие		~ вечер, поздняя осень
во́лосы *Pl.*	Haare	У моего друга голубые глаза и чёрные волосы.
мне́ние	Meinung	Я не могу игнорировать их мнение.
соверше́нно *Adv.*	1. vollkommen, völlig;	1. Это совершенно правильно.
(не)соверше́нный, -ая, -ое; -ые	2. (un)vollkommen, fehlerhaft;	2. совершенная красота
	3. (un)vollendeter *(Aspekt)*	3. ~ вид
по-мо́ему	meiner Meinung nach	↔ мой
		По-моему, они согласны.
ка́жется	es scheint, scheinbar	Мне кажется, что это правильно.
(не)ва́жно *Adv.*	(un)wichtig, (un)bedeutend	Это для меня (не)важно.
(не)ва́жный, -ая, -ое; -ые		Это играет важную роль.
		Это совершенно неважный вопрос.
тру́дный, -ая, -ое; -ые	schwer, schwierig, kompliziert	трудный вопрос
тру́дно *Adv.*		Я думаю, что у неё трудные родители.

! Einleitende Worte (вво́дные слова́): по-мо́ему, ка́жется, werden im Satz durch Kommas abgetrennt.

акти́вно, игнори́ровать, категори́чески, компью́терная игра́, конфли́кт, моско́вский, онла́йновая игра́, специали́ст, специа́льно, фанати́зм, хара́ктер, хит

Уро́к 2: Где лу́чше жить: в го́роде и́ли в дере́вне?

2 A

луг, *Pl.* луга́, *где?* на лугу́	Wiese	Я вижу зелёные луга.
отдохну́ть/отдыха́ть	sich erholen, sich ausruhen	Мы любим отдыхать в Сочи.
приро́да	Natur	↔ родиться, родной
		Мы отдыхаем на природе.
перепи́сываться *uv.* *с кем?* с *mit Instr.*	in Briefwechsel stehen	↔ писать, письмо
A перепи́сыва[тца]		Я переписываюсь с друзьями по электронной почте.
многоэта́жный, -ая, -ое; -ые	mehr(viel)stöckig, Hoch(haus)	↔ много, этаж
		Ира живёт в многоэтажном доме.
широ́кий, -ая, -ое; -ие	breit,	В городе широкие улицы.
Komp.: ши́ре		Врач попросил больного широко открыть рот.
широко́ *Adv.*	weit	
достопримеча́тельность *w.* *Gen. Pl.* достопримеча́тельностей	Sehenswürdigkeit	У нас много интересных достопримечательностей.
тот, та, то; те	der, die, das; die; jener, jene(s)	
произойти́/происходи́ть	1. vor sich gehen, passieren, geschehen, stattfinden;	1. Мы сидим у фонтана и смотрим на то, что происходит на улице.
	2. (ab)stammen, zurückgehen	2. „Картофель" происходит от немецкого слова *Kartoffel*.
прие́хать/приезжа́ть *куда́?* в / на *mit Akk.*	(an)kommen, anreisen	↔ ехать
		– Когда вы приедете в Берген?
		– На остров мы приедем утром.
сюда́ *куда́?*	hierher	↔ отсюда
		Туристы приезжают сюда, потому что здесь много достопримечательностей.
хотя́	obwohl, wenn auch, zwar	
жизнь *w.*	Leben	↔ жить
		Хотя жизнь в городе интересна, мне очень нравится жить в деревне.
во́здух	Luft	В деревне чистый воздух.

деревя́нный, -ая, -ое; -ые	Holz-	↔ деревня У моей бабушки деревянный дом.
огро́мный, -ая, -ое; -ые	riesig, gewaltig	Россия – это огромная страна.
сад *где? Präp.* **!** в саду́	(*Obst*)Garten	У нас огромный сад.
вы́купаться (**искупа́ться** *ugs.*)/ **купа́ться** **A** купа́[тца]	baden	Дети купаются в реке.
пруд *где? Präp.* **!** в (на) пруду́	Teich	Летом мы купаемся в пруду.
дорого́й, -а́я, -о́е; -и́е *Komp.:* доро́же до́рого *Adv.*	1. liebe(r); 2. teuer, kostspielig	1. дорогие друзья 2. Маклер предлагает красивый, но дорогой дом. Это очень дорого.
сли́шком *ugs.*	zu, zu viel	Дом слишком дорог(ой). Это слишком дорого.
тёмный, -ая, -ое; -ые темно́ *Adv.*	dunkel, finster	Комната слишком тёмная. В комнате очень темно.
мал, мала́, мало́; малы́	klein, winzig	↔ маленький Дом слишком мал. Комната мала́. Брюки малы́.
ря́дом с *кем? чем?* с *mit Instr.*	neben, nebenan, in der Nähe	Стадион находится рядом со школой.
вы́расти/расти́	(aus)wachsen, treiben, gedeihen	В саду растут цветы.
гвозди́ка	Nelke	
маргари́тка *Gen. Pl.* маргари́ток	Gänseblümchen, Margerite	**F** marguerite 
огоро́д	Gemüsegarten	– Что растёт у вас в огороде?
о́вощи *Pl.* *Gen.* овоще́й *Sg.* о́вощ	Gemüse	– Овощи и цветы. 
помидо́р	Tomate	
огуре́ц, *Pl.* огурцы́ *Gen. Pl.* огурцо́в	Gurke	
капу́ста *nur Sg.* **!**	Kohl	
лук *nur Sg.* **!**	Zwiebel, Lauch	В огороде растёт зелёный лук.
морко́вь *w. nur Sg.* **!**	Möhre	
реди́с *nur Sg.* **!**	Radieschen	
свёкла	Rübe	
цветна́я капу́ста	Blumenkohl	
я́блоко	Apfel	
гру́ша	Birne	
сли́ва	Pflaume	
ви́шня	Kirsche	
клубни́ка *nur Sg.* **!**	Erdbeere	
мно́гие *Gen., Akk.* мно́гих	viele	↔ много Многие люди живут в маленьких квартирах.
за городом **A** *Bet. auf* за	auf dem Lande	↔ город За городом у нас есть дача.
выходно́й *ugs.* *когда́?* в выходно́й (день), в выходны́е (дни)	(arbeits)frei, Wochenende	↔ ходить В выходные дни мы обычно отдыхаем на даче.
бу́дущее	Zukunft	↔ я буду, быть Какие у тебя планы на будущее?
оконча́ние	1. Schluss, Ende; 2. (*grammatische*) Endung; 3. Abschluss, Beendigung (*einer Ausbildung, einer Lehranstalt*)	↔ кончить 1. Сказка – это история с хорошим окончанием. 2. Напишите окончания. 3. Что ты будешь делать после окончания школы?
поступи́ть/поступа́ть 2. *куда́?* в / на *mit Akk.*	1. handeln, vorgehen; 2. immatrikuliert werden *(einen Studienplatz bekommen, Studium/ Ausbildung beginnen)*	1. ~ правильно; 2. Я хочу поступить в университет. Он поступил на курсы русского языка.
профессиона́льный, -ая, -ое; -ые профессиона́льно *Adv.*	Berufs- professionell	**F** professionnel Он профессиональный футболист. Он профессионально играет в футбол.

учи́лище *Gen. Sg. und Nom. Pl.* учи́лища, *Gen. Pl.* учи́лищ	Berufsschule, Fachschule	⟷ учить, учиться, учёба Максим хочет поступить в профессиональное училище.
е́сли	wenn, falls	Если ты приедешь в Москву, мы обязательно встретимся.
око́нчить/ока́нчивать *что? mit Akk.*	(*eine Lehranstalt/Lehreinrichtung, Studium, Lehre*) beenden, absolvieren	⟷ кончить, окончание Я окончу школу в 2017 году.
то	so, dann	Если я хорошо окончу школу, то буду поступать в университет.
на *кого? mit Akk. in Verbindung mit* учи́ться ~ *ugs.*	zu (zur, zum)	Он учится на инженера.
смочь/мочь *что с/де́лать? mit* Inf. *Prät.:* с/мог, с/могла́, с/могло́; с/могли́	können *(imstande sein)*	⟷ мочь Ира хорошо учится, поэтому она сможет поступить в университет.
шу́мно *Adv.* шу́мный, -ая, -ое; -ые	viel Lärm, laut	В городе всегда очень шумно. Это шумный город.
ти́хо *Adv.* ти́хий, -ая, -ое; -ие *Komp.* ти́ше	still, ruhig	В деревне всегда тихо. У нас очень тихий город.

аргуме́нт, библиоте́карь, гера́нь, карто́фель, клуб, меха́ник, ро́за, трактори́ст, тюльпа́н, электро́нная по́чта

2Б

посове́товать/сове́товать *кому́? mit Dat. что с/де́лать? mit Inf.*	raten, einen Rat geben	Я советую вам посетить русскую деревню.
век *Pl.* века́	Jahrhundert	Дом в стиле 19 ве́ка.
нашла́ *Prät. w.*	hat gefunden	– Олег, ты нашёл книгу?
найти/ находи́ть *Prät. m.* нашёл *Prät. Pl.* нашли́	finden	– Нет, Юля нашла.
информа́ция ! *nur Sg.*	Information	**E/F** information Ирина нашла информацию о русской деревне в Интернете.
господи́н *Pl.* **!** господа́	Herr *(auch in der Anrede)*	– Извините, вы господин Мюллер? – Да. – Здравствуйте, господин Фишер!
госпожа́	Frau *(auch in der Anrede)*	– Здравствуйте, госпожа Краузе!
Господа́! *(Anrede)*	(Meine) Damen und Herren!	Господа, добро пожаловать в Россию!
зарезерви́ровать/резерви́ровать *что? mit Akk.*	reservieren, buchen	**E/F** reserve, réserver В какой гостинице вы зарезервировали номер?
но́мер *Pl.* номера́	1. Nummer 2. Hotelzimmer	1. Какой у тебя номер телефона? 2. Я забронировал номер в гостинице.
администра́тор	Administrator, Manager	
заброни́ровать/ брони́ровать *что? mit Akk.*	reservieren, buchen	Мы забронировали билеты на самолёт.
вид 2. *куда́?* на *mit Akk.*	1. Aussehen, Äußere, aussehen; 2. Aussicht, Ansicht; 3. Gestalt, Form	⟷ увидеть 1. больной ~; 2. Мы зарезервировали номер с видом на Волгу. 3. в виде таблицы или графика
запо́лните *Imp. Pl.* ↗ **запо́лнить**		
запо́лнить/заполня́ть *что? mit Akk.*	ausfüllen	Заполните, пожалуйста, анкету.
до́ступ *куда́?* в / на *mit Akk.;* *к чему́?* к *mit Dat.*	1. Zutritt, Zugang; 2. Anschluss	1. ~ в зал, ~ в библиотеку, ~ на остров; 2. В номере есть доступ к Интернету.
заплати́ть/плати́ть *чем? mit Instr.* за *что? mit Akk.* *в чём? (в какой валюте?)* в *mit Präp. Pl.*	(be)zahlen	– Как вы будете платить? – Можно заплатить в евро? – Нет, нужно платить в рублях.

креди́тный, -ая, -ое; -ые	Kredit-	кредитный банк
ка́рточка *Gen. Pl.* ка́рточек	Karte	⟷ карта Можно платить кредитной карточкой.
партнёр	Partner	Эссен и Ни́жний Но́вгород – города-партнёры.
обме́н *ме́жду кем?* ме́жду *mit Instr.*	1. Austausch 2. Geldwechsel, Valutawechsel	1. Мы организуем школьный обмен между Германией и Россией. 2. ~ денег, ~ валют(ы)
подружи́ть/дружи́ть	befreundet sein	Котбус дружит с Липецком.

дире́ктор, душ, класс «люкс», конфере́нц-за́л, па́спорт, стиль, уик-э́нд, флеш-ро́лик (*auch*: флэш-ро́лик), фолькло́рная програ́мма

2 B

себя́ *Gen., Akk.* *Dat.* себе́, *Instr.* собо́й, *Präp.* о себе́; *ohne Nom.*	sich, mich, dich, uns, euch, Sie	Максим, напиши о себе. Ребята, напишите о себе.
рад, ра́да, ра́до; ра́ды *кому? чему? mit Dat.* **!**	froh, erfreut	⟷ радость Я рад(а) переписываться с тобой. Мы очень рады вам. Я рада твоему письму.
попрактикова́ться/ практикова́ться *в чём?* в *mit Präp.* **A** попрактикова́[тца]	sich üben	Я хочу попрактиковаться в русском языке. Каждый день я практикуюсь в русском языке.
ведь *ugs.*	ja, doch	Деннис ведь говорит по-русски!
писа́тель *m.*, **писа́тельница**	Schriftsteller(in)	⟷ писать, письмо Горький? Это ведь писатель? Алекса́ндра Мари́нина – это известная русская писательница.
война́, *Gen.* войны́ *Pl.* во́йны	Krieg	Моя бабушка родилась во время войны.
ожида́ть *uv. чего? mit Gen.* *от кого/чего?* от *mit Gen.*	erwarten	⟷ ждать Чего можно ожидать от школьного обмена?
побоя́ться/боя́ться *кого? чего? mit Gen.* **A** по-/боя[тца]	sich fürchten, Angst haben	Я немного боюсь. Я боюсь собак.
запаникова́ть/паникова́ть *ugs.*	in Panik verfallen	Я думаю, что буду паниковать. Не надо паниковать!
ме́дленно *Adv.* ме́дленный, -ая, -ое; -ые	langsam	Я буду говорить медленно.
слова́рь *m., Gen.* словаря́ *Pl.* словари́, *Gen. Pl.* словаре́й	Wörterbuch	⟷ слово, слова́ Я буду часто смотреть новые слова в словаре.
уче́бник	Schulbuch, Lehrbuch	⟷ учёба, учить, учиться, ученик Я выучу все слова из учебника.
чемода́н собира́ть чемода́н	Koffer Koffer packen	Мы собираем чемодан.

бо́мба

Уро́к 3: Молодёжь в Росси́и и в Герма́нии

3 A

молодёжь *w.*	Jugend, junge Leute, Nachwuchs	– Какая же она – современная молодёжь? – У нас хорошая молодёжь.
молодо́й, -а́я, -о́е; -ы́е *Komp.* моло́же, мо́лодо *Adv.*	jung	⟷ молодёжь Молодые люди переписываются по электронной почте. Моя бабушка говорит, что она чувствует себя мо́лодо.
по-тво́ему	deiner Meinung (Ansicht) nach	⟷ твой, твоё, по-моему
разли́чие *Pl.* разли́чия *в чём?* в *mit Präp. ме́жду чем / кем?* ме́жду *mit Instr.*	Unterschied	Как, по-твоему, в чём различия между российской и немецкой молодёжью?
и́щут *uv.* ↗ **иска́ть**		
иска́ть *uv. кого? что? mit Akk.*	suchen	– Что ты ищешь? – Я ищу газету.

приём	1. Empfang; 2. Sprechstunde; 3. Einnehmen (*Arzneimittel*)	1. Они пишут о приёме иностранных школьников. 2. ~ к врачу; 3. ~ лекарства
а та́кже	auch, ebenfalls	Мы организуем поездку российских школьников в Германию, а также приём в Санкт-Петербурге немецких школьников.
гостеприи́мный, -ая, -ое; -ые гостеприи́мно *Adv.*	gastfreundlich	⟷ гость, приём Мы ищем гостеприимные семьи. Они гостеприимно приняли немецких школьников.
культу́ра	Kultur *(bezogen auf Staat und Geschichte)*	Я интересуюсь русской культурой.
пообща́ться/обща́ться *с кем?* с *mit Instr.*	Kontakt zu jmdm. pflegen (haben), sich unterhalten, kommunizieren	Я общаюсь с людьми из разных стран.
бо́лее *mit Adj. Positiv oder Adv.* *Komp.* ↗ мно́го	*zur Bildung des Komparativs*	⟷ большой Это более интересный вопрос.
ме́нее *mit Adj. Positiv oder Adv.* *Komp.* ↗ ма́ло	weniger	⟷ мало Это для меня менее важно.
приле́жнее *Komp.* приле́жный, -ая, -ое; -ые приле́жно *Adv.*	fleißiger fleißig	Наверно, он прилежнее меня. Наверно, он прилежный ученик. Он прилежно учится.
чем	*hier:* als	Мне интереснее общаться с Тобиасом, чем с братом.
всех ↗ **все**		
все *Gen., Akk., Präp.* всех, *Dat.* всем, *Instr.* все́ми	alle	Ира спортивнее всех других учениц класса.
са́мый, -ая, -ое; -ые *mit Adj. Positiv*	*zur Bildung des Superlativs*	По-моему, это самый интересный фильм.
лу́чший, -ая, **!** -ее; -ие *Komp. und Sup.* ↗ хоро́ший	der (die, das; die) beste(n)	По-моему, это лучший фильм года.
ме́ньше *mit Verb* *Komp.* ↗ ма́ло	weniger	⟷ менее Летом я много занимался спортом, а сейчас я им меньше занимаюсь.
бо́льше *mit Verb* *Komp.* ↗ мно́го	mehr	⟷ большой, более Я хочу больше тренироваться.
ху́же *кого́? чего́? mit Gen.* *Komp.* ↗ пло́хо плохо́й, -а́я, -о́е; -и́е	schlechter schlecht, schlimm	⟷ плохо Они играют не хуже известных европейских команд.
бо́льше всего́ *Adv.* **A** вс[иво́]	am meisten	⟷ больше, более Но больше всего я люблю футбольную команду *Зенит*.
ме́ньше всего́ **A** вс[иво́]	am allerwenigsten	Футболом я интересуюсь меньше всего.
ста́рше *кого́? mit Gen.* *Komp.* ↗ ста́рый	älter	⟷ старый Мой брат старше меня.
моло́же *кого́? mit Gen.* *Komp.* ↗ молодо́й	jünger	⟷ молодой, молодёжь Моя сестра моложе меня.
жена́ *Pl.* жёны	Ehefrau	⟷ женщина Жену моего брата зовут Еле́на.
муж *Pl.* **!** мужья́	Ehemann	⟷ мужчина Мужа моей сестры зовут Ви́ктор.
дочь *w.* *Pl., Gen., Akk., Dat., Präp.* до́чери *Instr.* до́черью *Gen., Akk. Pl.* дочере́й	Tochter	Это наша дочь.
сын *Pl.* **!** сыновья́ *Gen., Akk. Pl.* сынове́й	Sohn	Наш сын учится в девятом классе.
внук	Enkel	Бабушка очень любит внука.
вну́чка *Gen., Akk. Pl.* вну́чек	Enkelin	⟷ внук Они любят внучек.

! де́душка – ба́бушка, внук-вну́чка, дя́дя – тётя, оте́ц – мать, сын – дочь, брат – сестра́

его́ *unveränd.* **А** е[во́] *Poss.* ↗ он	sein(e)	Это его сестра.
её *unveränd.* *Poss.* ↗ она́	ihr(e)	Это её брат.
их *unveränd.* *Poss.* ↗ они́	ihr(e)	Это их дети.
свой, своя́, своё; свои́	mein(e), dein(e), sein(e), ihr(e), unser(e), euer(e), Ihr(e) (eigen)	↔ мой; твой Она разговаривает по телефону со своим мужем. Они любят своих детей.
уви́деть/ви́деть *кого́? что?* *mit Akk.*	sehen, erblicken	↔ видеодиск, видеоклип Дедушка видит своих внуков каждый день.
увлече́ние *Pl.* увлече́ния	Hobby, Interesse	Расскажите о своих увлечениях.
тако́й же, така́я же, тако́е же; таки́е же	ebensolche(r)	↔ так, а также Кстати, у российских школьников такие же проблемы и такие же интересы, как и у нас.
ча́ще всего́ *Adv.* *Komp.* ↗ ча́сто **А** вс[иво́]	am häufigsten	↔ часто Чаще всего я звоню своей подруге.

бильярд, гранж, группові́е програ́ммы, дета́ль, зо́на релакса́ции, йо́га, координа́ты, кузе́н, масса́жный кабине́т, моноло́г, организа́тор, персона́льный тре́нинг, поп- и софт-рок, прое́кт, сало́н, са́уна, си́ти-фи́тнес, соля́рий, тине́йджер, фигу́ра, фи́тнес-бар, фи́тнес-клуб, футболи́ст, матч

3 Б

гла́вный, -ая, -ое; -ые гла́вным о́бразом *Adv.*	1. Haupt-, hauptsächlich; 2. Chef-	↔ голова 1. ~ вокзал, ~ приз, главная улица; 2. ~ врач, ~ редактор; Он занимается главным образом математикой.
геро́й, **герои́ня**	Held(in)	**E/F** hero, heros Это главный герой (главная героиня) романа.
по́весть *w.*	Erzählung	Костя и Ника – главные герои повести.
а́втор	Autor(in)	**E/F** author, auteur
пофлиртова́ть/флиртова́ть *с кем?* с *mit Instr.*	flirten	**E/F** flirt, flirter Молодые люди флиртуют.
настоя́щий, -ая, -ее; -ие	1. gegenwärtig, momentan, jetzig; 2. echt, wahr, richtig	1. в настоящее время 2. Костя – настоящий друг.
по-настоя́щему *Adv.*	tatsächlich	Он по-настоящему хороший друг.
бога́тый, -ая, -ое; -ые бога́то *Adv.* *Komp.:* бога́че	reich	Ника из богатой семьи. Они живут богато.
быть *каки́м?* *mit Instr.*	sein	– Каким должен быть настоящий друг?
че́стный, -ая, -ое; -ые че́стно *Adv.* **А** че́[сн]ый, че́[сна]	ehrlich	– Он должен быть честным и надёжным. Он работает честно и надёжно.
надёжный, -ая, -ое; -ые надёжно *Adv.*	verlässlich, zuverlässig, sicher	

атмосфе́ра, горизо́нт, жанр, кинокомпа́ния, комплиме́нт, компози́ция, мелодра́ма, продю́сер, режиссёр, сцена́рий, толера́нтный, трило́гия

3 В

брать/взять *что?* *mit Akk.* беру́, берёшь; беру́т возьму́, возьмёшь, возьму́т	(auf)nehmen	Люди XXI века берут кредит.
свобо́да	Freiheit	↔ свободный
незави́симость *w.*	Unabhängigkeit, Selbstständigkeit	Мы за свободу и независимость.
цель *w.*, *Pl.* це́ли	Ziel, Absicht	Какие у тебя цели?
образова́ние	(Schul)Bildung	Я хочу получить хорошее образование.
основно́й, -а́я, -о́е; -ы́е в основно́м *Adv.*	Haupt- hauptsächlich	~ при́нцип, основная часть дискуссии; Он пишет в основном стихи о природе.
заключе́ние	Schluss, Beendigung	заключение дискуссии

спроси́ть/спра́шивать *кого́? mit Akk. о ком/ чём?* о *mit Präp.*	fragen	Я хочу вас спросить (о …) …
отве́тить/отвеча́ть на *что? mit Akk.*	antworten *auf*, beantworten	⟷ ответ, ответь(те) Я хочу ответить на твой вопрос.
с одно́й стороны́, …	einerseits	Хорошо, конечно, с одной стороны, жить в деревне,
…, с друго́й стороны́, …	andererseits	но, с другой стороны, в деревне нет будущего без работы.
по-ва́шему	eurer (Ihrer) Meinung (Ansicht) nach	⟷ ваш, по-моему, по-твоему
я́сно *Adv.* я́сный, -ая, -ое; -ые	klar, deutlich, verständlich, klar, heiter	Мне всё ясно. ~ день, ясная погода
прав, права́, пра́во; пра́вы	recht haben	⟷ правильно, правильный, справедливо Я думаю, что он прав.
(одни́м) **сло́вом**	kurzum, mit einem Wort	⟷ слово Одним словом, всё было здорово.
зна́чит	das heißt (bedeutet), folglich, also	Что это значит?
ита́к	also	Итак, мы начинаем дискуссию.
нарко́тики *Pl.* *Sg.* нарко́тик	Drogen	**E/F** narcotic, narcotique
наркома́ния	Drogensucht	**F** narcomanie
описа́ть/опи́сывать *кого́? что? mit Akk.*	beschreiben	⟷ писать, опиши(те) Я хочу описать картину.

алкого́ль, алкоголи́зм, булими́я, карье́ра, компроми́сс, компьютерома́ния, креди́т, мо́ббинг, (не)реа́льно, оптимисти́чески, оригина́льность, про-/интерпрети́ровать, реализова́ть, сигаре́та, слайд, социа́льная компете́нтность, стресс, тала́нт, те́зис, телема́ния, телефонома́ния

Уро́к 4: В ми́ре СМИ

4 A

игра́, *Pl.* и́гры	Spiel	⟷ играть Дети играют в компьютерные игры.
СМИ *Pl. unveränd.* *Abk.:* сре́дства ма́ссовой информа́ции **A** [сми]	Massenmedien	О чём пишут СМИ?
сре́дство *Pl.* сре́дства	Mittel	
ма́ссовый, -ая, -ое; -ые	Massen-	СМИ – это сре́дства ма́ссовой информа́ции.
проинформи́ровать/ информи́ровать *кого́? что? mit Akk. о ком/чём?* о *mit Präp.*	informieren, benachrichtigen	**E/F** inform, informer ⟷ информация Госпожа Мюллер проинформировала нас о нашей поездке в Москву.
прорекламировать/ реклами́ровать *кого́? что? mit Akk.*	werben, Reklame machen	По телевизору рекламируют новый фильм.
развле́чь/развлека́ть *кого́? mit Akk. чем? mit Instr.*	unterhalten, amüsieren	СМИ информируют, рекламируют и развлекают. Они развлекают гостей музыкой и танцами.
регуля́рно *Adv.* регуля́рный, -ая, -ое; -ые	regelmäßig	Я регулярно читаю журналы,
кото́рый, -ая, -ое; -ые	der (die, das; die) welche(r), (welches; welche)	из которых я узнаю о своих кумирах.
тенде́нция **A** т[эндэ]нция	Tendenz, Trend	**E/F** tendency, tendance Расскажите о тенденциях в моде.
поли́тика	Politik	Я не читаю газеты, которые пишут о политике.
глу́пый, -ая, -ое; -ые глу́по *Adv.*	dumm	Я ведь не глупая. У меня просто другие интересы. Глупо говорить, что …
исто́чник	Quelle	~ информации
телеви́дение	Fernsehen	**E/F** television, télévision ⟷ телевизор, видеть Телевидение и Интернет – важные источники информации.
но́вости *Pl.* *Gen.* новосте́й *Sg.* но́вость *w.*	Nachrichten, Neuigkeiten	⟷ новый Почти каждый вечер я смотрю *Новости*, потому что хочу знать, что происходит в мире.

мир	1. Welt, Erde; 2. Frieden	
передáча	(Fernseh- oder Rundfunk-)Sendung	Я люблю смотреть спортивные и музыкальные передачи.
сериáл	Fernsehserie, Serial	Ты любишь смотреть сериалы?
реклáма	Reklame, Werbung	
нерви́ровать *когó? mit Akk. uv.*	nerven, auf die Nerven gehen	Я не люблю смотреть рекламу, потому что она меня нервирует.
прервáть/прерывáть *когó? что? mit Akk.*	unterbrechen	Реклама прерывает интересные фильмы и передачи.
примéрно *Adv. скóлько? mit Nom.* примéрный, -ая, -ое; -ые	ungefähr, etwa, zirka, annähernd	Я каждый день примерно 5 часов сижу в Интернете. Это примерный план путешествия.
газéта	Zeitung	Я читаю газеты в Интернете.
скачáть/скáчивать *что? mit Akk. ugs.*	herunterladen	Молодые люди скачивают музыку из Интернета.
фильм	Film	Мы смотрим художественный фильм.
представить себé/ представлять себé *когó? что? mit Akk.*	sich vorstellen	Я не могу представить себе жизнь без Интернета.
наркомáн, наркомáнка *Gen. Pl.* наркомáнок	(Drogen)Süchtige(r)	↔ наркомания, наркотики Я всё время сижу в Интернете. Мама говорит, что я компьютерный наркоман.
пáмять *w.*	1. Gedächtnis; 2. Andenken, Gedenken, Erinnerung; 3. Speicher *(EDV)*	1. хорошая ~; 2. вечер памяти поэта; 3. ~ компьютера
батарéйка *Gen. Pl.* батарéек	Zelle, Batterie	**E** battery
ценá *Akk.* цéну, *Pl.* цéны	Preis	Примерная цена – 450 рублей.
объём	Volumen, Umfang *(EDV)*	Какой объём памяти?
модéль *w.* *Gen. Pl.* модéлей **A** [мадэ́]ль	Modell, Muster	Мне не нравится эта модель.
предложи́ть/предлагáть *комý? mit Dat. что? mit Akk.*	anbieten	Могу предложить вам вот эту новую модель.
встать/вставáть	aufstehen	Обычно я встаю в шесть часов.
включи́ть/включáть *что? mit Akk.*	1. einschalten; 2. einschließen, aufnehmen, einbeziehen	1. Я включаю ноутбук и читаю электронную почту. 2. ~ в план, ~ в программу
с *со скóльких?*, с *mit Gen.* *до скóльких?*, до *mit Gen.*	von … (bis *Uhr*)	С девяти до двух я в школе.
пол- *mit Ordnungszahl im Gen.*	halb *in Verbindung mit der Zeitangabe*	С полвосьмого до восьми я завтракаю.

полпéрвого **A** полпер[вава] — полседьмóго
полвторóго **A** полв[тарóва] — полвосьмóго
полтрéтьего **A** полтрéтье[ва] — полдевя́того
полчетвёртого **A** полчетвёр[тава] — полдеся́того
полпя́того — **!** пол-оди́ннадцатого
полшестóго — полдвенáдцатого

приблизи́тельно *Adv. скóлько? mit Nom.* приблизи́тельный, -ая, -ое; -ые	ungefähr, etwa, zirka annähernd	Приблизительно в пять часов я обычно дома. Это приблизительный план путешествия.
бóлее *скóльких? mit Gen.*	mehr als *in Verbindung mit Zahlwörtern*	Каждый день молодые люди смотрят телевизор более четырёх часов.
мéнее *скóльких? mit Gen.*	weniger als *in Verbindung mit Zahlwörtern*	Нужно есть фрукты не менее пяти раз в день.

англици́зм, анекдóт, блог, брáузер, веб-кáмера, ви́део, гигабáйт, джóйстик, диагонáль, диктофóн, дисплéй, интерéс, интерфéйс, ли́тий-иóнный /ли́тий-полимéрный аккумуля́тор, мáтрица, мегабáйт, меню́, микрофóн, модéм, ноутбýк, онлáйн, онлáйновый, при́нтер, процéнт, реклáмные рóлики, сéрвер, слот, теленанáл, телепрогрáмма, тю́нер, хáкер, ю́зер

4Б		
услы́шать/слы́шать *кого́? что? mit Akk.*	hören, akustisch wahrnehmen	⟷ слушать Мы слышим рекламу по радио.
везде́ *Adv.*	überall	Мы везде видим рекламу.
провести́/проводи́ть *что? mit Akk.* *Prät.* провёл, провела́, провело́; провели́	1. verbringen; 2. durchführen	1.~ время, ~ каникулы; 2. ~ урок, ~ опрос; Молодёжный журнал провёл опрос на тему «Реклама в нашей жизни».
ю́ноша *m.* *Gen. Pl.* ю́ношей	Junge, junger Mann	90 процентов девушек и юношей каждый день смотрят телевизор.
(не)эффекти́вный, -ая, -ое; -ые (не)эффекти́вно *Adv.*	(un/in)effektiv, (in)effizient, (un)wirksam	Реклама на телевидении особенно эффективна.
рекла́мный, -ая, -ое; -ые	Werbe-, Reklame-	⟷ реклама – Что ты делаешь во время рекламной паузы?
переключи́ть/переключа́ть *что? mit Akk.*	umschalten	⟷ включить/включать – Обычно я переключаю каналы.
вы́брать/выбира́ть *кого́? что? mit Akk.*	wählen, aussuchen	⟷ брать Он выбрал новую модель плеера.
това́р	Ware, Artikel	По телевизору рекламирует новые товары.
мо́дный, -ая, -ое; -ые мо́дно *Adv.*	Mode-, modisch, aktuell, in *(ugs.)*	Реклама информирует о модных товарах. Сейчас это очень модно.
обману́ть/обма́нывать *кого́? что? mit Akk.*	betrügen, täuschen	Я считаю, что реклама обманывает людей.

 витами́н, па́уза (рекла́мная), плака́т, сло́ган, стимули́ровать, телека́мера

4В		
пра́вило	Regel	⟷ правильно главное ~, знать правила игры
уча́стие *в чём?* в *mit Präp.*	Teilnahme, Mitwirkung	⟷ участвовать Это правила участия в проекте.
информацио́нный, -ая, -ое; -ые	Informations-, Nachrichten-	⟷ информация ~ интернет-портал, ~ телеканал, информационная программа
документа́льный, -ая, -ое; -ые документа́льно *Adv.*	Dokumentar- dokumentarisch, belegbar, durch Dokumente belegt	E/F documentary, documentaire ~ фильм, документальная литература
помечта́ть/мечта́ть *о ком/ чём?* о *mit Präp. oder mit Inf.*	träumen *seine Gedanken schweifen lassen*	Многие молодые люди мечтают стать поп-звёздами. ~ о поездке на Байкал
выступле́ние	Auftritt, Darbietung	Мне понравилось выступление этого певца.
уча́стник, уча́стница A у[час]ник, у[час]ница	Teilnehmer(in)	⟷ участвовать, участие, часть На кастингах выбирают участников проекта.
стро́гий, -ая, -ое; -ие *Komp.* стро́же стро́го *Adv.*	streng	В этом доме строгие правила. Он работает строго по плану.
вока́л	Gesang	Участники проекта занимаются вокалом.
заня́тия *Pl. ugs.*	Unterricht	⟷ заниматься Два раза в неделю у них занятия по психологии.
удово́льствие	Vergnügen, Gefallen	Жизнь – не только удовольствие, но и стресс.
телезри́тель **телезри́тельница**	Fernsehzuschauer(in)	Телезрители решают, кто останется в проекте.
реши́ть/реша́ть	entscheiden, *(Aufgabe)* lösen	После концерта телезрители решают, кто должен покинуть телепроект.
поки́нуть/покида́ть *кого́? что? mit Akk.*	verlassen	
(не)согла́сие	Zustimmung, Einverständnis (Ablehnung)	⟷ (не) согласен
раздели́ть/разделя́ть *что? mit Akk.*	teilen *(Meinung)*	Я разделяю твоё мнение.
вполне́ *Adv.*	völlig, vollkommen	Я вполне согласен (согласна) с тобой.
части́чно *Adv.* части́чный, -ая, -ое;-ые	zum Teil, teilweise Teil-	⟷ часть Я частично согласен (согласна) с этим мнением. Это частичный успех.
согласи́ться/соглаша́ться *с кем / чем?* с *mit Instr.*	einverstanden sein, zustimmen	⟷ согласен, согласие Я не могу согласиться с этим мнением.

ина́че *Adv.*	anders	Я думаю иначе.
во-пе́рвых	erstens 1. **во-пе́рвых** 6. в-шесты́х 2. **во-вторы́х** 7. в-седьмы́х 3. **в-тре́тьих** 8. в-восьмы́х 4. в-четвёртых 9. в-девя́тых 5. в-пя́тых 10. в-деся́тых	⟷ в, первый
забы́ть/забыва́ть *кого́? что? mit Akk.*	vergessen	Нельзя забывать, что …
кинома́н(ка)	Kinoliebhaber(in)	⟷ кино Я киноман.
реа́льность *w.*	Realität, Wirklichkeit	⟷ реально, реальный В кино я отдыхаю от реальности.
му́льтик *ugs.* мультфи́льм	Zeichentrickfilm	Я люблю смотреть мультики.
худо́жественный, -ая, -ое; -ые	Kunst-, Spiel-, schöngeistig	~ журнал, ~ театр, ~ фильм, художественная литература,
детекти́в **А** [дэтэк]тив	1. Privatdetektiv, Privatermittler; 2. Kriminalfilm, Kriminalroman, Krimi	1. Мой дядя – детектив. 2. Я люблю читать детективы.
ре́дко *Adv. Komp.* реже редкий, -ая, -ое; -ие	selten	Я редко смотрю телевизор.

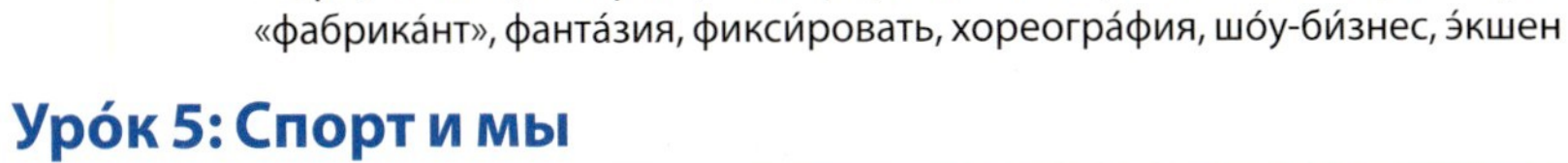
аппарату́ра (музыка́льная), абсолю́тно, акаде́мия, аргумента́ция, арти́ст, ве́рсия, видеока́мера, жюри́, ка́стинг, контра́кт, попко́рн, психоло́гия, телекомпа́ния, телепрое́кт, телешо́у, ток-шо́у, «фабрика́нт», фанта́зия, фикси́ровать, хореогра́фия, шо́у-би́знес, э́кшен

Уро́к 5: Спорт и мы

5 A

(не)**олимпи́йский**, -ая, -ое; -ие	(nicht) olympisch	Биатлон – это зимний олимпийский вид спорта.
состоя́ться *v.* **А** состоя́[тца]	stattfinden, erfolgen	Зимние Олимпийские игры – 2014 состоятся в Сочи.
вы́глядеть *uv.*	aussehen	Она хорошо выглядит.
серьёзно *Adv.* серьёзный, -ая, -ое; -ые	ernst, ernsthaft	Катя решила серьёзно заниматься спортом. Фитнес – это серьёзный вид спорта.
порекомендова́ть/ рекомендова́ть *кому́? mit Dat. что? mit Akk.* oder Inf.	empfehlen	**E/F** recommend, recommander Какой вид спорта ты мне порекомендуешь?
бег	Lauf(en)	Я люблю бег по утрам.
возмо́жность *w.* *Gen. und Pl.* возмо́жности, *Gen. Pl.* возмо́жностей	Möglichkeit, Gelegenheit	У меня нет возможности ходить в фитнес-клуб.
заня́тие *чем? mit Instr. ohne Präposition* **!** *Pl.* заня́тия, *Gen.* заня́тий	Beschäftigung	⟷ заниматься, занятия Здесь много возможностей для занятия спортом.
насто́льный, -ая, -ое; -ые	1. Tisch-; 2. Hand-	⟷ на, стол 1. ~ календарь, ~ футбол, настольная лампа; 2. настольная книга
упражне́ние *Pl.* упражне́ния, *Gen. Pl.* упражне́ний	Übung	Эти упражнения надо делать регулярно.
подойти́/подходи́ть *(к) кому́? mit Dat.*	1. herantreten, herankommen, sich nähern; 2. passen, sich eignen	⟷ пойти, ходить 1. Тренер подошёл к Кате. 2. Он посоветовал Кате упражнения, которые подходят только ей.
о́тдых	Erholung	
здоро́вый, -ая, -ое; -ые	gesund	⟷ здоровье Бег – это не дорогой, но здоровый вид спорта.
поле́зный, -ая, -ое; -ые поле́зно *Adv.*	nützlich, gesund	Бег – это очень полезный вид спорта. Бег полезен для здоровья и фигуры. Полезно заниматься спортом.
любо́й, -а́я, -о́е; -ы́е	jede(r), beliebig	Бегом можно заниматься в любое время и в любую погоду.

бе́гать *uv. nicht zielger.*	laufen	↔ бег
побе́гать *v.*	(etwas, eine Zeitlang) laufen	Я бегаю по парку.
вре́дно *Adv.*	(gesundheits)schädlich,	Бегать по городу вредно.
вре́дный, -ая, -ое; -ые	1. gefährlich; 2. boshaft *ugs.*	~ человек
опа́сно *Adv.*	gefährlich	Опасно бегать и там, где ребята катаются на роликах. Альпинизм – опасный вид спорта.
опа́сный, -ая, -ое; -ые		
сове́т, *Pl.* сове́ты	Rat, Ratschlag	↔ советовать Большое спасибо за ваш совет.
поду́мать/ду́мать *о ком? о чём?* o *mit Präp.*	nachdenken, sich überlegen	Спасибо за твои советы, я подумаю.
трениро́вка *Gen. Pl.* трениро́вок	Training, Übung	↔ тренер, тренировать(ся)
при *mit Präp.*	*hier:* bei	Что надо знать при занятиях спортом?
распрода́жа	Ausverkauf, Sonderangebot, Preisaktion	В нашем магазине большая распродажа.
вы́бор	Wahl, Auswahl	У нас самый большой выбор спортивных товаров.
оде́жда	Kleidung	Мы купили спортивную одежду и обувь.
о́бувь *w.* **!** *nur Sg.*	Schuhe, Schuhwerk	
кроссо́вки *Pl.* *Gen. Pl.* кроссо́вок	Sportschuhe	Мне надо купить кроссовки.
све́жий -ая, -ее; -ие свежо́ *Adv.*	1. frisch; 2. frisch, kühl	1. Я бегаю на свежем воздухе. Я люблю есть свежие овощи и фрукты. 2. Сегодня свежо.
клю́шка	Hockeyschläger	
би́та	Schläger, Stock	
раке́тка	Tennisschläger	
аксессуа́ры *Pl.*	Zubehör	**E/F** accessories, accessoires Какие спортивные аксессуары у вас есть?
нача́ть/начина́ть *что? mit Akk. oder что де́лать? mit Inf.*	beginnen, anfangen	
вести́ *uv.*	führen, leiten	Она решила вести здоровую жизнь.
о́браз	1. Gestalt, Erscheinung, Bild; 2. Art, Weise	1. литературный ~; 2. Она решила вести здоровый образ жизни.
пей *Imp. Sg.* ↗ пить		
ешь *Imp. Sg.* ↗ есть		
пита́ние	Ernährung, Kost	Мы говорим о здоровом питании.
жир	Fett, Speck	
ма́сло	Butter	
сла́дости *Pl.*, *Sg.* сла́дость *w.*	Süßigkeiten Süßes	
моло́чный, -ая, -ое; -ые	Milch-	↔ молоко Надо есть молочные продукты.
яйцо́, *Pl.* я́йца, *Gen. Pl.* яиц	Ei	На завтрак он ест яйцо.
пти́ца	1. Vogel, 2. Geflügel	Курица – это птица.
зерново́й, -а́я, -о́е; -ы́е	Korn-, Getreide-	
кру́пы *Pl.* *Sg.* крупа́	Graupen	
макаро́нный, -ая, -ое; -ые	Makkaroni-	
изде́лие, *Pl.* изде́лия	Erzeugnis, Ware	
быстре́е *Komp.*	schneller	↔ бистро́ Надо бегать быстрее.
бы́стрый, -ая, -ое; -ые	schnell	
бы́стро *Adv.*		Он быстро бегает.
переда́ть/передава́ть	1. übergeben, übertragen; 2. wiedergeben; 3. mitteilen	Слова передают позитивные эмоции.

абонеме́нт, аре́на, гимн, материа́л, организа́ция, пирами́да, синхро́нное пла́вание, трибу́на, фи́тнес, экстрема́льный, эмо́ция

5Б	**собра́ться/собира́ться**	1. sich versammeln, zusammenkommen; 2. sich häufen, sich ansammeln; 3. sich fertigmachen; 4. beabsichtigen, wollen	↔ собирать 1. Здесь собрались спортсмены из многих стран мира. 2. У нас собралось много книг. 3. Мы быстро собрались. 4. Вера и Вадим собираются купить абонемент в спортклуб.
	следи́ть *за кем/чем?* за *mit Instr.*	1. verfolgen; 2. beobachten, aufpassen; 3. sorgen, achtgeben	1. ~ за игрой, ~ за модой; 2. ~ за детьми; 3. ~ за фигурой; Каждый должен следить за своим здоровьем.
	си́ла	Kraft, Macht, Gewalt	
	внима́ние	Aufmerksamkeit	У нас в центре внимания стоит каждый клиент.
	те́ннисный, -ая, -ое; -ые	Tennis-	↔ теннис ~ стол, ~ турнир
	корт	Tennisplatz	**E/F** court Корт – это площадка для игры в теннис.
	ми́ни-футбо́льный, -ая, -ое; -ые	Minifußball-	В теннисном центре 4 корта и 3 мини-футбольных поля.
	по́ле, *Pl.* поля́, *Gen. Pl.* поле́й	*hier:* Feld	
	услу́ги *Pl.*	Dienstleistungen	К вашим услугам: тренажёрный зал, фитнес-бар, солярий …
	догада́ться/дога́дываться *о ком? о чём?* о *mit Präp.*	erraten, auf etw. kommen	Как вы догадались о значении незнакомых слов?
	самочу́вствие **A** само[чуст]вие	Befinden	↔ чувствовать себя Спорт улучшает самочувствие.
	сэконо́мить/эконо́мить *что? mit Akk. oder* на *чём?* на *mit Präp.*	(ein)sparen	~ деньги, ~ электроэнергию; Если вы хотите экономить на абонементе, занимайтесь спортом на свежем воздухе.
	исто́чник	Quelle, Ursprung	источники спортивной информации

высококвалифици́рованный, высококла́ссный, дози́ровано, клие́нт, оптима́льный, персона́льный тре́нер, репорта́ж, сайкл, спорти́вный ко́мплекс, спортко́мплекс, спортклу́б, степ-аэро́бика, сти́льно, тренажёрные за́лы, фитнес-це́нтр, эксклюзи́вный, эли́тный

5В	**предста́вить/представля́ть** *кого́? что? mit Akk.*	vorstellen, bekannt machen	Мы хотим представить вам результаты нашего опроса в виде графика.
	в ви́де *чего́? mit Gen.*	als, in Form eines (einer) …	
	россия́не *Pl., Sg.* россия́нин; *Gen. + Akk. Pl.* россия́н	die Russen, russische Staatsbürger	
	висе́ть *uv.*	hängen	В комнате висит постер.
	отме́тить/отмеча́ть	anmerken	Я хочу отметить ещё другой факт. …
	сле́дующий, -ая, -ее; -ие	folgend(er), nächst(er)	Подбери к каждой картинке одно из следующих слов: …
	зако́нчить/зака́нчивать *что? mit Akk.*	beenden, abschließen	↔ окончить/оканчивать На этом я заканчиваю презентацию.
	назва́ть/называ́ть *кого́? что? mit Akk.*	(be)nennen	↔ меня зовут Я назову плюсы и минусы занятия спортом.

атрибу́т, би́знес, гармони́чно, диагра́мма, на́ция, негати́вный, позити́вный, саморелиза́ция, табли́ца, факт, шо́у

Уро́к 6: Путеше́ствие по Росси́и

6А	**кли́мат**	Klima	В Сочи субтропический климат.
	прожива́ние	Unterbringung, Wohnsituation	
	двухме́стный, -ая, -ое; -ые	*hier:* Doppel-; 2-Bett-	2-местные номера
	авиакомпа́ния	Luftverkehrsgesellschaft	↔ компания *Трансáэро* – это российская авиакомпания.
	пора́ *что с/де́лать? mit Inf.*	1. Zeit; 2. es ist Zeit, *etw. zu machen*	1. школьная ~, ~ каникул; 2. Пора подумать о том, куда поехать в этом году.
	проспе́кт	1. Avenue (*breite, gerade Straße*) 2. (Reise-)Prospekt	1. Мы живём на проспекте Мира. 2. Дай мне, пожалуйста, проспект.

тураге́нтство туристи́ческое аге́нтство	Reiseagentur, Reisebüro	Нина принесла несколько проспектов из турагентства.
Како́й (Кака́я, Како́е; Каки́е) **там** …! *ugs.*	Was heißt hier /da …!	Какое там турагентство!
споко́йно *Adv.* споко́йный, -ая, -ое; -ые	ruhig, still	В деревне спокойно. Это спокойный город.
пала́тка *Gen. Pl.* пала́ток	Zelt	Мы будем жить в палатке,
ло́дка *Gen. Pl.* ло́док	Boot	кататься на лодке,
лови́ть *uv. кого́? что?* *mit Akk.*	fangen, fischen, angeln	ловить рыбу. Давайте проведём отпуск где-нибудь в России.
кто́-нибудь	irgendwer, -einer	
что́-нибудь	irgendwas	
где́-нибудь	irgendwo	
ка́к-нибудь	irgendwie	
когда́-нибудь	irgendwann	
куда́-нибудь	irgendwohin	
о́тпуск	Urlaub	Мои родители в отпуске.
осо́бенный, -ая, -ое; -ые осо́бенно *Adv.*	besondere(r), Besonderes besonders	⟷ особенно В отпуске надо сделать что-нибудь особенное, например, поехать куда-нибудь в горы или на море.
полете́ть/лете́ть *куда́?* в/на *mit Akk.*	(hin)fliegen, (los)fliegen	⟷ летать А ещё лучше полететь!
за грани́цу *куда́?*	ins Ausland	⟷ граница Давайте полетим куда-нибудь за границу.
давно́ *Adv.*	1. längst, vor langer Zeit; 2. (*schon*) lange, seit langem	1. Это было давно. 2. Лена уже давно мечтает поехать в Германию.
узна́ть/узнава́ть *кого́? что? mit Akk.*	1. erfahren; 2. wiedererkennen	1. На нашем сайте вы узна́ете всё о России. 2. Я узна́ю тебя, у меня ведь есть твоя фотография.
посове́товаться/сове́товаться *с кем?* с *mit Instr.* *о чём?* о *mit Präp.*	sich beraten	⟷ советовать Я хочу с тобой посоветоваться.
прилете́ть/прилета́ть *отку́да?* из, с *mit Gen.* *куда́?* в, на *mit Akk.*	ankommen (*mit einem Flugzeug*), angeflogen kommen	⟷ летать – лететь Самолёт из Москвы прилетит в Сочи в 10:20.
уе́хать/уезжа́ть *отку́да?* из, с *mit Gen.* *куда́?* в, на *mit Akk.*	wegfahren (*mit einem Fahrzeug*)	⟷ ехать – ездить Я уезжаю из Москвы в Сочи.
вы́лететь/ вылета́ть *куда́?* в, на *mit Akk.*	abfliegen, starten	⟷ летать – лететь Мы вылетаем в Москву в 10 часов утра.
перее́хать/переезжа́ть *отку́да?* из *mit Gen.* *куда́?* в, на *mit Akk.*	1. über etw. fahren, herüberfahren; 2. umziehen, übersiedeln	⟷ ехать – ездить 1. ~ реку на лодке; 2. Они переехали из города в деревню.
перелете́ть/перелета́ть *что? mit Akk.*	über etw. fliegen, überfliegen	⟷ лететь – летать Мы перелетаем горы.
прое́хать /проезжа́ть *что? mit Akk.*	1. durchfahren, zurücklegen, überqueren; 2. vorbeifahren, verpassen	⟷ ехать – ездить 1. Они проехали всю Россию на машине. 2. ~ остановку
вы́йти/выходи́ть *Prät.:* вы́шел, вы́шла, вы́шло; вы́шли	1. hinausgehen; 2. aussteigen; 3. erscheinen	⟷ идти - ходить 1. В 7 часов утра я выхожу из дома. 2. ~ на станции, ~ на остановке; 3. Журнал выходит два раза в месяц.
уйти́/уходи́ть *Prät.:* ушёл, ушла́, ушло́; ушли́	weggehen	⟷ идти – ходить Обычно он в последнее время после ужина уходил в свою комнату.
туропера́тор	Reisefachmann, -frau, Reiseveranstalter(in)	Туроператор предложил нам автобусный тур по *Золотому кольцу* России.

обра́тно *Adv.*	zurück, Rück-	Сколько стоит билет из Гамбурга до Мюнхена и обратно?
обра́тный, -ая, -ое; -ые		~ билет
на́дпись *w.* *Gen. Sg. und Pl.* на́дписи, *Gen. Pl.* на́дписей	Aufschrift, Überschrift, Beschriftung	⟷ писать, письмо ~ в аэропорту; ~ на станции метро, ~ в гостинице
отде́льный, -ая, ое; -ые	einzeln, abgeteilt	
прибы́тие	Ankunft	
па́спортный, -ая, -ое; -ые	Pass-	
контро́ль *m.*	Kontrolle	Мы проходим паспортный контроль.
вы́дача	1. Ausgabe, Übergabe, Aushändigung; 2. Auslieferung	⟷ дать 1. ~ диплома, ~ лицензии; 2. ~ террориста
бага́ж	Gepäck, Reisegepäck	**E/F** baggage Где здесь выдача багажа?
тамо́женный, -ая, -ое; -ые	Zoll-	
тамо́жня	Zoll	
полёт	Flug	информация о полётах
запа́сный, -ая, -ое; -ые	vorrätig, Ersatz-, hier: Not-	запасный выход
вы́ход	Ausgang, Ausweg	

диспе́тчер по трансфе́ру, куро́ртный, пассажи́р, субтропи́ческий, тра́нспорт, эквивале́нт

6 Б

далёкий, -ая, -ое; -ие	weit, fern	⟷ далеко
край *m.*, *Pl.* края́	Gegend, Land Rand, Kante, Grenze	в далёкие края
желе́зный, -ая, -ое; -ые	Eisen- , eisern	~ характер, железное правило
доро́га	Bahn, Weg, Straße	Железная дорога сегодня есть в каждой стране.
Трансси́б магистра́ль *w.*	Transsib *(Transsibirische Eisenbahn)* = Hauptverkehrslinie	Транссиб – это Транссибирская магистраль.
дли́нный, -ая, -ое; -ые	lang	Транссиб – это самая длинная железная дорога в мире.
длина́	Länge	Её длина 9297 км.
соедини́ть/соединя́ть	vereinen, verbinden	Транссиб соединяет европейскую часть России с Сибирью.
вдоль *чего́? mit Gen.*	entlang	Вдоль этой дороги находятся почти 400 вокзалов.
останови́ться/ остана́вливаться	anhalten, stehen bleiben	Поезда из Москвы останавливаются только на самых важных вокзалах.
в сре́днем	im Durchschnitt, durchschnittlich	⟷ средний Поезд в среднем проезжает 75 км в час.
су́тки *Pl.* *Gen.* су́ток одни́ су́тки; дво́е, тро́е, че́тверо, пя́теро су́ток **!**	Tag und Nacht, 24 Stunden	Это примерно 1600 км в сутки. Мы ехали туда трое суток.
постро́ить/стро́ить *что́? mit Akk.*	*hier:* bauen, errichten	Они строят дом.
наза́д	1. zurück; 2. vor (*in Verbindung mit Zeitangaben*)	1. В Москву мы ехали на поезде, а назад мы прилетели на самолёте. 2. Это было 100 лет назад. *Die Zahlangabe steht vor* назад!
мост, *Pl.* мосты́	Brücke	
тунне́ль *m.* *Gen. Pl.* тунне́лей **A** тун[нэ]ль	Tunnel	Вдоль Байкала надо было построить 200 мостов и 30 туннелей.
намно́го *mit Komp.*	bedeutend, viel	~ лучше, ~ дороже
деше́вле *Komp.* ↗ дёшево *Adv.*	billiger billig, preiswert	Для российских пассажиров билеты на поезд намного дешевле, чем на самолёт.
дешёвый, -ая, -ое; -ые		~ билет, дешёвые товары
шика́рный, -ая, -ое; -ые *ugs.* шика́рно *Adv. ugs.*	schick, fein, elegant	**E/F** chic Туристам нравится ездить в шикарных спальных вагонах.

восхити́ться/восхища́ться *кем? чем? mit Instr.* **А** восхища́[тца]	entzückt sein, seine Bewunderung äußern	Я восхищаюсь Байкалом.
прекра́сный, -ая, -ое; -ые прекра́сно Adv.	schön, wunderschön herrlich, sehr gut, ausgezeichnet	⟷ красивый Мы восхищаемся прекрасной сибирской природой. Как здесь прекрасно! Хайке прекрасно говорит по-русски.
приключе́ние *Gen. Pl.* приключе́ний	Abenteuer	Для туристов поездка по Транссибу – приключение.
тяжёлый, -ая, -ое; -ые	schwer, schwerfällig	Второй день был уже более тяжёлым.
пожа́р	Brand	В лесу был пожар.
живо́тное *Pl.* живо́тные *Gen., Akk. Pl.* живо́тных	Tier	В лесу много животных. Животные боятся пожаров.
медве́дь, медве́дица *Gen., Akk. Pl.* медве́дей	Bär(in)	У реки можно увидеть медведей.
верну́ться *v.* **А** верну[тца]	zurückkehren, zurückkommen	Ребята решили вернуться в деревню.
отту́да *Adv. отку́да?*	von dort(her), von da	⟷ туда Они оттуда хотели на лодке доехать до деревни.
сла́ва бо́гу	Gott sei Dank	Слава богу, никто не заболел.
ко́нчиться/конча́ться **А** кончи[тца]	enden, zu Ende gehen	⟷ закончить Всё кончилось хорошо.
чудеса́ *Pl.* *Sg.* чу́до	Wunder	Такие чудеса происходят только на Байкале.

абза́ц, ва́нна, ви́за, географи́ческий, климати́ческий, плани́ровать, популя́рность, сиби́рский, тайга́, терма́льный, экстрема́льный

6 B

вдруг	plötzlich	
шо́рох	Geräusch	Ночью он услышал шорох.
впечатле́ние	Eindruck	Каждый день у нас новые впечатления.
вокру́г *чего́? mit Gen.*	um … herum, ringsherum	Мы восхищаемся Байкалом и лесом вокруг него.
постоя́нно *Adv.* постоя́нный, -ая, -ое; -ые	ständig, immer dauernd, fest	На Байкал приезжают не только туристы, там и постоянно живут люди. ~ контроль, постоянная работа
посла́ть/посыла́ть *что? кого́? mit Akk.*	schicken, senden	Я пошлю тебе информацию по электронной почте.
ребёнок ↗ де́ти *Gen., Akk.* ребёнка *Pl.* де́ти, ребя́та *ugs.*, *Gen. Akk. Pl.* дете́й, ребя́т	Kind	Куда же послать ребёнка на летних каникулах?
об-, по/ра́довать	erfreuen	⟷ рад, радость Перспектива провести летние дни на улице не очень радует.
де́рево, *Pl.* **дере́вья**	Baum	⟷ деревянный
путёвка, *Gen. Pl.* путёвок	(*gebuchte*) Reise, Pauschalreise, Reisevertrag	Мы купили путёвки в лагерь, который находится на острове.

гармо́ния, ла́герь, перспекти́ва, ра́мка, спецкорреспонде́нт

Русско-немецкий алфавитный словарь

А

а und, aber 1
а та́кже *Konj.* sowie, und auch, und ebenfalls 3 A
абза́ц Absatz 6 Б Wt
абонеме́нт Abonnement, Dauerkarte 5 A
абсолю́тный, абсолю́тно absolut, durchaus 4 B Wt
а́вгуст August 2
авиакомпа́ния Fluggesellschaft, Luftverkehrsgesellschaft 6 A
авиапассажи́р Fluggast 2
автобиогра́фия Lebenslauf 2
авто́бус (Auto-)Bus 1
авто́бусный Bus- 2
авто́бусный тур Busreise 2
автомеха́ник Automechaniker 2
а́втор Autor(in) 3 Б
администра́тор Administrator(in), Manager(in) 2 Б
А́зия Asien 2
акаде́мия Akademie 4 B Wt
аквагимна́стика Aquagymnastik 2
аква́риум Aquarium 1
аккордео́н Akkordeon 1
аксессуа́ры *Pl.* 1. Zubehör, Beiwerk; 2. (*Theater*)Requisite 5 A
актёр Schauspieler 2
акти́вный, акти́вно aktiv, tätig 2, 1 B Wt
а́ктовый зал Aula 2
актри́са Schauspielerin 2
а́лгебра Algebra 2
алкоголи́зм Alkoholismus 3 B Wt
алкого́ль *m.* Alkohol 3 B Wt
Алло́! Hallo! *(nur beim Telefonieren)* 1
алфави́т Alphabet 1
альбо́м 1. Bildband; 2. Album (*Musik*) 2
альпини́зм Alpinismus, Bergsteigen 2
анана́с Ananas 1
анги́на Angina 1 A
англи́йский englisch 2
англици́зм Anglizismus 4 A Wt
анекдо́т Anekdote, Witz 2, 4 A Wt
анке́та Fragebogen 2
анса́мбль *m.* Ensemble 2
антибио́тик Antibiotikum 1 A Wt
аппарату́ра (музыка́льная) (Musik)Apparatur, Stereoanlage 4 B Wt
апре́ль *m.* April 2
апте́ка Apotheke 1
аргуме́нт Argument 2 A Wt
аргумента́ция Argumentation 4 BWt
аре́на Arena, Schauplatz 5 A Wt
арти́ст(ка) Künstler(in), Schauspieler(in) 4 B Wt
архео́лог Archäologe, Archäologin 2
архитекту́ра Architektur 2
архите́ктор Architekt, Architektin 2
атле́т(ка) Athlet(in) 1
атмосфе́ра Atmosphäre 3 Б Wt
атрибу́т Attribut, Merkmal 5 B Wt
аттракцио́ны *Pl.* Attraktionen (*auf dem Rummelplatz*) 2
аэро́бика Aerobic 2
аэропо́рт; в аэропорту́ Flughafen; im ~ 2

Б

Ба́ба-яга́ Baba-Jaga, Hexe 2
ба́бушка Großmutter, Oma 1
бага́ж Gepäck, Reisegepäck 6 A
баге́т Baguette 1
бадминто́н Federball, Badminton 1
Байка́л Baikal(see) 2
балко́н Balkon 1
Балти́йское мо́ре Ostsee 2
ба́льные та́нцы Standardtänze 2
бана́н Banane 1
банк Bank *(Geldinstitution)* 1
банкома́т Bankautomat 1
бар Bar 1
баскетбо́л Basketball 1
бассе́йн Schwimmbad, Schwimmhalle 1
батаре́йка Zelle, Batterie 4 A
бег Laufen 5 A
бе́гать *uv.* laufen 5 A
побе́гать *v.* (etwas, eine Zeitlang) laufen
бе́жевый beige 2
бейсбо́л Baseball 1
бе́лый weiß 2
бе́рег; *Pl.* берега́ Ufer, Küste; **на** берегу́ am/an der ~ 2
библиоте́ка Bibliothek 1
библиоте́карь *m.* Bibliothekar(in) 2 A Wt
би́знес Business, Geschäft 5 B Wt
биле́т (Eintritts)karte 2
~ на по́езд Zugfahrkarte
~ на авто́бус Busfahrkarte, Busfahrschein
билья́рд Billard 3 A Wt
биогра́фия Biografie, Lebenslauf 2
био́лог Biologe, Biologin 2
биоло́гия Biologie 2
биофи́зик Biophysiker(in) 2
бистро́ *unveränd.* Bistro 1
би́та Schläger, Stock *(Sport)* 5 A
бли́же *Komp.* näher (*hier:* mehr gefallen) 2
блины́ *Pl.* Plinsen (Crêpes) 1
блог Blog 4 A Wt
блу́зка Bluse 2
блюз Blues *(Musikrichtung)* 1
бога́тый 1. *Adj.*; 2. *Subst.*, *ugs.*, бога́то 3 Б 1. reich, vermögend; 2. Reicher
бокс Boxen, Boxsport 1
бо́лее *mit Adj. oder Adv. Komp.* zu мно́го *zur Bildung des Komparativs* 3 A
бо́лее *mit Zahlwort mit Gen.* mehr als 4 A
боле́ть *uv.* у *mit Gen.* wehtun, schmerzen 2
боли́т (боля́т) у *mit Gen.* *jmdm.* tut (tun) etw. weh; *jmd.* hat (…) Schmerzen 2
бо́льно *Adv.* schmerzhaft, tut weh, krank 1 A
больно́й 1. *Adj.*; 2. *Subst.*, *m.*, *ugs.*, 1. schmerzhaft, tut weh, krank 2. Kranker *ugs.* 1 A
бо́льше *Komp.* zu мно́го mehr 3 A
бо́льше всего́ *Adv.* am meisten 3 A
большо́й groß 1; 2
большо́й приве́т *кому? mit Dat.* viele Grüße 2
Большо́й теа́тр Bolschoi-Theater 1
бо́мба Bombe 2 B Wt
борщ Borschtsch *(Suppe aus Weißkohl und roten Rüben)* 1
Ботани́ческий сад Botanischer Garten 1
боя́ться *uv.* ↗ побоя́ться
брат; *Pl.* бра́тья Bruder 1
бра́тик *ugs.* Brüderchen, Brüderlein 2
брать *uv.* ↗ взять
брать с собо́й ↗ взять с собо́й
бра́узер Browser 4 A Wt
брю́ки *nur Pl.* Hose 2
Бу́дешь ещё …? *ugs.* Möchtest du noch…? 1
бу́дни *nur Pl.* 1. Werktage, Wochentage; 2. Alltag 1 A
бу́дущее Zukunft 2 A
булими́я Bulimie 3 B Wt
бу́лочки *Pl.; Sg.* бу́лочка Brötchen 1
бутербро́д belegtes Brot (Brötchen), belegte Schnitte 1
буфе́т Bistro, Imbiss, Selbstbedienungsrestaurant 1
бухга́лтер Buchhalter(in) 2
бы́стрый, бы́стро schnell 5 A
быть *uv.* 1. sein; 2. *Futur* werden *mit Inf. (uv.)*; etw. sein *mit Instr.* 1, 2, 3 Б
бюро́ *unveränd.* Büro 1

В

в 1. ~ Герма́нии, ~ Йе́не, ~ кла́ссе; 2. ~ 10 часо́в; 3. ~ неде́лю; 4. ~ джи́нсах; 5. ~ сре́ду
1. *räumlich mit Präp.* in, im (in dem) 1, 2
2. *zeitl. mit Akk.* um 2
3. *mit Akk.* in, pro
4. *mit Präp. ugs. jmd.* trägt etwas, *jmd.* hat etwas an
5. *mit Akk.* an, am (Wochentag)
в ви́де *Präpos. mit Gen.* als, in der Form/ in der Gestalt eines (einer) … 5 B
в го́сти *куда́?* zu Besuch *(gehen)* 2
в гостя́х *где?* zu Besuch *(sein)* 2
в основно́м *Adv.* ↗ **основно́й** 3 B
в сре́днем *Adv.* im Durchschnitt, durchschnittlich 6 Б
в чём? *ugs.* was trägt *jmd.?* was hat *jmd.* an? 2
ваго́н Eisenbahnwagen, Waggon 2
ва́жный, **ва́жно** wichtig 1 B
ва́за Vase 2
валенти́нка Valentinskarte 2
вальдо́рфская шко́ла Waldorfschule 2
ва́нна (Bade)Wanne 6 Б Wt
ва́нная *Subst.* Badezimmer 1
варе́нье dick eingekochte Beeren und Früchte, eine Art Konfitüre 1

ваш *Poss.* euer, Ihr *(Höflichkeitsform; wird im Brief groß geschrieben)* 1
в-восьмы́х *Adv.* achtens 4В
в-девя́тых *Adv.* neuntens 4В
в-деся́тых *Adv.* zehntens 4В
вдоль *Präpos. mit Gen.* entlang 6Б
вдруг plötzlich 6В
веб-диза́йнер Web-Designer(in) 2
веб-ка́мера Web-Kamera 4А Wt
ведь *ugs.* ja, doch 2В
везде́ *Adv.* überall 4Б
век; *Pl.* века́ Jahrhundert 2Б
велосипе́д Fahrrad 1
велоспо́рт Radsport 2
верну́ться *v.* zurückkehren, zurückkommen 6Б
ве́рсия Version 4В Wt
весёлый, ве́село lustig, fröhlich 2
весе́нний Frühjahrs-, Frühlings- 2
весна́ Frühling, Frühjahr 2
весно́й im Frühling, im Frühjahr 2
весь, вся, всё; все 1. ganz; 2. all 2
вести́ *uv. hier:* führen 5А
ве́тер; *Pl.* ве́тры Wind 2
вечери́нка *ugs.* Party 2
ве́чером am Abend, abends 1
взять/брать (auf)nehmen 3В
взять/брать с собо́й mitnehmen 2
вид 1. Aussehen, Äußeres; 2. Blick, Aussicht, Ansicht; 3. *(Sport-)*Art, Gattung; 4. Gestalt, Form; 5. *Grammatik* Aspekt, Aktionsart 2Б, 2
ви́део *unveränd., ugs.* Video, -film 4А Wt
видеоди́ск Video-CD 2
видеока́мера Videokamera 4В Wt
видеокли́п Videoclip 2
ви́деть *uv.* ↗ **уви́деть** 3А
ви́за Visum 6Б Wt
визажи́ст(ка) Visagist(in) 2
ви́лка Gabel 2
виктори́на Quiz
виндсёрфинг Windsurfing 2
вино́, *Pl.* ви́на Wein 1
висе́ть *uv.* hängen 2, 5В
витами́н Vitamin 4Б Wt
ви́шня Kirsche 2А
включи́ть/включа́ть 1. einschalten; 2. einschließen, aufnehmen, einbeziehen 4А
вку́сный, **вку́сно** schmackhaft, lecker 1, 2
вме́сте gemeinsam, zusammen 1
внима́ние Aufmerksamkeit 5Б
внук, вну́чка Enkel(in) 3А
во-вторы́х *Adv.* zweitens 4В
вода́; *Akk.* во́ду Wasser 1
во́здух Luft 2А
возмо́жность *w.* Möglichkeit, Gelegenheit 5А
во́зраст Alter 2
война́; *Pl.* во́йны Krieg 2В
вока́л Gesang 4В
вокза́л Bahnhof 1
вокру́г *mit Gen.* um … herum, ringsherum 6В
волейбо́л Volleyball 1
во́лосы *Pl.* Haare 1В
во-пе́рвых *Adv.* erstens 4В
вопро́с Frage 1
воскресе́нье *s.*; **в** ~ Sonntag; am ~ 2
восто́к; на восто́ке Osten; im ~ 1
восхити́ться/восхища́ться *mit Instr.* entzückt sein, seine Bewunderung äußern 6Б
вот da (ist, sind) 1
Вот …! *ugs.* Das ist aber …! *(als Ausdruck von Erstaunen, Bewunderung)* 2
Вот э́то да! *ugs.* Alle Achtung! *(als Ausdruck von Erstaunen, Bewunderung)* 1
впечатле́ние Eindruck 6В
вполне́ *Adv.* völlig, vollkommen 4В
в-пя́тых fünftens 4В
врач Arzt, Ärztin 1А
вре́дный, вре́дно schädlich, gefährlich 5А
вре́мя *s.; Gen., Dat., Präp.* вре́мени Zeit 2
вре́мя *s.* **го́да**; *Pl.* времена́ го́да Jahreszeit 2
вре́мя от вре́мени *Adv.* von Zeit zu Zeit, zeitweise, hin und wieder, manchmal 5Б
все *Gen., Akk., Präp.* всех, *Dat.* всем, *Instr.* все́ми, *Pron.* alle 3А
всё alles 1
всё ещё immer noch 2
всё равно́ ganz egal, einerlei 2
всегда́ immer, stets 1
всех ↗ **все** 3А
встать/встава́ть 1. aufstehen, sich erheben; 2. aufgehen (*Sonne*); 3. entstehen (*Frage*) 4А
встре́тить/встреча́ть *mit Akk.* 1. begehen, feiern (*Neujahr*); 2. jmdm. begegnen, (*zufällig*) treffen 2
встре́титься/встреча́ться 1. sich treffen; 2. *1. und 2. Pers. ungebr.* vorkommen 2, 3А
встре́ча 1. Neujahrsfeier; 2. Treffen 2
вто́рник; **во** ~ Dienstag; am ~ 2
в-тре́тьих *Adv.* drittens 4В
вчера́ gestern 1
в-четвёртых *Adv.* viertens 4В
вы ihr; Sie *(Höflichkeitsform)* 1
вы́бор Wahl, Auswahl 5А
вы́брать/выбира́ть wählen, aussuchen 4Б
вы́глядеть *uv.* aussehen 5А
вы́дача 1. Ausgabe, Übergabe, Aushändigung; 2. Auslieferung 6А
вы́звать/вызыва́ть 1. aufrufen, *jmdn.* kommen lassen, einladen, vorladen *(vor Gericht)*; 2. hervorrufen, verursachen 1А
вы́йти/выходи́ть 1. hinausgehen; 2. aussteigen; 3. erscheinen (*Buch, Zeitung u. Ä.*) 6А
вы́купаться/купа́ться baden, ein Bad nehmen 2А
вы́лететь/вылета́ть abfliegen, starten 6А
вы́мыть/мыть (ab)waschen, spülen 1А
вы́нести/выноси́ть 1. hinaustragen; 2. aushalten, ertragen 1А
вы́расти/расти́ (aus)wachsen, treiben, gedeihen 2А
высо́кий 1. hoch, 2. groß, hochgewachsen 1А
высоко́ *Adv.* hoch 1А
высококвалифици́рованный hochqualifiziert 5Б Wt
высококла́ссный hochwertig, erstklassig 5Б Wt
вы́ставка Ausstellung 2
выступле́ние 1. Auftritt, Darbietung 4В
вы́учить/учи́ть *(auswendig)* lernen 2
вы́ход Ausgang, Ausweg 6А
выходно́й *ugs.* выходны́е *Pl. ugs.* (arbeits)frei; Wochenende 2А

Г

газе́та Zeitung 4А
га́зовая плита́ Gasherd 1
га́мбургер Hamburger *(Fastfood-Essen)* 1
гандбо́л Handball 1
гара́ж; *Pl.* гаражи́ Garage 1
гармони́чный, гармони́чно harmonisch, wohlklingend 5В Wt
гармо́ния Harmonie, Wohlklang 6В Wt
гвозди́ка Nelke 2А
где? wo? 1
где́-нибудь *Adv.* irgendwo 6А
географи́ческий geografisch 6Б Wt
геогра́фия Geografie 2
гео́лог Geologe, Geologin 2
геоме́трия Geometrie 2
гера́нь *w.* Geranie 2А Wt
Герма́ния Deutschland 1
геро́й *m.*; *Pl.* геро́и; **герои́ня** Held(in) 3Б
гигаба́йт Gigabyte 4А Wt
ги́мн Hymne 5А Wt
гимна́зия Gymnasium 2
гимна́стика Gymnastik 2
гирля́нда Girlande 2
гита́ра Gitarre 1
гла́вный 1. Haupt-, hauptsächlich; 2. Chef- 3Б
гла́вным о́бразом hauptsächlich
глаз; в, на глазу́; *Pl.* глаза́ Auge 2
гло́бус Globus 1
глотну́ть/глота́ть schlucken 1А
глу́пый, глу́по dumm 4А
говори́ть *uv.* sprechen 1
говори́ть *uv.* **по телефо́ну** (mit *jmdm.*) telefonieren 1
год; в году́ 1, 21, … год; 2–4… го́да; 5–20 **лет** Jahr; im ~ 1, 2
голова́; *Pl.* го́ловы Kopf 2
голубо́й hell-/himmelblau 2
гольф (*Sport*) Golf 1
горизо́нт Horizont 3Б Wt
го́рка *ugs.* Anbauwand 1
го́рло Kehle, Hals 2
горнолы́жный alpin 2
го́рный; Berg- 2
го́рные лы́жи *Pl.* Abfahrtski 2
го́род; *Pl.* города́ Stadt 1
го́род-куро́рт; *Pl.* города́-куро́рты Kurort 2
городско́й Stadt-, städtisch 2
го́ры *Pl.* Berge, Gebirge 2
Господа́! *(Anrede)* (Meine) Damen und Herren! 2Б

господи́н; *Pl.* господа́ Herr *(auch in der Anrede)*
госпожа́ Frau *(auch in der Anrede)*
гостеприи́мный, гостеприи́мно gastfreundlich 3 А
го́сти *Pl.; Sg.* гость *m.*, го́стья Gäste, Besuch 2
гости́ная *Subst.* Wohnzimmer 1
гости́ница Hotel 1
госуда́рственный Staats-, staatlich 2
гото́вить *uv.* ↗ пригото́вить
гото́виться *uv.* ↗ подгото́виться 2
гра́дус Grad 2
гранж Grunge *(Musikrichtung)* 3 А Wt
грани́ца *hier:* (Landes)Grenze 2
гра́фик Grafik, Diagramm 1 Б Wt
грипп Grippe 1 А
гроза́; *Pl.* гро́зы Gewitter 2
гру́ппа Band 2
группово́й Gruppen-
группова́я програ́мма Gruppenprogramm 3 А Wt
гру́ша Birne 2А
гуля́ть *uv.* ↗ погуля́ть
ГУМ *Abk. für* Гла́вный универса́льный магази́н GUM – das bekannteste und größte Kaufhaus in Moskau 1

Д

да ja 1
дава́й(те) *mit Inf. (uv.) Aufforderung, Vorschlag:* Los,…! Lass uns … ! Lasst uns (Lassen Sie) uns … ! 1
дава́ть *uv.* ↗ дать
давно́ 1. längst, vor langer Zeit; 2. *(schon)* lange, seit langem 6 А
да́же *hier:* sogar 2
далеко́ от *mit Gen.* weit von 1
далёкий, -ая, -ое; -ие weit, fern 6 Б
дари́ть ↗ подари́ть 2
дать/дава́ть 1.geben; 2. *erlauben* lassen 1
да́ча Wochenendhaus(-häuschen), Datsche 2
два *mit m. oder s.*, две *mit w.* zwei 1
дверь *w.* Tür 1
двóйка *ugs.* Zwei 2
двухме́стный, -ая, -ое; -ые *hier:* Doppelzimmer, 2-Bettzimmer 6 А
де́вочка (kleines) Mädchen *(bis ca. 14–15 J.)* 2
де́вушка junge Frau, Fräulein; Mädchen *(ab ca. 14 J.)* 2
Дед Моро́з Väterchen Frost 2
де́душка *m.* Opa, Großvater 1
дека́брь *m.* Dezember 2
де́лать *uv.* ↗ сде́лать
де́лать *uv.* **уро́ки** ↗ сде́лать
день *m.; Pl.* дни Tag 2
день *m.* **рожде́ния**; *Pl.* дни рожде́ния Geburtstag 2
день свято́го Валенти́на Valentinstag 2
де́ньги *Pl.; Gen.* де́нег Geld 1
депо́ *unveränd.* Depot 2
дере́вня *w.* Dorf, Land 1
де́рево; *Pl.* дере́вья Baum 6В
деревя́нный Holz-, hölzern 2 А
дета́ль *w.* Detail 3 А Wt

детекти́в 1. Privatdetektiv, Privatermittler; 2. Kriminalfilm/-roman, Krimi 4 В, 2
де́ти *Pl.; Sg.* ребёнок Kinder, Kind 1 А
де́тская *Subst.* Kinderzimmer 1
де́тство Kindheit 1А
дешёвый, дёшево billig, preiswert
деше́вле *Komp.* ↗ дёшево 6 Б
джаз Jazz *(Musikrichtung)* 1
джи́нсы *nur Pl.* Jeans 2
джо́ггинг Jogging 1
джо́йстик Joystick 4 А Wt
дзюдо́ *unveränd.* Judo 1
диагона́ль *w.* Diagonale 4 А Wt
диагра́мма Diagramm 5 В Wt
дива́н Sofa, Couch, Diwan 1
дива́н-крова́ть Schlafcouch 1
диктофо́н Diktiergerät 4 А Wt
дипло́м Diplom 2
дире́ктор; *Pl.* директора́ Direktor 2 Б Wt
ди́ско-му́зыка Discomusik 2
дискоте́ка Diskothek 1
диспе́тчер по трансфе́ру Transferservice, Flughafentransfer 6 А Wt
диспле́й *m.* Display 4 А Wt
длина́ Länge 6 Б
дли́нный lang 6 Б
для *mit Gen. hier:* für 2
дневни́к; *Pl.* дневники́ 1. Hausaufgabenheft; 2. Tagebuch 2
днём am Tag, tagsüber 1
до *(örtl.) mit Gen.* bis (hin) 1
До свида́ния! Auf Wiedersehen! 1
Добро́ пожа́ловать в, на …! *mit Akk.* Herzlich willkommen! 2
До́брое у́тро! Guten Morgen! 1
До́брый ве́чер! Guten Abend! 1
До́брый день! Guten Tag! 1
догада́ться/дога́дываться о *mit Präp.* erraten, kommen *auf etw.* 5 Б
Договори́лись! Abgemacht! 2
дое́хать/доезжа́ть до *mit Gen.* fahren (bis) zum (zur) … 1
дождь *m.;* идёт ~ Regen; es regnet 2
дози́рованно dosiert 5 Б Wt
дойти́/доходи́ть до *mit Gen. hier:* gehen (bis) zum (zur) …, zu Fuß erreichen, gelangen 1
документа́льно belegbar, durch Dokumente belegt 4 В
документа́льный Dokumentar-, dokumentarisch 4 В
до́лгий, до́лго *hier:* lange *(Zeit)* 2
до́лжен, должна́, должно́; должны́ sollen, müssen 1 А
дом; *Pl.* дома́ Haus 1
до́ма *Adv.* zu Haus(e), daheim 1
дома́шний, -яя, -ее; -ие Haus-, Heim- 1 А
дома́шний кинотеа́тр Heimkino, Home-Cinema 1
домо́й *Adv.* nach Hause 2
доро́га Bahn, Weg, (Land)Straße 6 Б
до́рого teuer, kostspielig 2А
дорого́й *Komp.* **доро́же** 1. liebe(r); 2. teuer, kostspielig teurer 2 А, 2
доска́; *Pl.* до́ски Tafel 1

достопримеча́тельность *w.* Sehenswürdigkeit 2 А
до́ступ 1. Zutritt, Zugang; 2. Anschluss *(ins Netz, Internet)* 2 Б
доходи́ть *uv.* ↗ дойти́
дочь *w.; Pl. Nom.* до́чери, *auch Sg. Gen., Dat. Präp.* Tochter 3 А
друг; *Pl.* **друзья́** Freund, Freunde 1
друго́й anderer 2
дружи́ть *uv.* ↗ **подружи́ть**
ду́мать *uv.* denken, glauben 2
дуть *uv.* wehen 2
духово́й Blas- 2
душ Dusche 2 Б Wt
дя́дя *m.* Onkel 1
DVD-плеер DVD-Player 1

Е

е́вро *m. unveränd.* Euro 1
Евро́па Europa 2
европе́йский europäisch 2
его́ 1. ihn, es *(Akk.)*; 2. *Poss.* sein(e) 3 А
Его́ зову́т … Er heißt … *(wörtlich: Man ruft, nennt ihn …)* 1
едини́ца *ugs.* Eins 2
её 1. sie *(Akk.)*; 2. *Poss.* ihr(e) 3 А
Её зову́т … Sie heißt … *(wörtlich: Man ruft, nennt sie …)* 1
ёж; *Pl.* ежи́ Igel 1
е́здить *uv. nicht zielger.* fahren 2
ёлка Fichte, Tanne, Neujahrstanne, Weihnachtsbaum 1
е́сли *Konj.* wenn, falls 2 А
есть *uv.* ↗ пое́сть
есть *mit Nom.* es gibt, ist vorhanden 1
е́хать *uv.* ↗ **пое́хать**
ещё noch 1

Ж

жаль schade 1
жалюзи́ *s. und Pl. unveränd.* Jalousie 1
жанр Genre 3 Б Wt
жа́ркий, жа́рко heiß 2
жва́чка *ugs.* Kaugummi 2
ждать *uv. mit Gen. oder Akk.* warten, erwarten; подожда́ть eine Weile/ Zeitlang warten 2
же *ugs. hier:* ja, doch 2
жева́ть *uv.* kauen 2
жела́ние Wunsch 2
жела́ть *uv.* ↗ пожела́ть
желе́зный Eisen-; eisern 6 Б
жёлтый gelb 2
жена́; *Pl.* жёны Ehefrau 3 А
же́нский Frauen-, Damen- 1 А, 2
же́нщина Frau *(als Person)* 1 А
живо́т Bauch 2
живо́тное *Subst.* Tier 6 Б
жизнь *w.* Leben 2 А
жир Fett, Speck 5А
жить *uv.* wohnen, leben 1
журна́л Zeitschrift 1
журнали́ст(ка) Journalist(in) 2
журна́льный сто́лик Couchtisch 1
жюри́ *s., unveränd.* Jury 4 В Wt

З

за *mit Akk.* 1. спаси́бо ~ письмо́; 2. ~ две неде́ли 1. für; 2. innerhalb von, in 2

за *mit Instr. in Verbindung mit Verben der Fortbewegung hier: etw.* holen 1 A
за́ городом auf dem Lande 2 A
за грани́цу ins Ausland 6 A
заболе́ть/заболева́ть 1. *mit Instr.* 1. erkranken, krank werden; 2. anfangen (zu) schmerzen 1 A
заброни́ровать/брони́ровать reservieren, buchen 2 Б
забы́ть/забыва́ть vergessen 2, 4 В
за́втра *Adv.* morgen 2
за́втрак Frühstück 1
за́втракать *uv.* ↗ поза́втракать
заключе́ние Schluss, Beendigung 3 В
зако́нчить/зака́нчивать beenden, abschließen 5 В
занима́ть *uv.* ↗ заня́ть
занима́ться *uv.* ↗ заня́ться
заня́тие Beschäftigung 5 А
заня́тия *Pl. ugs.* Unterricht, Lehrveranstaltungen 4 В
заня́ть/занима́ть *mit Akk. hier*: belegen *(einen Platz in der Rangordnung)* 2
заня́ться/занима́ться *mit Instr.* 1. sich beschäftigen; *(Sport)* treiben; 2. lernen 2
за́пад; на за́паде Westen; im ~ 1
запаникова́ть/паникова́ть *ugs.* in Panik verfallen 2В
запа́сный vorrätig, Ersatz-; *hier:* Not- 6А
заплани́ровать /плани́ровать planen, entwerfen 6 Б Wt
заплати́ть/плати́ть за *mit Akk.* (be)zahlen 2 Б
запо́лнить/заполня́ть ausfüllen 2 Б
зарезерви́ровать/резерви́ровать reservieren, buchen 2 Б
зафикси́ровать/фикси́ровать fixieren, festhalten 4 В Wt
звони́ть *uv.* ↗ позвони́ть
здесь *Adv.* hier 1
Здо́рово! *ugs.* Prima! Toll! Großartig! 2
здоро́вый gesund 5 А
здоро́вье Gesundheit 2
Здра́вствуй(те)! Guten Tag! *Begrüßung zu jeder Tageszeit* 1
зелёный grün 2
зе́ркало; *Pl.* зеркала́ Spiegel 1
зерново́й Korn-, Getreide- 5 А
зима́ Winter 2
зи́мний Winter-, winterlich 2
зимо́й im Winter 2
знако́мить ↗ познако́мить
знако́миться ↗ познако́миться
знать *uv.* 1. wissen; 2. kennen 2
зна́чит das heißt (bedeutet), folglich, also 3 В
зо́на Zone, Raum 3 А Wt
зо́на релакса́ции Ruhezone (-raum)
зоо́лог Zoologe, Zoologin 2
зоопа́рк Zoo, Zoologischer Garten 1
зуб Zahn 2

И

и und 1
игнори́ровать *uv.* ↗ проигнори́ровать
игра́; *Pl.* и́гры Spiel 4 А
игра́ть *uv.* ↗ сыгра́ть
игра́ть *uv.* **в ка́рты** ↗ сыгра́ть
иде́я *w.; Pl.* иде́и Idee, Einfall 2
идти́ *uv.* ↗ пойти́
из *mit Gen.*; ~ Герма́нии aus; ~ Deutschland 1, 2
избу́шка *ugs.* на ку́рьих но́жках Hexenhäuschen auf Hühnerfüßen 2
изве́стный bekannt 2
Извини́(те)! Entschuldigung! (Entschuldige(n Sie)! Entschuldigt!) 1
изде́лие Erzeugnis, Ware 5 А
изосту́дия Atelier für bildende Kunst, Werkstatt 2
и́ли oder 1
и́мя *s.; Pl.* имена́; *Gen., Dat., Präp.* и́мени Vorname 1
ина́че *Adv.* anders 4 В
инжене́р Ingenieur(in) 2
иногда́ *Adv.* manchmal 2
иностра́нный fremd, Fremd- 2
институ́т Institut 1
интервью́ *s. unveränd.* Interview 2
интере́с Interesse 4 А Wt
интере́сный, интере́сно interessant 1
интересова́ться *uv. mit Instr.* sich interessieren 2
Интерне́т Internet 1
интерне́т-кафе́ *s. unveränd.* Internetcafe 2
интерне́т-сайт Internetseite 2
интерпрети́ровать *uv.* ↗ проинтерпрети́ровать
интерфе́йс Interface, Schnittstelle 4 А Wt
информа́тика Informatik 2
информацио́нный Informations-, Nachrichten- 4 В
информа́ция *nur Sg.* Information 2 Б
информи́ровать *uv. und v.* ↗ проинформи́ровать
иска́ть *uv.* suchen 3 А
поиска́ть *v.* (eine Weile) suchen
искупа́ться *v. ugs.* ↗ вы́купаться
испекла́ *Prät.* ↗ испе́чь *v.*
испе́чь/печь backen 2
исто́рик Historiker(in) 2
истори́ческий музе́й Historisches Museum 2
исто́рия Geschichte 2
исто́чник Quelle 4 А
ита́к also 3 В
их 1. sie *Akk. Pl.*; 2. *Poss.* ihr(e) *Pl.* 3 А
ию́ль *m.* Juli 2
ию́нь *m.* Juni 2

Й

йо́га Joga 3 А Wt

К

к *mit Dat. hier:* zu *(wem)* 2
к сожале́нию leider 1
кабине́т *mit Gen.* 1. Arbeitszimmer; 2. (Lehr)Kabinett *(in einer Lehreinrichtung)*; 3. Sprechzimmer, Behandlungszimmer 1, 1 А
Кавка́з Kaukasus; 2
на Кавка́зе im ~
ка́ждый *Adj. und Subst. m.* jeder 2
ка́жется es scheint, scheinbar 1 В
как? wie? 1
Как вы дое́хали? Wie war die Reise? 2
Как дела́? Wie geht es? 1
Как по-неме́цки …? Wie heißt deutsch …? 1
Как по-ру́сски …? Wie heißt russisch…? 1
Как тебя́ зову́т? Wie heißt du? 1
кака́о *unveränd.* Kakao 1
как-нибудь *Adv.* irgendwie 6 А
како́й? Welcher? Was für ein? 2
Како́й там …! *ugs. hier:* Was heißt hier/da…! 6 А
ка́ктус Kaktus 1
калейдоско́п Kaleidoskop 1
календа́рь *m.; Pl.* календари́ Kalender 1
канаре́йка Kanarienvogel 1
кани́кулы *nur Pl.* Ferien, на кани́кулах in den Ferien 2
капу́ста Kohl 2 А
каранда́ш; *Pl.* карандаши́ Bleistift 1
карао́ке *unveränd.* Karaoke 2
карате́ *unveränd.* Karate 2
Каре́лия Karelien 2
карикату́ра Karikatur 2
карнава́л Karneval 2
ка́рта (Land-)Karte 1
карти́на Bild, Gemälde 1
карто́фель Kartoffel 2А Wt
карто́фель *m. nur Sg.* **фри** *unveränd.* Pommes frites 1
ка́рточка 1. Karteikarte; 2. *ugs.* Karte 2 Б
карье́ра Karriere 3 В Wt
ка́сса Kasse 1
касси́р Kassierer(in) 2
ка́стинг Casting 4 В Wt
ката́ться *uv.* **на** *mit Präp.* fahren, laufen, sich auf etwas bewegen
поката́ться *v.* eine Zeitlang fahren 1
категори́ческий, категори́чески kategorisch 1 В Wt
ка́тер; *Pl.* катера́ Motor(schnell)boot, Kutter 2
кафе́ *unveränd.* Café, Kaffeehaus, Konditorei 1
ка́ша Kascha (Brei) 1
ка́шель *m.* Husten 1 А
кварти́ра Wohnung 1
квас Kwas(s) 1
кенгуру́ *unveränd.* Känguru 2
ки́борд Keyboard; Tastatur 1
киломе́тр Kilometer 2
кино́ *unveränd. ugs.* 1. Kino; 2. Film 1
кинокомпа́ния Filmgesellschaft, TV-Gesellschaft 3 Б Wt
киномáн(ка) *ugs.* Kinoliebhaber(in) 4 В

кинотеа́тр Filmtheater, Kino (*Gebäude*) 1
киоск Kiosk 1
кипято́к kochendes Wasser 2
кларне́т Klarinette 1
класс 1. Klasse *(Gruppe von Schülern)*; 2. Klassenraum 1
класс «люкс» Luxusklasse 2 Б Wt
Класс! *ugs.* Klasse! 2
кла́ссик Klassiker(in) 2
кла́ссика Klassik 2
класси́ческая му́зыка klassische Musik 2
кла́ссный, кла́ссно *ugs.* Klasse, toll, großartig 2
клие́нт(ка) Klient(in), Kunde, Kundin 5 Б Wt
кли́мат Klima 6 А
климати́ческий klimatisch, Klima- 6 Б Wt
клип Clip 2
кли́псы *Pl.; Sg.* кли́пса (Ohr)klips 1
клуб Klub 2 А Wt
клубни́ка *nur Sg.!* Erdbeere 2 А
клю́шка Hockeyschläger (*Sport*) 5 А
кни́га Buch 1
ковёр; *Pl.* ковры́ Teppich 1
когда́ 1. wann; 2. als 1, 2
когда́-нибудь *Adv.* irgendwann 6 А
кого́? Wen? 2
код Code, Kode, Vorwahlnummer 2
ко́ла *ugs.* (ко́ка-ко́ла) (Coca-)Cola 1
ко́лли *m. und w. unveränd.* Collie *(schottischer Schäferhund)* 1
кольцо́; *Pl.* ко́льца Ring 1
кома́нда *hier:* Mannschaft, Team 2
командиро́вка Dienstreise 2
быть в командиро́вке auf Dienstreise sein
поéхать/éхать в командиро́вку auf (eine) Dienstreise fahren
ко́микс Comics 2
коммента́тор Kommentator(in) 2
ко́мната Zimmer 1
компа́кт-ди́ск CD 2
компа́ния 1. Gemeinschaft, Clique; 2. Gesellschaft (*Wirtschaft*) 2
комплиме́нт Kompliment 3 Б Wt
компози́тор Komponist(in) 2
компози́ция Komposition, Aufbau 3 Б Wt
компо́т Kompott 1
компроми́сс Kompromiss 3 В Wt
компью́тер Computer 1
компью́терный Computer- 1, 1 В Wt
компьютерома́ния Computerabhängigkeit, Computersucht 3 В Wt
кому́? wem? 2
конди́тер Konditor(in) 2
коне́чно *ugs.* natürlich, sicher 1
ко́нкурс *hier:* Wettbewerb 2
констру́ктор Konstrukteur(in) 2
контра́кт Kontrakt, Vertrag 4 В Wt
контро́ль *m.* Kontrolle 6 А
конфере́нц-за́л Konferenzsaal 2 Б Wt
конфере́нция Konferenz 2
конфе́ты *Pl.; Sg.* конфе́та Konfekt, Pralinen 1
конфли́кт Konflikt 1 В Wt
конце́рт Konzert 1
ко́нчить/конча́ть etw. beenden 2
ко́нчиться/конча́ться *1. und 2. P. ungebr.* enden, beenden, zu Ende sein, ablaufen 2, 6 Б
коньки́ *Pl.; Sg.* конёк Schlittschuhe 2
координа́ты *Pl., ugs.* Koordinaten, Kontaktadresse 3 А Wt
копе́йка Kopeke 1
коридо́р Korridor, Flur 1
кори́чневый braun 2
корт Tennisplatz 5 Б
косме́тика Kosmetik 2
космона́втика Astronautik, Kosmonautik, Raumfahrt 2
ко́смос Kosmos, Weltall 2
кот; *Pl.* коты́ Kater 1
котле́ты *Pl.; Sg.* котле́та Buletten, Klopse 1
кото́рый -ая, -ое; -ые der (die, das; die), welche(r), welches; welche 4 А
Кото́рый час? Wie spät ist es? 1
ко́фе *m. unveränd.* Kaffee 1
ко́шка Katze 1
край Gegend, Land, Rand, Kante, Grenze 6 Б
краси́вый, краси́во schön 1
кра́сный rot 2
красота́ Schönheit 2
креди́т Kredit 3 В Wt
креди́тный Kredit- 2 Б
Кремлёвский; кремлёвский Kreml- 1
Кремль *m.* Kreml (*in Moskau*) 1
кремль *m.; Pl.* кремли́ Stadtfestung (*in alten russischen Städten*) 1
кре́пкий 1. fest; 2. *Getränke* stark 2
кре́пко fest 2
кре́сло Sessel 1
кро́лик Kaninchen 1
кро́ме того́ außerdem 2
кроссо́вки *Pl.* Sportschuhe 5 А
кружо́к; *Pl.* кружки́ *hier:* Zirkel, Arbeitsgemeinschaft 2
крупа́; *Pl.* кру́пы Graupen 5 А
кста́ти *Adv.* *hier:* übrigens, apropos 2
кто? wer? 1
кто́-нибудь *Pron.* irgendwer, -einer, irgendjemand 6 А
куда́? wohin? 2
куда́-нибудь *Adv.* irgendwohin 6А
кузе́н, кузи́на Cousin(e) 3 А Wt
культу́ра Kultur 3 А
куми́р Idol 2
купа́ться *uv.* ↗ вы́купаться (искупа́ться *ugs.*)
купе́ *unveränd.* Zugabteil 2
купи́ть/покупа́ть kaufen 2, 1 В
ку́рица Huhn, Hühnchen 1
куро́рт Kurort, Bad 2
куро́ртный Kur-, Kurort-, Bade- 6 А Wt
ку́хня *w.* Küche 1
куше́тка Liege 1

Л

лабора́нт(ка) Laborant(in) 2
ла́герь *m.; Pl.* лагеря́ (Ferien)Lager, Camp 6 В Wt
Ла́дно. *ugs.* (Nun) gut! Einverstanden! O.k. (okay) 1
ла́мпа Lampe 1
ландша́фт Landschaft 2
ла́стик *ugs.* Radiergummi 1
лати́нский язы́к Latein 2
лёгкая атле́тика Leichtathletik 2
лежа́ть *uv.* liegen 1 А
полежа́ть *v.* (ein wenig, eine Weile) liegen
лека́рство Arznei, Medizin 1 А
лес *где?* в лесу́; *Pl.* леса́ Wald 2
ле́стница Treppe 1
лет ↗ год
лета́ть *uv. nicht zielger.* fliegen 2
лете́ть/полете́ть *zielger.*
ле́тний Sommer-, sommerlich 2
ле́то Sommer 2
ле́том im Sommer 2
лимона́д Limo(nade) 1
лине́йка Lineal 1
литерату́ра Literatur 1, 2
ли́тий-ио́нный/ли́тий-полиме́рный аккумуля́тор Lithium-Ion-/Lithium-Polymer-Akkumulator 4 А Wt
лифт Lift, Fahrstuhl 1
лице́й *m.; Pl.* лице́и Lyzeum 2
лицо́; *Pl.* ли́ца Gesicht 2
лови́ть *uv.* ↗ пойма́ть
ло́дка Boot 6 А
ло́жка Löffel 2
луг; *где?* на лугу́; *Pl.* луга́ Wiese 2 А
лук *nur Sg.* Zwiebel, Lauch 2 А
лу́чше *Komp.* zu хорошо́ *hier:* lieber (*Komp.*) 2
лу́чший der beste 3 А
лы́жи *Pl.* Ski 2
люби́мый Lieblings-, beliebt 1
люби́ть *uv.* lieben, gern haben, mögen 1
любо́вь *w.* Liebe 2
любо́й -а́я, -о́е; -ы́е *Adj. und Pron.* jede(r), beliebig 5 А
лю́ди *Pl.* Leute, Menschen 2

М

магази́н Geschäft, Laden 1
магистра́ль *w.* Magistrale, Hauptverkehrsader 6 Б Wt
май *m.* Mai 2
макаро́нный Makkaroni- 5 А
макаро́ны *Pl.* Makkaroni 1
ма́клер Makler(in) 2
мал *Kurzform* ↗ ма́ленький 2 А
ма́ленький klein 1
ма́ло *Adv.* wenig 3 А
ма́льчик Junge (*bis ca. 14–15 J.*) 2
ма́ма Mama, Mutti 1
маргари́тка Gänseblümchen, Margarite 2 А
ма́рка *hier:* Briefmarke 2
ма́ркер (Text-)Marker 1
март März 2
маршру́т Reiseroute, Marschroute 2
маршру́тка *ugs.* (маршру́тное такси́) Kleinbus-Sammeltaxi 1
Ма́сленица Butterwoche (*russ. Fastnacht*) 2
ма́сло Butter 5А

масса́жный кабине́т Massageraum 3 A Wt
ма́ссовый Massen- 4 A
матема́тик Mathematiker 2
матема́тика Mathematik 2
материа́л Material, Stoff 5 A Wt
матрёшка Matrjoschka 1
ма́трица Matrix 4 A Wt
матч Spiel, Match 3 A Wt
мать *w.*; *Pl.* ма́тери, *auch Sg. Gen., Dat. Präp.* Mutter 1 A
маши́на *ugs.* (автомаши́на, автомоби́ль *m.*) Auto 1
мегаба́йт Megabyte 4 A Wt
медве́дь *m.*, медве́дица Bär(in) 6 Б
ме́дленный, **ме́дленно** langsam 2 B
ме́жду *mit Instr. hier:* zwischen 2
мел Kreide 1
мелодра́ма Melodram 3 Б Wt
ме́неджер Manager(in) 2
ме́нее *Komp.* ↗ ма́ло weniger 3 A
ме́нее *mit Zahlwort im Gen.* weniger als 4 A
ме́ньше *Komp.* zu ма́ло weniger 3 A
ме́ньше всего́ *Adv.* am allerwenigsten 3 A
меню́ *s., unveränd.* Menü (*auch EDV*), Speisekarte 4 A Wt
Меня́ зову́т ... Ich heiße ... (*wörtlich:* Man nennt oder ruft mich.) 1
ме́сто; *Pl.* места́ 1. Platz, Ort; 2. Sitzplatz; 3. Stelle, Abschnitt (*z. B. im Text*) 1, 2
ме́сяц 1. Monat; 2. Mond (abnehmender) 2
метеоро́лог Meteorologe, Meteorologin 2
метро́ *unveränd.* Metro, U-Bahn 1
меха́ник Mechaniker 2A Wt
мечта́ть *uv.* ↗ помечта́ть
микроволно́вка *ugs.* (микроволно́вая печь) Mikrowelle 1
микрофо́н Mikrofon 4 A Wt
ми́лый *Adj. und Subst. ugs. hier:* lieb (geliebt...); Liebling 2
минера́льный Mineral- 2
минера́льная вода́, минера́лка *ugs.* Mineralwasser
ми́ни-футбо́льный, -ая, -ое; -ые Minifußball- 5 Б
ми́нус minus, Minus 1
мину́та Minute 1
мир 1.Welt, Erde; 2. Frieden 1, 4 A
Мне ... год (...го́да, ... лет). Ich bin ... Jahre alt. 1
мне́ние Meinung 1 B
мно́гие *Adj.; auch Subst., Pl.* viele 2 A
мно́го 1. *mit Verb oder Gen. Sg.* viel: ~ чита́ть; ~ ра́дости; 2. *mit Gen. Pl.* viele: ~ городо́в, ~ ученико́в 2
многоэта́жный mehr(viel)stöckig, Hoch(haus) 2 A
мо́ббинг Mobbing 3 B Wt
моби́льник *ugs.* (моби́льный телефо́н) Handy 1
мо́да Mode 2
моде́ль *w.* Modell, Muster 4 A
моде́м Modem 4 A Wt
мо́дно *Adv.* modisch, aktuell, in sein 4 Б
мо́дный Mode-, modisch, aktuell 4 Б
мо́жно 1. man kann, es ist möglich; 2. man darf, es ist erlaubt 1, 2
мой *Poss.* mein 1
молодёжь *w.* Jugend, junge Leute, Nachwuchs 3 A
молодо́й, мо́лодо jung 3 A
моло́же *Komp.* ↗ молодо́й 3 A
молоко́ Milch 1
моло́чный Milch- 5 A
моне́та Münze 2
моноло́г Monolog 3 A Wt
мо́ре, *Pl.* моря́ Meer, die See 2
морко́вь *w. nur Sg.!* Möhre 2A
моро́женое Speiseeis 1
морско́й Meeres- 2
Москва́ Moskau 1
москви́ч; *Pl.* москвичи́, москви́чка Moskauer(in) 1
моско́вский Moskauer *Adj.* 1 B Wt
мост; *Pl.* мосты́ Brücke 6 Б
мочь *uv.* ↗ смочь
муж; *Pl.* мужья́ Ehemann 3 A
мужско́й Männer-, Herren-; männlich 1 A
мужчи́на *m.* Mann (*als Person*) 1 A
музе́й *m.*; *Pl.* музе́и Museum 1
музе́й-запове́дник *wörtlich:* Museum-Naturschutzgebiet 2
му́зыка Musik 1, 2
музыка́льный Musik- 2
~ инструме́нт Musikinstrument
~ центр Hi-Fi-Anlage
музыка́нт Musiker(in) 2
му́льтик *ugs.*
мультфи́льм Zeichentrickfilm 4 B
му́сор Müll 1 A
мы wir 1
мыть *uv.* ↗ вы́мыть (помы́ть)
мышь *w.* Maus 1
мю́сли *s. und Pl. unveränd.* Müsli 1
мя́со Fleisch 1

Н

на 1. ~ второ́м этаже́, ~ стене́, ~ у́лице; 2. ~ за́втрак, ~ обе́д, ~ у́жин; 3. ~ авто́бусе, ~ велосипе́де; 4. ~ за́втра, ~ пя́тницу; 5. ~ футбо́л 1. auf, an, in; 2. zum (*z. B. zum Frühstück*); 3. mit, womit (*Transportmittel*); 4. für (*in Verbindung mit Terminen*); (*Zeit, Geld ...*) für 1, 2
на *кого́? mit Akk. in Verbindung mit* учи́ться *ugs.* zu (zur, zum) (*Ausbildung/Lehre absolvieren/machen*) 2 A
На, возьми́! *ugs.* Da! Nimm. Da hast du. 1
наве́рно *Adv. ugs.*, наве́рное wahrscheinlich, sicher 2
над *mit Instr.* über 1 A
надёжно *Adv.* zuverlässig, sicher 3 Б
надёжный verlässlich, zuverlässig 3 Б
на́до *ugs. mit Inf.* ну́жно *mit Inf.* man muss, soll 2
на́дпись *w.* Aufschrift, Überschrift, Beschriftung 6 A
наза́д 1. zurück; 2. vor (*in Verbindungen mit Zeitangaben*) 6 Б
назва́ть/называ́ть (be)nennen 5 B
найти́/находи́ть 1.finden, ausfindig machen; 2. finden, meinen, halten 2 Б
нале́во *Adv.* nach links 1
намно́го *Adv. mit Komp.* bedeutend, viel 6 Б
написа́ть/писа́ть schreiben 2
напра́во *Adv.* nach rechts 1
наприме́р zum Beispiel 2
нарисова́ть/рисова́ть (auf)zeichnen, malen 2, 1
наркома́н(ка) (Drogen)Süchtige(r) 4 A
наркома́ния Drogensucht 3 B
нарко́тики *Pl.* Drogen 3 B
на́сморк Schnupfen 1 A
насто́льный 1. Tisch-; 2. Hand- 5 A
настоя́щий 1. gegenwärtig, momentan, jetzig; 2. echt, wahr, richtig, tatsächlich 3 Б
находи́ться *uv.* sich befinden 1
на́ция Nation 5B Wt
нача́ло Anfang, Beginn 2
нача́льный *hier:* Grund- 2
нача́ть/начина́ть *etw.* beginnen, *mit etw.* anfangen 2, 5 A
нача́ться/начина́ться *1. und 2. P. ungebr.* beginnen, anfangen, losgehen 2
наш *Poss.* unser 1
нашла́ *Prät.* ↗ **найти́** 2 Б
не nicht 1
Не́ за что. *ugs.* Bitte schön. Keine Ursache. 1
небольшо́й nicht groß, klein 1
нева́жный, **нева́жно** unwichtig, unbedeutend 1 B
невысо́кий, невысоко́ nicht hoch, mittelgroß 1 A
негати́вный, негати́вно negativ 5 B Wt
недалеко́ от *mit Gen.* nicht weit von 1
неде́ля Woche 2
незави́симость *w.* Unabhängigkeit, Selbstständigkeit 3 B
Незна́йка *m.* Nesnaika 1
неинтере́сный, неинтере́сно uninteressant 2
нельзя́ man darf nicht, es ist nicht erlaubt 2
неме́цкий deutsch 1
немно́го etwas, ein wenig 1
неолимпи́йский nicht olympisch 5A
нерви́ровать *uv.* nerven, auf die Nerven gehen 4 A
не́сколько *mit Gen. Pl.* einige 2
неску́чный, неску́чно nicht langweilig 2
несоверше́нный 1. unvollkommen; 2. fehlerhaft; 3. unvollendet (*Aspekt*) 1 B
несогла́сие 1. Uneinigkeit, Unstimmigkeit; 2. Ablehnung 4 B
несправедли́вый, **несправедли́во** ungerecht 1A
нет nein 1

нет *mit Gen.* es gibt nicht; kein(en) ... haben, *etw./jmd.* ist nicht (da) 1
нет *mit Gen. Pl. ugs.* Keine ... ! 2
неужéли ist es möglich, wirklich 2
неэффекти́вный, неэффекти́вно un-/ineffektiv, ineffizient, unwirksam 4 Б
ни с кéм *Instr.* ↗ никтó
нигдé *Adv.* nirgends 1 A
ни́жнее бельё Unterwäsche 2
никакóй,-áя, -óе; -ые *Pron.* kein(er), keine 1 A
никогдá *Adv.* nie, niemals 1 A
никтó *Pron.* niemand, keiner 1 A
никудá *Adv.* nirgend(s)wohin 1 A
ничегó *Gen.* ↗ ничтó
ничегó *ugs. hier:* es geht, ganz gut 1
ничтó *Pron.* nichts 1 A
но aber 1
новогóдний Neujahrs- 2
нóвость *w.*, **нóвости** Nachricht(en), Neuigkeit(en) 4 A
нóвый neu 1
Нóвый год *(прáздник)* Neujahr *(Feiertag)* 2
ногá; *Pl.* нóги Bein 2
нож; *Pl.* ножи́ Messer 2
нóжницы *nur Pl.* Schere 1
ноль *m.* null, Null 1
нóмер; *Pl.* номерá 1. Nummer; 2. Hotelzimmer 2 Б
нóмер телефóна; *Pl.* номерá телефóнов Telefonnummer 1
нормáльно *ugs.* normal, nichts Besonderes, es geht 1
нос; *Pl.* носы́ Nase 2
носки́ *Pl.; Sg.* носóк Socken 2
нóутбук Notebook, Laptop 4 A Wt
нóчью nachts, in der Nacht 2
ноябрь *m.* November 2
(он, онá, онó) мне **нрáвится** (er, sie, es) gefällt mir 1
(они́) мне **нрáвятся** (sie) gefallen mir
нрáвиться ↗ понрáвиться
Ну чтó ты! *ugs.* Ach was! I wo! 1

О

о *mit Präp.* über, von 2
о ком? über wen? von wem?
о чём? worüber? wovon?
обéд Mittagessen 1
обéдать *uv.* ↗ пообéдать 1
обещáть *uv./v.* ↗ пообещáть 2
óбласть *w.* Gebiet *(Geografie)* 2
обмануть/обмáнывать betrügen, hintergehen, täuschen 4 Б
обмéн 1. *mit Instr.* 1. Austausch; 2.(Geld-, Valuta)Wechsel 2 Б
обрáдовать/рáдовать erfreuen 6 B
óбраз 1. Gestalt, Erscheinung, Bild; 2. Art, Weise 5 A
образовáние (Schul)Bildung 3 B
обрáтно *Adv.* 1. zurück, rückwärts; 2. *ugs.* umgekehrt 6A
обрáтный Rück-; zurück 6 A
óбувь *w., nur Sg.* Schuhe 5 A
общáться *uv.* **с** *mit Instr.* Kontakt zu jmdm. pflegen (haben), sich unterhalten, kommunizieren 3 A
пообщáться *v.* eine Zeitlang ~
óбщая шкóла Gesamtschule 2
общи́тельный mitteilsam, gesprächig, kontaktfreudig 2
объéкт Objekt 1
объём Volumen, Umfang *(EDV)* 4 A
обы́чно gewöhnlich, normalerweise, meistens 1
обязáтельно *Adv.* unbedingt, bestimmt 2
óвощ; *Pl.* **óвощи** Gemüse 2 A
огорóд Gemüsegarten 2 A
огрóмный riesig, gewaltig 2 A
огурéц; *Pl.* огурцы́ Gurke 2 A
одéжда Kleidung 5 A
оди́н, однá, однó; одни́ eins, ein(e)
одноклáссник, одноклáссница Mitschüler(in), Klassenkamerad(in) 2
ожидáть *uv. mit Gen. oder Akk.* 1.erwarten; 2. erhoffen 2 B
óзеро; *Pl.* озёра der See 1
Ой, как бóльно! Oh (Au), tut das weh! 2
о'кей *ugs. unveränd.* o.k. (okay) 1
окнó; *Pl.* óкна Fenster 2
окончáние 1. Schluss, Ende; 2. *(grammatische)* Endung; 3. Abschluss, Beendigung *(einer Ausbildung, einer Lehranstalt)* 2 A
окóнчить/окáнчивать *(eine Lehranstalt/Lehreinrichtung, Studium, Lehre)* beenden, absolvieren 2 A
октя́брь *m.* Oktober 2
олимпиáда Olympiade 2
олимпи́йский olympisch 5 A
он, онá, онó; они́ er, sie, es; sie 1
онлáйн online 4 A Wt
онлáйновый Online- 4 A Wt
онлáйновая игрá Onlinespiel 1 B Wt
опáсный, **опáсно** gefährlich 5 A
óпера Oper 1
описáть/опи́сывать beschreiben 3 B
опрóс Umfrage 1 Б
провести́/проводи́ть ~ eine ~ durchführen
оптимáльный, оптимáльно optimal 5 Б Wt
оптимисти́ческий, оптимисти́чески optimistisch 3 B Wt
оптимисти́чный, оптимисти́чно optimistisch 2
орáнжевый orange 2
организáция Organisation 5 A Wt
организовáть *uv./v.* **организóвывать** organisieren 2
оригинáльность *w.* Originalität 3 B Wt
осéнний Herbst-, herbstlich 2
óсень *w.* Herbst 2
óсенью im Herbst 2
основнóй Grund-, grundlegend, Haupt-, hauptsächlich, wesentlich 3 B
в основнóм *Adv.* hauptsächlich, im Wesentlichen, im Großen und Ganzen
осóбенно besonders 1
осóбенное *Subst.* Besonderes 6 A
осóбенный besondere(r) 6 A
оставáться ↗ остáться
останáвливаться *uv.* ↗ **останови́ться**
остановка Haltestelle 1
останови́ться/останáвливаться anhalten, stehen bleiben 6 Б
остáться/оставáться bleiben 2
óстров; *Pl.* островá Insel 2
от *mit Gen. hier:* von 2
отвéт Antwort 1
отвéтить/отвечáть на *mit Akk.* antworten, beantworten 3 B
отдéльный einzeln, abgeteilt 6A
отдохну́ть/отдыхáть sich erholen, sich ausruhen 2 A
отды́х Erholung 5 A
отéц; *Pl.* отцы́ Vater 1 A
открывáть *uv.* ↗ откры́ть
откры́тка Ansichtskarte; Postkarte 1
откры́тый, откры́то *hier:* offen(herzig) 2
откры́ть/открывáть 1. aufmachen, öffnen; 2. aufschlagen; 3. eröffnen 1 A
откýда? woher? 1
отли́чный, отли́чно ausgezeichnet 2
отмéтить/отмечáть 1. kennzeichnen; 2. feststellen, hervorheben, anmerken; 3. feiern, begehen 1 A, 5B
отмéтка *hier:* Note, Zensur 2
отмечáть *uv.* ↗ отмéтить
отпрáвиться/отправля́ться abfahren 2
отпрáздновать/прáздновать feiern 2
óтпуск; *Pl.* отпускá Urlaub 6 A
отсю́да *Adv.* von hier aus 1
оттýда *Adv.* von dort(her), von da 6 Б
óтчество Vatersname 2
óфис Büro 1
óчень sehr 1

П

палáтка 1. Zelt; 2. Verkaufsstand, Marktbude 6 A
пáлец; *Pl.* пáльцы Finger 2
пáльцы ноги́ *Pl., Sg.* пáлец ноги́ Fußzehen 2
пáмять *w.* 1. Gedächtnis; 2. Andenken, Gedenken, Erinnerung; 3. Speicher *(EDV)* 4 A
паниковáть *uv. ugs.* in Panik verfallen 2 B
панк-рóк Punk Rock *(Musikrichtung)* 1
пáпа *m.* Papa, Vati 1
пáпка Hefter, Ordner 1
парáд Parade 1 Б Wt
пáрень *m.; Pl.* пáрни *ugs.* junger **Mann,** Kerl 2
парк Park 1
партнёр(ша) Partner(in) 2 Б
пáспорт, *Pl.* паспортá (Reise)Pass 2 Б Wt
пáспортный Pass- 6 A
пассажи́р Passagier, Fahrgast, Fluggast, Reisender 6 A Wt
Пáсха Ostern 2

па́уза (рекла́мная) (Werbe-, Reklame-) Pause, Unterbrechung 4 Б Wt
пев́ец, певи́ца Sänger(in) 2
пельме́ни *Pl., Sg.* пельме́нь Pelmeni (*typisches russisches Gericht*) 1
пе́ние Gesang 2
первокла́ссник, первокла́ссница Erstklässler(in) 2
переда́ть/передава́ть 1. übergeben, überreichen, überbringen; 2. wiedergeben; 3. mitteilen; 4. übertragen, senden 5 А
переда́ча 1. (Fernseh- oder Rundfunk-)Sendung; 2. Wiedergabe; 3. Übergabe, Übermittlung 4 А
перее́хать/переезжа́ть 1. über etw. fahren, herüberfahren; 2. umziehen, übersiedeln 6 А
переключи́ть/переключа́ть umschalten 4 Б
перелете́ть/перелета́ть über *etw.* fliegen, überfliegen 6 А
переме́на *hier:* Pause (*in der Schule*) 2
перепи́сываться *uv.* in Briefwechsel stehen 2 А
персона́льный тре́нер Personal Trainer 5 Б Wt
персона́льный тре́нинг Personal Training 3 А Wt
перспекти́ва Perspektive 6 В Wt
пе́сенка *ugs.* Liedchen 2
пе́сня; *Pl.* пе́сни Lied 1, 2
петь *uv.* ↗ спеть 2
пешко́м *Adv.* zu Fuß 1
пиани́но *unveränd.* Piano, Klavier 1
пирами́да Pyramide 5 А Wt
пирожки́ *Pl.; Sg.* пирожо́к Piroggen 1
писа́тель(ница) Schriftsteller(in) 2, 2 В
писа́ть ↗ написа́ть
пи́сьменный Schreib- 1
письмо́; *Pl.* пи́сьма Brief 1
пита́ние Ernährung, Kost 5 А
пить *uv.* ↗ попи́ть 1
пи́цца Pizza 1
пла́вание Schwimmen 2
пла́вать *uv. nicht zielger.* schwimmen
поплáвать eine Zeitlang schwimmen 2
плака́т Plakat 4 Б Wt
план Plan 2
плани́ровать *uv.* ↗ заплани́ровать
пла́ны *Pl. hier:* Pläne, Vorhaben 2
плати́ть *uv.* ↗ заплати́ть
плато́к; *Pl.* платки́ Tuch 1
платфо́рма *hier:* Bahnsteig 2
пла́тье Kleid 2
пле́ер (MP3-)Player 1
пло́хо *Adv.*, schlecht 1
Komp. ху́же schlechter 3А
плохо́й schlecht, schlimm 2, 3 А
пло́щадь *w.* Platz 1
плыть *uv. zielger.* schwimmen 2
плюс plus, Plus 1
по *mit Dat.* 1. ~ фи́зике; 2. ~ го́роду 1. *Unterrichtsfach* in; 2. durch, in, entlang 2
по до́му *ugs.* bei der Hausarbeit, im Haushalt 1 А
по *каки́м дням? Präpos. mit Dat. Pl. hier:* jeden *Wochentag (montags, dienstags, … sonntags)* 1 А
по телеви́зору *ugs.* im Fernsehen 1
по-англи́йски *Adv.* englisch, auf Englisch 1
побоя́ться/боя́ться *mit Gen.; auch mit Akk., ugs.* (sich) fürchten, Angst haben 2 В
побы́ть/быть sein, verweilen, *einige Zeit verbringen, sich aufhalten* 2
по-ва́шему *Adv.* Eurer (Ihrer) Meinung (Ansicht) nach 3 В
повезло́ *кому́? mit Dat. ugs. jmd.* hatte Glück 2
по́весть *w.* Erzählung 3 Б
повтори́ть/повторя́ть wiederholen 1
пого́да Wetter 2
погуля́ть/гуля́ть *hier:* (eine Weile) spazieren gehen, bummeln 2, 2
под *mit Akk. hier:* zu *(zum Musikintrument)*; mit *(Musikintrument)*… -begleitung 2
подари́ть/дари́ть schenken 2
пода́рок; *Pl.* пода́рки Geschenk 2
подва́л Keller 1
подгото́виться /гото́виться к *mit Dat.* sich *(auf etwas)* vorbereiten 2
подно́с Tablett 1
подойти́/подходи́ть 1. herantreten, herankommen, sich nähern; 2. passen, sich eignen 5 А
подру́га Freundin 1
подружи́ть/дружи́ть befreundet sein 2 Б
поду́мать/ду́мать nachdenken, sich überlegen 5 А
по́езд; *Pl.* поезда́ Zug 2
пое́здка Reise, Fahrt 2
пое́сть/есть essen 1
пое́хать/е́хать *zielger.* (los)fahren, (hin)fahren 2
пожа́луйста bitte 1
пожа́р Brand 6 Б
пожела́ть/жела́ть *mit Gen.* wünschen 2
поза́втракать/за́втракать frühstücken 1
позвони́ть/звони́ть *кому́? mit Dat.; куда́?* **в, на** *mit Akk.* anrufen 2, 1 В
по́здний, **по́здно** spät 1 В
поздрави́тельный Glückwunsch- 2
поздра́вить/поздравля́ть *кого́? mit Akk. с чем?* **с** *mit Instr.* gratulieren 2
поздравле́ние Gratulation, Glückwunsch 2
позити́вный, позити́вно positiv 5 В Wt
познако́мить/знако́мить bekannt machen, vorstellen 2
познако́миться/знако́миться sich bekannt machen, kennen lernen 2
Познако́мьтесь! Macht euch (machen Sie sich) bekannt! 2
поигра́ть/игра́ть в *mit Akk.*, **на** *mit Präp.* (eine Weile) spielen 2
по-италья́нски *Adv.* italienisch, auf Italienisch 1
пойма́ть/лови́ть 1. fangen, greifen 6 А
пойма́ть/лови́ть ры́бу fischen, angeln 6 А
пойти́/идти́ *zielger.* (los)gehen, hingehen 2
Пока́! *ugs.* Tschüss! Mach's gut! Bis später! 1
показа́ть/пока́зывать zeigen 2
поки́нуть/покида́ть verlassen 4 В
покупа́ть *uv.* ↗ купи́ть 1 В
пол- *mit Ordnungszahl im Gen.* halb *in Verbindung mit der Zeitangabe* 4 А
по́ле; *Pl.* поля́ Feld 5А
поле́зный, поле́зно nützlich, gesund 5 А
полете́ть/лете́ть *zielger.* (hin)fliegen, (los)fliegen 6 А
полёт Flug 6А
поли́тик Politiker(in) 2
поли́тика Politik 4 А
полито́лог Politologe, Politologin 2
по́лка Regal 1
получи́ть/получа́ть 1. erhalten, empfangen, bekommen; 2. bekommen *(Noten in der Schule)* 2; 2
помидо́р Tomate 2 А
помога́ть *uv.* ↗ помо́чь 2
по-мо́ему *Adv.* meiner Meinung nach 1 В
помечта́ть /**мечта́ть** träumen *(seine Gedanken schweifen lassen)* 4 В
помо́чь/помога́ть helfen 2
помы́ть ↗ вы́мыть
понеде́льник; в ~ Montag; am ~ 2
по-неме́цки *Adv.* deutsch, auf Deutsch 1
понима́ть *uv.* ↗ поня́ть
понра́виться/нра́виться gefallen 1
Поня́тно. *ugs.* (Alles) klar. 1
поня́ть/понима́ть verstehen, begreifen 1 Б
пообе́дать/обе́дать zu Mittag essen 1
пообеща́ть/обеща́ть versprechen 2
пообща́ться ↗ **обща́ться**
поп-звёзды *Pl. ugs.; Sg.* поп-звезда́ Popstars 2
попи́ть/пить *mit Akk.* trinken 1
поп- и софт-рок Pop- und Soft-Rock *(Musikrichtung)* 3 А Wt
попко́рн Popcorn 4 В Wt
поп-му́зыка Popmusik 1
по-по́льски *Adv.* polnisch, auf Polnisch 1
попрактикова́ться/практикова́ться sich üben, eine Weile/Zeitlang üben 2 В
попро́бовать/про́бовать 1. kosten, schmecken; 2. versuchen, probieren 1
попроси́ть/проси́ть *mit Gen. oder* **о** *mit Präp.; auch mit Inf.* bitten 1 А
попуга́й *m.; Pl.* попуга́и Papagei 1
популя́рный populär, beliebt 2
популя́рность *w.* Popularität 6 Б Wt
пора́ 2. *mit Inf.* 1. Zeit; 2. es ist Zeit, *etw. zu machen* 6 А

пора́довать/ра́довать erfreuen 5 В
порекомендова́ть/
рекомендова́ть empfehlen 5 А
портре́т Porträt, Bild 2
по-ру́сски *Adv.* russisch, auf Russisch 1
посети́ть/посеща́ть besuchen 2
посла́ть/посыла́ть schicken, senden 6 В
по́сле *mit Gen.* nach 1
по́сле э́того *Adv.* danach, nachher, anschließend 2
после́дний *hier:* der letzte 2
по́слезавтра *Adv.* übermorgen 2
послу́шать/слу́шать *mit Akk.* (sich) anhören, zuhören, hören 2; 1
посмотре́ть/смотре́ть sich etw. ansehen, anschauen 2; 1
посове́товать/сове́товать raten, einen Rat geben 2 Б
посове́товаться/сове́товаться sich beraten 6 А
посте́ль *w.* Bett *(mit Bettzeug)* 1 А
лежа́ть в посте́ли das Bett hüten
по́стер Poster 1
постоя́нно *Adv.* ständig, immer 6 В
постоя́нный 1.ständig, immer, dauernd; 2. fest *(Anstellung)* 6 В
постро́ить/стро́ить bauen, errichten 6 Б
поступи́ть/поступа́ть 2. *куда́?* **в/на** *mit Akk.*
1. handeln, vorgehen;
2. immatrikuliert werden *(einen Studienplatz bekommen, Studium/ Ausbildung beginnen)* 2 А
посу́да Geschirr 1 А
вы́мыть (помы́ть)/мыть посу́ду Geschirr spülen (abwaschen)
посудомо́йка *ugs.* (посудомо́ечная маши́на) Geschirrspüler 1
посыла́ть *uv.* ↗ **посла́ть**
по-тво́ему *Adv.* deiner Meinung (Ansicht) nach 3 А
пото́м *Adv.* dann, danach, anschließend 1
потому́ что *Konj.* weil, da 2
поу́жинать/у́жинать Abendbrot essen, zu Abend essen 2
по-францу́зски *Adv.* französisch, auf Französisch 1
похо́д Wanderung 2
походи́ть/ходи́ть (durch *etw.* eine Zeitlang) bummeln, spazieren gehen, schlendern 2
поцелова́ть/целова́ть küssen 2
почему́? Warum? 2
по́чта Post, Postamt 1
почти́ *Adv.* fast, beinahe 1 А
поэ́тому *Adv.* deshalb, deswegen 2
по-япо́нски *Adv.* japanisch, auf Japanisch 1
прав, права́, пра́во; пра́вы recht haben 3 В
пра́вда *hier:* nicht wahr, stimmt's 2
пра́вило Regel 4 В
пра́вильный, пра́вильно richtig, korrekt 1

пра́здник 1. Fest *(z. B. Sportfest)*; 2. Fest, Feiertag 2
пра́здничный, пра́здничнo festlich, feierlich 2
пра́здновать ↗ отпра́здновать
практикова́ться ↗
попрактикова́ться 2 В
предложи́ть/предлага́ть anbieten, vorschlagen 2, 4А
предме́т 1. Schulfach; 2. Gegenstand 2
предста́вить/представля́ть vorstellen, bekannt machen 5 В
предста́вить себе́/представля́ть себе́ sich *(Dat.) etw.* vorstellen 4 А
президе́нт Präsident(in) 1
прекра́сный, прекра́сно (wunder) schön, herrlich, ausgezeichnet, sehr gut 2, 6 Б
прерва́ть/прерыва́ть unterbrechen, abbrechen 4 А
при *mit Präp. hier:* bei 5 А
приблизи́тельный;
приблизи́тельно etwa, zirka, ungefähr, annähernd 4 А
прибы́ть/прибыва́ть *hier:* ankommen, eintreffen 2
прибы́тие Ankunft 6А
Приве́т! Grüß dich! Hallo! 1
пригласи́ть/приглаша́ть einladen 2
приглаше́ние Einladung 2
пригото́вить/гото́вить
1. (vor)bereiten, zurechtmachen;
2. kochen, zubereiten 1 А
приезжа́ть *uv. nicht zielger.* ↗
прие́хать 2 А
приём 1. Empfang; Aufnahme; 2. Sprechstunde; 3. Einnehmen *(Arzneimittel)* 3 А
приёмная (ко́мната) 1. Wartezimmer; 2. Sprechzimmer 1 А
прие́хать/приезжа́ть (an)kommen, anreisen 2, 2А
приз, *Pl.* призы́ Preis *(für einen Sieg in einem Wettbewerb)* 2
призово́й Preis- 2
прийти́/приходи́ть (an)kommen, eintreffen 2
приключе́ние Abenteuer 6 Б
приле́жный; приле́жно fleißig 3 А
прилете́ть/прилета́ть ankommen *(mit einem Flugzeug)*, angeflogen kommen 6 А
приме́рный, приме́рно ungefähr, etwa, annähernd 4 А
принести́/приноси́ть (с собо́й) (mit) bringen 2
при́нтер Drucker, Printer 4 А Wt
приня́ть/принима́ть 1. Sprechstunden haben, empfangen; 2. einnehmen *(Arzneimittel)* 1 А
приро́да Natur 2 А
приходи́ть ↗ прийти́
прихо́жая *Subst.* Flur, Diele 1
прия́тный, прия́тно angenehm 2
Прия́тного аппети́та! Guten Appetit! 1
пробле́ма Problem 2
про́бовать ↗ попро́бовать

провести́/проводи́ть 1. verbringen; 2. durchführen; 3. begleiten, bringen *(bis zu …)* 2, 4 Б
проводи́ть ↗ провести́
проводни́к, *Pl.* проводники́,
проводни́ца *hier:* Zugbegleiter(in) 2
програ́мма Programm 2
программи́ст Programmierer(in) 2
продаве́ц; продавщи́ца; *Pl.* продавцы́ Verkäufer(in) 1
проду́кты *Pl.* Lebensmittel 1 А
сходи́ть/ходи́ть за проду́ктами Lebensmittel einkaufen
продю́сер (Film-)Produzent(in), TV-Producer(in) 3 Б Wt
прое́кт Projekt 3 А Wt
прое́хать/проезжа́ть 1. durchfahren, zurücklegen, überqueren; 2. vorbeifahren, verpassen *(eine Haltestelle, Station)* 6 А
прожива́ние Unterbringung, Wohnsituation 6А
проигнори́ровать/игнори́ровать ignorieren 1 В Wt
произойти́/происходи́ть
1. vor sich gehen, passieren, geschehen, stattfinden;
2. (ab)stammen, zurückgehen 2 А
проинтерпрети́ровать/ интерпрети́ровать interpretieren 3 В Wt
проинформи́ровать/
информи́ровать informieren, benachrichtigen 4 А
пройти́/проходи́ть 1. hereinkommen, durchgehen, näher kommen; 2. durchqueren, passieren; 3. vergehen *(Zeit)*; 4. verlaufen, stattfinden; 5. *(Lehrstoff)* behandeln, durchnehmen 1 А
прописа́ть/пропи́сывать
1. verschreiben, verordnen;
2. *jmdn. (behördlich, polizeilich)* anmelden 1 А
прорекламиро́вать/
рекламиро́вать werben, Reklame machen 4 А
проси́ть *uv.* ↗ попроси́ть
проспе́кт 1. Avenue *(breite, gerade Straße)*; 2. (Reise-) Prospekt 6 А, 1
просто́й, про́сто einfach 1
про́сьба Bitte 2
про́тив *hier:* dagegen 2
профессиона́льный;
профессиона́льно professionell, berufsmäßig 2 А
профе́ссия Beruf 2
профе́ссор; *Pl.* профессора́ Professor(in) 1
проце́нт Prozent 4 А Wt
прочита́ть/чита́ть lesen 2, 1
почита́ть eine Weile/Zeitlang lesen
пруд; в, на пруду́; *Pl.* пруды́ Teich; im ~ 2 А
пря́мо *Adv.* gerade; geradeaus 1
психоло́гия Psychologie 4 В Wt
пти́ца 1. Vogel; 2. *Sg.* Geflügel 5 А
путёвка *(gebuchte)* Reise, Pauschalreise, Reisecheck 6 В

путеше́ствие Reise 2
путеше́ствовать *uv.* по *mit Dat.* reisen 2
попутеше́ствовать *v.* eine Zeitlang reisen
пюре́ *unveränd.* Püree, Brei 1
пятёрка *ugs.* Fünf 2
пя́тница; **в** пя́тницу Freitag; am ~ 2

Р

рабо́та 1. Arbeit, Werk; 2. Arbeit *(Tätigkeit)* 2
рабо́тать *uv.* arbeiten 2
порабо́тать *v.* eine Weile arbeiten
рад, ра́да, ра́до; ра́ды froh, erfreut 2 В
ра́дио *unveränd.* Radio 1
радиослу́шатель(ница); *Pl.* радиослу́шатели Radiohörer(in) Rundfunkhörer 2, 5 Б
ра́довать ↗ обра́довать, пора́довать 6 В
ра́дость *w.* Freude 2
раз *hier:* Mal, mal 2
ра́зве denn, etwa 2
развлека́ть ↗ развле́чь
развле́чь/развлека́ть *mit Instr.* unterhalten, amüsieren 4 А
разгова́ривать *uv.* sich unterhalten, sprechen 2
разгово́р Gespräch 2
раздели́ть/разделя́ть 1. teilen *(Meinung)*; 2. einteilen, aufteilen, verteilen; 3. trennen; 4. dividieren 4 В
разли́чие Unterschied 3 А
ра́зный verschieden 2
разреши́ть/разреша́ть *hier:* erlauben, gestatten 2
раке́тка Tennisschläger 5 А
ра́мка Rahmen 6 В Wt
расписа́ние 1. Fahrplan; 2. Stundenplan 2
распрода́жа Ausverkauf, Sonderangebot, Preisaktion 5 А
рассказа́ть/расска́зывать о *mit Präp.* erzählen 2, 1 Б
расти́ *uv.* ↗ вы́расти
реализова́ть *uv. und v.* realisieren, verwirklichen 3 В Wt
реа́льность *w.* Realität, Wirklichkeit 4 В
реа́льный, реа́льно real, reell, wirklich 2, 3 В Wt
ребёнок *Sg.* ↗ де́ти 1 А, 6 В
ребя́та *Pl. ugs.* 1. Kinder, Jugendliche; 2. *wird auch in der Anrede Jugendlicher untereinander im Sinne von „Leute" verwendet* 1
регио́н Region 2
регистра́тор (медици́нский) Mitarbeiter(in) der Patientenaufnahme 1 А
регистрату́ра Anmeldung *(in mediz. Einrichtung)*, Patientenaufnahme 1 А
регистра́ция *hier:* Abfertigung *(im Flughafen)* 2
регуля́рный, **регуля́рно** regelmäßig 4 А
реда́кция Redaktion 1 А Wt
реди́с Radieschen 2 А
ре́дкий, **ре́дко** selten 4 В
режиссёр Regisseur(in) 3 Б Wt
результа́т Resulat, Ergebnis 2
река́; *Pl.* ре́ки Fluss 1
рекла́ма Reklame, Werbung 4 А
реклами́ровать *uv.* ↗ прореклами́ровать
рекла́мный Werbe-, Reklame- 4 Б
рекла́мные ро́лики Reklame, Werbespots 4 Б Wt
релакса́ция Entspannung, Relaxation 3 А Wt
рели́гия Religion 2
ремо́нт *hier:* Renovierung 2
репорта́ж Reportage 5 Б Wt
реставра́тор Restaurator(in) 2
рестора́н Restaurant, Gaststätte 1
реце́пт Rezept 1 А Wt
реши́тельный *hier:* entschlossen 2
реши́ть/реша́ть entscheiden, Aufgabe lösen 4 В
рис Reis 1
рисова́ть ↗ нарисова́ть
рису́нок; *Pl.* рису́нки *hier:* Zeichnung, Bild 1
ро́вно genau, Punkt (…Uhr) 1
роди́тели *Pl.* Eltern 1
роди́ться/рожда́ться geboren werden 2
родно́й Heimat-, heimatlich 1
ро́дственники *Pl.* Verwandte 2
Рождество́ Weihnachten 2
рожде́ственский Weihnachts-
ро́за Rose 2 А Wt
ро́зовый rosa 2
ро́кер(ша) *ugs.* Rocker(in) 2
рок-му́зыка Rockmusik 1
ро́лики *Pl. ugs.* Rollschuhe, Inliner 1
роль *w.* Rolle 1 Б
сыгра́ть/игра́ть роль eine ~ spielen
рома́нтика Romantik 2
росси́йский russisch *(bezogen auf den Staat und die Wirtschaft)* 2
Росси́я Russland 1
россия́нин *Pl.* **россия́не**, *Gen. Pl.* **россия́н** Russe *(russischer Staatsbürger)* 5 В
рот; *Pl.* рты Mund 2
руба́шка Herren(ober)hemd 2
рубль *m.; Pl.* рубли́ Rubel 1
рука́; *Pl.* ру́ки Hand/Arm 2
руководи́тель(ница) Leiter(in) 2
ру́сский *Adj. und Subst.* Russisch, Russe 1
ру́чка Kugelschreiber, Füller 1
ры́ба Fisch 1
рэп Rap *(Musikrichtung)* 1
рэ́пер(ша) *ugs.* Rapper(in) 2
рюкза́к; *Pl.* рюкзаки́ Rucksack 1
ря́дом с *mit Instr.* neben, nebenan, in der Nähe 2 А

С

с 1. ~ бра́том; 2. ~ пя́того кла́сса; 3. ~ семи́ до восьми́ 1. *mit Instr.* mit; 2. *mit Gen.* ab, seit; 3. von … (bis *Uhr*) 1; 2; 4 А
с друго́й стороны́ andererseits 3 В
с кем? mit wem? 1
с одно́й стороны́, … einerseits 3 В
С удово́льствием! Mit Vergnügen! Gern. 1
сад; в саду́; *Pl.* сады́ *(Obst)*Garten 2 А
сайкл *ugs.* Fahrrad 5 Б Wt
сала́т Salat 1
сало́н (Schönheits-, Kosmetik-)Salon 3 А Wt
салфе́тка Serviette 2
салю́т Salut, Ehrensalve 1 Б Wt
самова́р Samowar 1
самолёт Flugzeug 2
самореализа́ция Selbstverwirklichung 5В Wt
самочу́вствие Befinden 5 Б
са́мый *mit Adj.* zur Bildung des Superlativs 3 А
са́уна Sauna 3 А Wt
све́жий, свежо́ 1. frisch *(von Lebensmitteln)*; 2. frisch, kühl; 3. aktuell, neu, neueste *(Nachricht, Zeitung u. Ä.)* 5 А
свёкла Rübe 2А
свети́ть *uv. hier:* scheinen, strahlen 2
све́тлый, светло́ *hier:* hell 2
сви́тер Pullover 2
свобо́да Freiheit 3 В
свобо́дный frei, Frei-, verfügbar *(Zeit)* 2
свой *Pron., auch Subst. ugs.* 1. mein(e), dein(e), sein(e), ihr(e), unser(e), euer(e), Ihr(e) eigen(e) 3 А
свято́й *Adj. und Subst.* heilig, Heiliger 2
сде́лать/де́лать machen, tun 1, 2
себя́ *Pron.* sich, mich, dich, uns, euch, Sie 2 В
се́вер; на се́вере Norden; im ~ 1
сего́дня *Adv.* heute 1
сейча́с *Adv.* jetzt 1
семе́йный Familien- 1 А
семикла́ссник, семикла́ссница Siebtklässler(in) 2
семья́, *Pl.* се́мьи Familie 1
сентя́брь *m.* September 2
се́рвер Server 4 А Wt
сериа́л Fernsehserie, Serie 4 А
се́рый grau 2
Серьёзно? *ugs.* Ernsthaft? Wirklich? Echt? 1
серьёзный, **серьёзно** ernst, ernsthaft 5 А
сестра́; *Pl.* сёстры Schwester 1
сиби́рский sibirisch 6 Б Wt
Сиби́рь *w.* Sibirien 2
сигаре́та Zigarette 3 В Wt
сиде́ть в Интерне́те, в ча́те *ugs.* im Internet sein, surfen, im Chat sein, chatten *(ugs.)* 1
си́ла Kraft, Gewalt, Macht 5 Б
си́льный; си́льно stark, kräftig, heftig 2, 1 А
симпати́чный, симпати́чно sympathisch 2
си́ний blau, dunkelblau 2
синхро́нное пла́вание Synchronschwimmen 5 А Wt
си́ти-фи́тнес City-Fitness 3 А Wt

Скажи(те)! Sage … (Sagen Sie …, sagt …) 1
сказа́ть/говори́ть sagen, mitteilen, sprechen 2/1
ска́зка Märchen 2
скача́ть/скА́чивать *ugs.* herunterladen, downloaden 4А
скейтбо́рд Skateboard 1
ско́лько? Wie viel? 1
Ско́лько бу́дет …? Wie viel sind …? 1
Ско́лько (сейча́с) вре́мени? Wie spät ist es? 1
Ско́лько тебе́ лет? Wie alt bist du? 1
ско́ро bald, demnächst 2
ско́рый 1. schnell, Schnell-, rasch; 2. baldig 2
скри́пка Geige 1
скро́мный, скро́мно bescheiden, zurückhaltend 2
ску́чный, ску́чно langweilig 2, 1
сла́бый, сла́бо schwach 2
сла́ва бо́гу Gott sei Dank 6Б
сла́дости *Pl., Sg.* сла́дость *w.* Süßigkeiten, Süßes 5А
слайд Folie, Dia 3В Wt
следи́ть *uv.* **за** *mit Instr.* 1. verfolgen; 2. beobachten, aufpassen; 3. sorgen, achtgeben 5Б
сле́дующий folgend(er), nächst(er) 5В
сли́ва Pflaume 2А
сли́шком *Adv., ugs.* zu, zu viel 2А
слова́рь *m.; Pl.* словари́ Wörterbuch 2В
сло́во; *Pl.* слова́ Wort, Vokabel 2
(одни́м) **сло́вом** kurzum, mit einem Wort 3В
сло́ган (Werbe)Slogan 4Б Wt
слот Slot 4А Wt
слу́шать *uv.* ↗ послу́шать
слы́шать *uv.* ↗ услы́шать
смея́ться *uv.* lachen 1А, 2
СМИ *Pl., unveränd.* Massenmedien 4А
смотре́ть *uv.* ↗ посмотре́ть
смочь/мочь können *(imstande sein)* 2, 2А
снача́ла *Adv.* zuerst, zunächst 1
снег; идёт ~ Schnee; es schneit 2
Снегу́рочка Schneemädchen, Schneeflöckchen 2
сно́уборд Snowboard 2
соба́ка Hund; @ 1
соба́чка *ugs.* Hündchen; @ 2
собира́ть *uv.* ↗ собра́ть
собира́ться *uv.* ↗ собра́ться
собо́р Dom, Kathedrale 1
собра́ть/собира́ть sammeln, packen 2, 2В
собра́ться/собира́ться 1. sich versammeln, zusammenkommen; 2. sich häufen, sich ansammeln; 3. sich fertigmachen; 4. *mit Inf.* beabsichtigen, wollen 5Б
со́бственный eigen, Eigen- (heim) 1
соверше́нно vollkommen, völlig 1В
соверше́нный 1. vollkommen; 2. vollendeter *(Aspekt)* 1В
сове́т Rat, Ratschlag 5А
сове́товать *uv.* ↗ посове́товать
сове́товаться *uv.* ↗ посове́товаться
совреме́нный, совреме́нно modern 2
согла́сен, согла́сна, согла́сно; согла́сны einverstanden 2
согла́сие Zustimmung, Einverständnis 4В
согласи́ться/соглаша́ться с *mit Instr.* einverstanden sein, zustimmen 4В
соедини́ть/соединя́ть vereinen, verbinden 6Б
сок Saft 1
со́лнце Sonne 2
соля́нка Soljanka 1
соля́рий Solarium, Sonnenstudio 3А Wt
соревнова́ние *hier:* Wettkampf, Wettspiel 2
сосе́д(ка) Nachbar(in) 2
сосе́дний Nachbar- 2
соси́ски *Pl.; Sg.* соси́ска Würstchen 1
состоя́ться *v.* stattfinden, erfolgen 5А
социа́льный sozial 3В Wt
социа́льная компете́нтность soziale Kompetenz
спаге́тти *Pl. unveränd.* Spaghetti 1
спа́льный Schlaf- 2
спа́льня Schlafzimmer 1
спаси́бо *unveränd., auch als Subst.* danke; Dank 1; 2
спать *v.* schlafen
поспа́ть *uv.* (etwas, ein wenig) schlafen 1А
спеть/петь singen 2
специали́ст Fachmann, Fachfrau, Spezialist(in) 1В Wt
специа́льно speziell, eigens 1В Wt
спецкорреспонде́нт Sonderkorrespondent 6В Wt
спина́; *Pl.* спи́ны Rücken 2
споко́йный, **споко́йно** ruhig, still 6А
спорт Sport 1, 2
спо́ртза́л Sporthalle, Turnhalle 1
спорти́вный Sport-, sportlich 2
спорти́вные кружки́ *Pl.; Sg.* спорти́вный кружо́к Sport-AGs 2
спо́ртко́мплекс Sportkomplex 5Б Wt
спортклу́б Sportklub 5Б Wt
спортплоща́дка Sportplatz 2
спортсме́н(ка) Sportler(in) 2
справедли́вый, **справедли́во** gerecht, berechtigt 1А
спра́виться/справля́ться с *mit Instr.* bewältigen, meistern, zurechtkommen, schaffen 1Б
спроси́ть/спра́шивать о *mit Präp.* fragen 3В
среда́; **в** сре́ду *hier:* Mittwoch; am ~ 2
сре́дний *hier:* Mittel- *(entspricht im deutschen Schulwesen:* Ober-*)* 2
сре́дство Mittel 4А
стадио́н Stadion 1
стака́н Trinkglas 2
станда́ртные та́нцы *Pl.* Standardtänze 2
станцева́ть/танцева́ть tanzen 1
ста́нция Station 1
старт Start 1
ста́рый, *Komp.* **ста́рше** alt 1, 3А
стать *v. mit Instr. hier:* werden *(zu jmdm.)* 2
стена́; *Pl.* сте́ны Wand 2
сте́нка *ugs.* Schrankwand 1
степ-аэро́бика Step-Aerobic 5Б Wt
стереоаппарату́ра Stereoanlage 1
стили́ст Stylist(in) 2
стиль *m.* Stil 2Б Wt
сти́льный, сти́льно stilvoll 5Б Wt
стимули́ровать *uv. und v.* stimulieren, anregen 4Б Wt
стира́льная маши́на Waschmaschine 1
сто́ить *uv. hier:* kosten *(von Preis)* 1
стол; *Pl.* столы́ Tisch 1
сто́лик *ugs.* kleiner Tisch 1
столи́ца Hauptstadt 2
столо́вая *Subst.* Esszimmer 1
стомато́лог Stomatologe, Zahnarzt, Zahnärztin 2
сторо́на Seite 3В
стоя́нка такси́ Taxistand 1
стоя́ть *uv.* stehen 2
постоя́ть *v.* eine Weile/Zeitlang stehen
стоя́чий Steh-, stehend… 2
страна́; *Pl.* стра́ны Land *(Staat)* 2
страни́ца *hier:* Seite *(im Buch, Heft, Internet …)* 2
стресс Stress 4В Wt
стритбо́л Streetball 1
стро́гий, стро́го streng 4В
стро́ить *uv.* ↗ **постро́ить**
студе́нт(ка) Student(in) 1
сту́дия Atelier, Werkstatt 2
стул; *Pl.* сту́лья Stuhl 1
суббо́та; **в** суббо́ту Samstag; am ~ 2
субтропи́ческий subtropisch 6А Wt
субъе́кт Subjekt 1
сувени́р Souvenir 1
суме́ть/уме́ть können *(eine Fähigkeit besitzen, etwas beherrschen)* 2
су́мка Tasche 1
суп; *Pl.* супы́ Suppe 1
Су́пер! *ugs.* Super! 1
суперма́ркет Supermarkt 1
су́тки *nur Pl.* Tag und Nacht, 24 Stunden 6Б
сфотографи́ровать/фотографи́ровать fotografieren 1
сцена́рий Drehbuch, Szenarium 3Б Wt
сча́стье Glück 2
счита́ть *mit Instr.* denken, halten 1А
сыгра́ть/игра́ть в *mit Akk.* / **на** *mit Präp.* spielen 1
поигра́ть eine Weile ~
сыгра́ть/игра́ть *uv.* **в ка́рты** Karten spielen 1
поигра́ть ~ eine Weile ~
сын; *Pl.* сыновья́ Sohn 3А
(я) **сыт** (сыта́ *w.*) Ich bin satt. 1
сэконо́мить/эконо́мить *mit Akk. oder* **на** *mit Präp.* (ein)sparen 5Б
сюда́ *Adv.* hierher 2А
сюрпри́з Überraschung 2

Т

таблúца Tabelle 5 B Wt
табурéт(ка) Hocker 1
тайгá Taiga 6 A Wt
так so 2
тáкже ebenfalls, auch 3 A
такóй solcher, so(lch) ein 2
такóй же ebensolcher, gleich 3 A
таксú *s., unveränd.* Taxi 1
такт Takt 1
талáнт Talent, Begabung 3 B Wt
талáнтливый talentiert, begabt 2
талóн 1. Talon (Bestellschein, Bestellzettel (*für einen Arztbesuch*) 1 A
там *Adv.* dort 1
тамóженный Zoll- 6 A
тамóжня Zoll
танцевáльный Tanz- 2
~ ансáмбль Tanzensemble
~ клуб Tanzklub
танцевáть *uv.* ↗ **станцевáть**
тарéлка Teller 2
твой *Poss.* dein 1
теáтр Theater 1
театрáльная стýдия Theaterstudio 2
тéзис These 5 B Wt
текстмáркер (Text)Marker 1
телебáшня Fernsehturm 1
телевúдение Fernsehen 4 A
телевúзор Fernseher 1
телезрúтель(ница) Fernsehzuschauer(in) 4 B
телекáмера Fernsehkamera 4 Б Wt
телеканáл Fernsehkanal, TV-Kanal, Fernsehsender 4 A Wt
телекомпáния Fernsehgesellschaft, Sendeanstalt 4 B Wt
телемáния Fernsehsucht 3 B Wt
телепрогрáмма Fernsehprogramm, TV-Programm 4 A Wt
телепроéкт Fernsehprojekt, TV-Projekt 4 B Wt
телефóн Telefon 1
телефономáния *ugs.* Telefonitis *ugs.* 3 B Wt
телешóу *s., unveränd.* Fernsehshow, TV-Show 4 B Wt
тéма Thema 1
тёмный, темнó dunkel, finster 2 A
темперáментный temperamentvoll 2
температýра 1. (Luft)Temperatur; 2. Fieber, Temperatur 2, 1 A
тендéнция Tendenz, Trend 4 A
тéннис Tennis 1
тéннисный Tennis- 5 Б
тёплый, теплó warm 2
термáльный Thermal- 6 Б Wt
терминáл Terminal (*im Flughafen*) 2
террáса Terrasse 1
тетрáдь *w.* Heft 1
тётя Tante 1
тéхника Technik 1
тéхно *unveränd.* Techno (*Musikrichtung*) 2
технóлог Technologe, Technologin 2
тигр Tiger 1
тинéйджер *ugs.* Teenager 3 A Wt
тип (Schul-)Typ 2
тúхий, **тúхо** still, ruhig 2A
то *Konj.* so, dann 2 A
товáр Ware, Artikel 4 Б
тóже auch, ebenfalls, gleichfalls 1
ток-шóу Talkshow 4 B Wt
толерáнтный, толерáнтно tolerant 3 Б Wt
тóлько nur 1
торт Torte 1
тот, та, то; те der, die, das; die; jener, jene(s) 2 A
тóчка Punkt (*Satzzeichen*) 2
тóчный, тóчно *hier:* genau, exakt 2
традúция Tradition 1 Б
трактoрúст Traktorist 2 A Wt
трамвáй *Pl.* трамвáи Straßenbahn 1
трáнспорт Transport, Verkehr 6 A Wt
Транссúб Transsib 6 Б
транссибúрский transsibirisch 6 Б
тренажёрные зáлы Trainingsräume 5 Б Wt
трéнер Trainer(in) 1
тренировáться *uv.* trainieren 2
потренировáться *v.* ein wenig, eine Zeitlang trainieren
тренирóвка Training, Übung 5 A
Третьякóвская галерéя
Третьякóвка *ugs.* Tretjakow-Galerie 1
трибýна Tribüne 5 A Wt
трилóгия Trilogie 3 Б Wt
Трóица (*прáздник*) Pfingsten 2
трóйка *ugs.* Drei 2
троллéйбус Obus 1
трубá; *Pl.* трýбы Trompete 1
трýдный, трýдно schwer, schwierig, kompliziert 1 B
туалéт Toilette, WC 1
тудá *Adv.* dorthin 1
туннéль *m.* Tunnel 6 Б
тур *hier:* Tour, Reise 2
турагéнтство (туристúческое агéнтство) Reiseagentur, Reisebüro 6 A
турбáза *ugs.* (турúстская бáза) Touristenherberge 2
турбюрó *unveränd. ugs.* Reisebüro 2
турúст(ка) Tourist(in) 1
туристúческий Touristen-, touristisch 2
туроперáтор Reisefachmann, Reisefachfrau, Reiseveranstalter(in) 6 A
ты du 1
тюльпáн Tulpe 2 A Wt
тюнер Tuner 4 A Wt
тяжёлый schwer, schwerfällig 6 Б

У

у *когó? mit Gen.* 1. *jmd.* hat etw. oder *jmdn.*; 1
1. ~ меня́ есть собáка. 2. bei … (sein) 1
2. Мы бы́ли ~ бáбушки.
убрáть/убирáть aufräumen 2
увúдеть/вúдеть sehen, erblicken 2, 3 A
увлечéние 1. Hobby, Interesse; 2. Begeisterung, Leidenschaft 3 A
удáрный *hier:* Schlag- 2
удáча Erfolg, Glück, Gelingen 2
удовóльствие Vergnügen, Gefallen 4 B
уéхать/уезжáть wegfahren, fortfahren, verreisen 6 A
ужé *Adv.* schon, bereits 1
ýжин Abendbrot 1
ýжинать *uv.* ↗ поýжинать
узнáть/узнавáть *hier:* erfahren, wiedererkennen 2, 6 A
уик-энд *ugs.* Weekend 2 Б Wt
уйтú/уходúть weggehen 6 A
ýлица Straße 1
умéть *uv.* ↗ сумéть 2
универмáг (универсáльный магазúн) Warenhaus, Kaufhaus 2
университéт Universität 1
уникáльный einzigartig, einmalig 2
упражнéние Übung 5 A
Урá! Hurra! 2
урóк 1. Unterrichtseinheit (*im Lehrbuch*); 2. Unterrichtsstunde; 3. Hausaufgabe 1, 2
услýги *Pl.* Dienstleistungen 5 Б
услы́шать/слы́шать hören, akustisch wahrnehmen 4 Б
успéх *hier:* Erfolg, Gelingen 2
устáть/уставáть müde werden, ermüden 2
ýтром *Adv.* am Morgen, morgens 1
ýхо; *Pl.* ýши Ohr 2
уходúть ↗ уйтú
учáствовать *uv.* **в** *mit Präp.* teilnehmen 2
учáстие в *mit Präp.* Teilnahme, Mitwirkung 4 B
учáстник *m.*, **учáстница** *w.* Teilnehmer(in) 4 B
учёба Ausbildung, Lehre, Studium, Lernen, Schule 2
учéбник Schulbuch, Lehrbuch 2 B
ученúк, ученúца Schüler(in) 1
учúлище, *Nom. Pl. und Gen. Sg.* учúлища Berufs-, Fachschule 2 A
учúтель(ница) Lehrer(in) 2
учúть ↗ вы́учить
учúться *uv.* lernen, studieren (*eine Lehre oder Ausbildung machen*) 2
ую́тный, ую́тно gemütlich 1, 2

Ф

фабрикáнт *hier:* Teilnehmer des TV-Projekts «Фáбрика звёзд» 4 B Wt
факт Fakt, Tatsache 1, 2
фамúлия Familien-, Zu-, Nachname 1
фанатúзм Fanatismus 1 B Wt
фáнта Fanta 1
фантáзия Phantasie 4 B Wt
феврáль *m.* Februar 2
фейервéрк Feuerwerk 2
фестивáль *m.* Festival 1
фигýра Figur, Gestalt, Statur 3 A Wt
фигýрное катáние Eiskunstlauf 2
фúзик Physiker(in) 2
фúзика Physik 2
физиóлог Physiologe, Physiologin 2
физкультýра *hier:* Sport (*Schulfach*) 2
фиксúровать *uv.* ↗ зафиксúровать fixieren, festhalten 4 B Wt

фильм Film 4 A
фиоле́товый violett 2
фи́рма Firma 1
фи́тнес Fitness 5 A Wt
фи́тнес-бар Fitnessbar 3 A Wt
фи́тнес-клуб Fitnessclub, Fitnessstudio 3 A Wt
фи́тнес-центр Fitnesscenter 5 Б Wt
фле́йта Flöte 1
флеш-ро́лик *und* флэш-ро́лик Flash-Clip, Flash-Spot 2 Б Wt
флиртова́ть *uv.* flirten пофлиртова́ть eine Weile/Zeitlang flirten 3 Б
флома́стер Filzstift 1
фолькло́р Folklore 2
фолькло́рный Folklore- фолькло́рная програ́мма Folkloreprogramm 2 Б Wt
фонта́н Fontäne, Springbrunnen 2
фо́тка *ugs.* Foto, Bild 2
фотографи́ровать *uv.* ↗ сфотографи́ровать
фотогра́фия Fotografie, Foto, Bild 2
францу́зский französisch 2
фру́кты *Pl.; Sg.* фрукт Früchte, Obst 1
футбо́л Fußball(spiel) 1
футболи́ст(ка) Fußballspieler(in) 3 A Wt
футбо́лка T-Shirt 2
футбо́льный Fußball- 2
фэ́нтези *s., unveränd.* Fantasy 1

Х

ха́кер *ugs.* Hacker 4 A Wt
хара́ктер Charakter 1 B Wt
хард-ро́к Hard Rock *(Musikrichtung)* 1
(хе́ви-)ме́тал *unveränd.* Heavy Metal *(Musikrichtung)* 1
хи́мик Chemiker(in) 2
хи́мия Chemie 2
хип-хо́п Hip Hop *(Musikrichtung)* 1
хит; *Pl.* хиты́ Hit 1 B Wt
хлеб Brot 1
хо́бби *s., unveränd.* Hobby 1
ходи́ть ↗ походи́ть
ходи́ть в *чём? ugs.* tragen, anhaben *(ein Kleidungsstück)* 2
хокке́й *m.* (Eis-)Hockey 1
холоди́льник Kühlschrank 1
холо́дный, хо́лодно kalt 2
хомя́к; *Pl.* хомяки́ Hamster 1
хор; *Pl.* хоры́ Chor 2
хореогра́фия Choreografie 4 B Wt
хоро́шее *Subst.* das Gute 2
хоро́ший, хорошо́ gut 1, 2 *Komp./Sup.* лу́чший besser, der beste 3A
хоте́ть *v. mit Inf.* wollen, mögen 1
хотя́ *Konj.* obwohl, wenn auch, zwar 2 A
худо́жественный Kunst-, Spiel-, schöngeistig 4 B
ху́же *Komp.* ↗ пло́хо 3 A

Ц

цвет; *Pl.* цвета́ Farbe, Farbton 2
цветна́я капу́ста Blumenkohl 2 A
цветы́ *Pl.; Sg.* цвето́к Blumen, Grünpflanzen 1
целова́ть *uv.* ↗ поцелова́ть
цель *w.; Pl.* це́ли Ziel, Absicht 3 B
цена́; *Pl.* це́ны Preis *(Handel)* 4 A
цент Cent 1
центр Zentrum, (Stadt-)Mitte 1
центра́льный zentral, Zentral- 1
цепо́чка *hier:* (Schmuck)Halskette 2
церко́вный Kirchen-, kirchlich 2
цирк Zirkus 1

Ч

чай *m.* Tee 1
час; 1, 21 … час; 2 … 4 … часа́, 5 … 20 … часо́в; *Pl.* часы́ Stunde, Uhr 1
части́чно zum Teil, teilweise 4 B
части́чный Teil-, partiell 4 B
ча́сто *Adv.* oft, häufig 1
ча́стый *hier:* häufig 1
часть *w.* Teil 2
чат Chat 2
ча́шка Tasse 2
ча́ще всего́ *Adv.* am häufigsten, meistens 3 A
чей *Pron.* wessen 1 A
челове́к; *Pl.* лю́ди Mensch 2
чем *Konj. hier:* als 3 A
чемода́н Koffer 2 B
чемпио́н(ка) Champion 1
черда́к; *Pl.* чердаки́ Dachboden 1
черепа́ха Schildkröte 1
чёрный schwarz 2
че́стный, че́стно ehrlich 3 Б
четве́рг; **в ~** Donnerstag; am ~ 2
че́тверть *w.* ein Viertel 2
четвёрка *ugs.* Vier 2
число́ *ugs. hier:* Datum 2
чи́стый, чи́сто *hier:* sauber 2
чита́льный Lese- 2
чита́тель(ница) Leser(in) 2
чита́ть *uv.* ↗ прочита́ть
что 1. was; 2. dass 1, 2
Что с тобо́й? Was hast du? 1 A
что́-нибудь *Pron.* irgendwas 6 A
чу́вствовать себя́ *uv.* sich fühlen 2
чудеса́ *Pl.; Sg.* чу́до Wunder 6 Б
чуде́сный, чуде́сно wunderbar 2
чуть не *mit v. Verb im Prät.* fast, beinahe *mit konjugiertem Verb* 2
чуть-чу́ть *ugs.* ein bisschen 2

Ш

шампа́нское Champagner, Sekt 2
ша́пка Pelzmütze 1
ша́хматы *nur Pl.* Schach 1
ша́шки *nur Pl.* Damenspiel 2
шестёрка *ugs.* Sechs 2
шеф Chef 1
ше́я Hals 2
шика́рный, шика́рно *ugs.* schick, fein, elegant 6 Б
широ́кий, широко́ breit, weit 2 A
шкату́лка Schatulle, Lackdose *(Schmuckkästchen)* 1
шкаф *Pl.* шкафы́; в, на шкафу́ Schrank 1
шко́ла Schule 1
шко́льник, шко́льница Schüler(in) 2
шко́льный Schul-; 2
~ анса́мбль Schulensemble
~ пра́здник Schulfest
шля́гер Schlager 2
шокола́д Schokolade 1
шо́рох Geräusch 6 B
шо́у *s., unveränd.* Show 5 B Wt
шо́у-би́знес Show-Business 4 B Wt
шу́мный, **шу́мно** viel Lärm, laut 2 A

Щ

щётка Bürste 1
щи *nur Pl.* Schtschi *(Weißkohl- oder Sauerampfersuppe)* 1

Э

эквивале́нт Äquivalent, Entsprechung 6 A Wt
экономи́ст Betriebswirt(in) 2
эконо́мить ↗ сэконо́мить
эксклюзи́вный exklusiv 5 Б Wt
экску́рсия Exkursion 2
экспериме́нт Experiment, Versuch 2
э́кспорт Export, Ausfuhr 1
экспре́сс Expresszug 2
экстрема́льный, экстрема́льно extrem 5 A Wt 6 Б Wt
э́кшен *unveränd. ugs.* Actionfilm 4 B Wt
эле́ктрик Elektriker 2
электри́чка *ugs.* Elektritschka *(elektrisch betriebener Vorortzug)* 2
электрогита́ра E-Gitarre 2
электро́нный а́дрес; *Pl.* электро́нные адреса́ E-Mail-Adresse 2
электроплита́; *Pl.* электропли́ты Elektroherd 1
эли́тный Elite- 5 Б Wt
эмо́ция Emotion 5 A Wt
энерге́тик Energetiker 2
эта́ж; *Pl.* этажи́ Etage, Stock 1
э́тика Ethik 2
э́то das (ist, sind) 1
э́тот, э́та, э́то; э́ти *Pron.* dieser 1
эффекти́вный, эффекти́вно effektiv, effizient, wirksam 4 Б

Ю

ю́бка Rock *(Kleidungsstück)* 2
юг; на ю́ге Süden; im ~ 1
ю́зер User 4 A Wt
ю́ноша *m.* Junge, junger Mann 4 Б
юри́ст Jurist(in) 2

Я

я ich 1
Я бо́льше не могу́! Ich kann nicht mehr. 1
я́блоко Apfel 2A
язы́к, *Pl.* языки́ 1. Sprache; 2. Zunge 2, 1A
яйцо́; *Pl.* я́йца, *Gen.* яиц Ei 2, 5A
янва́рь *m.* Januar 2
я́рмарка Jahrmarkt, Messe 2
я́сный, **я́сно** 1. klar, heiter; 2. deutlich, verständlich 3 B

Немецко-русский алфавитный словарь

A

@ собáка, собáчка *ugs.* 2
ab с *mit Gen.* 2
Abendbrot ýжин 1
Abendbrot essen поýжинать/ýжинать 1, 2
abends вéчером 1
Abenteuer приключéние 6Б
aber 1. *Gegensatz* **а**; 2. *Vorbehalt* **но**; 3. *ugs.* Das ist ~ …! **Вот…!** 1
abfahren отпрáвиться/отправля́ться 2
Abfertigung *(im Flughafen)* регистрáция 2
abfliegen, starten **вы́лететь/вылетáть** 6A
Abgemacht! Договори́лись! 2
abgeteilt, einzeln отдéльный 6A
ablaufen, enden **кóнчиться/кончáться** 2
Ablehnung несоглáсие 4B
Abonnement, Dauerkarte абонемéнт 5A Wt
Absatz абзáц 6Б Wt
abschließen, beenden **закóнчить/закáнчивать** 5B
Abschluss, Beendigung *(einer Ausbildung, einer Lehranstalt)* **окончáние** 2A
Absicht, Ziel **цель** *w.; Pl.* цéли 3B
absolut, durchaus абсолю́тный, абсолю́тно 4B Wt
absolvieren *(eine Lehranstalt/ Lehrrichtung, Studium, Lehre)*, beenden **окóнчить/окáнчивать** 2A
abstammen, zurückgehen **произойти́/происходи́ть** 2A
abwaschen, spülen **вы́мыть (помы́ть)/мыть** 1A
Ach was! I wo! Ну чтó ты! *ugs.* 1
achtens в-восьмы́х 4B
achtgeben, sorgen **следи́ть** *uv.* **за** *mit Instr.* 5Б
Actionfilm э́кшен *m., unveränd.* 4B Wt
Administrator(in), Manager(in) администрáтор 2Б
Aerobic аэрóбика 2
Akademie акадéмия 4B Wt
Akkordeon аккордеóн 1
aktiv акти́вный, акти́вно 2, 1B Wt
Album *(Musik, Foto)* **альбóм** 2
Algebra áлгебра 2
Alkohol алкогóль *m.* 3B Wt
Alkoholismus алкоголи́зм 3B Wt
all, ganz **весь, вся, всё; все** *Pron.* 2
alle все 2
von allen **всех** 3A
Alle Achtung! *(als Ausdruck von Erstaunen, Bewunderung)* **Вот э́то да!** *ugs.* 1
alles всё 1
(Alles) klar. Поня́тно. *ugs.* 1
Alltag бýдни *nur Pl.* 1A
Alphabet алфави́т 1
alpin горнолы́жный 2
Alpinismus альпини́зм 2
als 1. *temporal* **когдá**; 2. *Vergleich mit Komp.* **чем** *Konj.*; 3. *in Form, Gestalt eines (einer)* … **в ви́де** *mit Gen.* 2, 3A; 5B
also итáк 3B
also, folglich, das heißt (bedeutet) **знáчит** 3B
alt стáрый 1, 3A
älter стáрше
alt(hergebracht) дáвний 6A
Alter вóзраст 2
am *(Wochentag)* **в** *mit Akk.* 2
am Abend вéчером 1
am allerwenigsten мéньше всегó 3A
am häufigsten чáще всегó 3A
am meisten бóльше всегó 3A
am Morgen ýтром *Adv.* 1
am Tag, tagsüber днём *Adv.* 1
amüsieren развлéчь/развлекáть 4A
an *(örtlich)* **на** *mit Präp.* 1
Ananas ананáс 1
Anbauwand гóрка *ugs.* 1
anbieten, vorschlagen **предложи́ть/предлагáть** 2, 4A
Andenken, Gedenken, Erinnerung **пáмять** *w.* 4A
anderer другóй *Adj.* 2
andererseits с другóй стороны́, … 3B
anders инáче *Adv.*, **по-другóму** 4B, 2
Anekdote анекдóт 4A Wt
Anfang начáло 2
anfangen (zu) schmerzen заболéть/заболевáть 1A
mit etw. **anfangen,** *etw.* **beginnen начáть/начинáть** 2, 5A
anfangen, beginnen *1. und 2. P. ungebr.* **начáться/начинáться** 2
angeln, fischen **поймáть/лови́ть ры́бу** 6A
angenehm прия́тный, прия́тно 2
Angina анги́на 1A
Anglizismus англици́зм 4A Wt
Angst haben, (sich) fürchten **побоя́ться/боя́ться** *mit Gen.; auch mit Akk., ugs.* 2B
anhaben *(ein Kleidungsstück)* **ходи́ть в** *чём? ugs.* 2
anhalten останови́ться/остана́вливаться 6Б
(sich) anhören послýшать/слýшать 2; 1
ankommen *(mit einem Flugzeug)*, **angeflogen kommen прилетéть/прилетáть** 6A
ankommen, anreisen **приéхать/приезжáть; прибы́ть/прибывáть** 2, 2A
ankommen, eintreffen **прийти́/приходи́ть** 2
Ankunft прибы́тие 6A
anmelden *(jmdn.)* **прописáть/прописывать** 1A
Anmeldung *(in mediz. Einrichtung)*, **Patientenaufnahme** регистратýра 1A
anmerken отмéтить/отмечáть 5B
annähernd, ungefähr приблизи́тельный, **приблизи́тельно;** *Synonym:* примéрный, **примéрно** 4A
anregen, stimulieren стимули́ровать 4Б Wt
anreisen, ankommen **приéхать/приезжáть** 2, 2A
anrufen позвони́ть/звони́ть *комý? mit Dat.; кудá?* **в** *mit Akk.* 2, 1B
ansammeln (sich), sich häufen **собрáться/собирáться** 5Б
anschließend, danach **потóм; пóсле э́того** 1, 2
Anschluss *(ins Netz, Internet)* **дóступ** 2Б
Ansichtskarte откры́тка 1
Antibiotikum антибиóтик 1A Wt
Antwort отвéт 1
antworten, beantworten **отвéтить/отвечáть** на *mit Akk.* 3B
Apfel я́блоко 2A
Apotheke аптéка 1
April апрéль *m.* 2
apropos кстáти 2
Aquagymnastik аквагимнáстика 2
Aquarium аквáриум 1
Äquivalent, Entsprechung эквивалéнт 6A Wt
Arbeit *(Tätigkeit)*; **Werk** рабóта 2
arbeiten рабóтать *uv.* 2
eine Weile ~ порабóтать *v.*
arbeitsfrei выходнóй *ugs.* 2A
Arbeitsgemeinschaft кружóк; *Pl.* кружки́ 2
Arbeitszimmer кабинéт 1, 1A
Archäologe, Archäologin архéолог 2
Architekt(in) архитéктор 2
Architektur архитектýра 2
Arena, Schauplatz арéна 5A Wt
Argument аргумéнт 2A Wt
Argumentation аргументáция 4B Wt
Arm рукá; *Pl.* **рýки** 2
Art, Gattung **вид** 2, 2Б
Art, Weise **óбраз** 5A
Artikel, Ware товáр 4Б
Arznei, Medizin лекáрство 1A
Arzt, Ärztin врач 1A
Asien Áзия 2
Aspekt, Aktionsart *(Gramm.)* **вид** 2Б
Astronautik космонáвтика 2
Atelier für bildende Kunst изостýдия 2
Athlet(in) атлéт(ка) 1
Atmosphäre атмосфéра 3Б Wt
Attraktionen *(auf dem Rummelplatz)* аттракциóны *Pl.* 2
Attribut, Merkmal атрибýт 5B Wt
auch, ebenfalls **тóже, тáкже** 1, 3A
Aufbau, Komposition **компози́ция** 3Б Wt
auf dem Lande зá городом 2A
auf Deutsch по-немéцки *Adv.* 1
auf Englisch по-англи́йски *Adv.* 1
auf Französisch по-францýзски *Adv.* 1

auf Italienisch по-италья́нски *Adv.* 1
auf Japanisch по-япо́нски *Adv.* 1
auf Polnisch по-по́льски *Adv.* 1
auf Russisch по-ру́сски *Adv.* 1
Auf Wiedersehen! До свида́ния! 1
auf, an, in *(örtlich)* **на** *mit Präp.* 1
aufgehen *(Sonne)* встать/встава́ть 4 А
aufmachen, öffnen **откры́ть/открыва́ть** 1 А
Aufmerksamkeit внима́ние 5 Б
(auf)nehmen взять/брать 3 В
aufnehmen, einbeziehen, einschließen включи́ть/включа́ть 4 А
aufpassen (eine Zeitlang, eine Weile), **verfolgen** beobachten последи́ть *und* проследи́ть 5 Б
aufräumen убра́ть/убира́ть 2
aufrufen, *jmdn.* kommen lassen, einladen, vorladen *(vor Gericht)* **вы́звать/вызыва́ть** 1 А
aufschlagen **откры́ть/открыва́ть** 1 А
Aufschrift, Überschrift, Beschriftung **на́дпись** *w.* 6 А
aufstehen, sich erheben **встать/встава́ть** 4 А
Auftritt, Darbietung, **выступле́ние** 4 В
Auge глаз; в, на глазу́; *Pl.* глаза́ 2
August а́вгуст 2
Aula а́ктовый зал 2
aus из *mit Gen.* 2
Ausbildung, Lehre **учёба** 2
ausfüllen запо́лнить/заполня́ть 2 Б
Ausgabe, Übergabe, Aushändigung **вы́дача** 6 А
Ausgang, Ausweg **вы́ход** 6 А
ausgezeichnet отли́чный, отли́чно 2
ausgezeichnet, sehr gut, herrlich, schön **прекра́сный,** прекра́сно 6 Б
aushalten, ertragen **вы́нести/выноси́ть** 1 А
Auslieferung вы́дача 6 А
ausrichen переда́ть/передава́ть 1
einen Gruß ~ **~ приве́т** *кому́? mit Dat.*
aussehen вы́глядеть *uv.* 5 А
Aussehen, Äußere вид 2 Б
außerdem кро́ме того́ 2
Aussicht, Ansicht, Blick вид 2 Б
aussteigen вы́йти/выходи́ть 6 А
Ausstellung вы́ставка 2
Ausstellung *(eines Dokuments)* **вы́дача** *mit Gen.* 6 А
aussuchen, wählen **вы́брать/выбира́ть** 4 Б
Austausch обме́н *mit Instr.* 2 Б
Ausverkauf, Sonderangebot, Preisaktion **распрода́жа** 5 А
Auswahl, Wahl **вы́бор** 5 А
Ausweg, Ausgang **вы́ход** 6 А
Auto маши́на *ugs.* (автомаши́на, автомоби́ль *m.*) 1
Autobus авто́бус 1
Automechaniker автомеха́ник 2
Autor(in) а́втор 3 Б
Avenue *(breite, gerade Straße)* **проспе́кт** 6 А

B

Baba-Jaga, Hexe Ба́ба-яга́ 2
backen испе́чь/печь 2
Bad, Kurort куро́рт 2
Bade-, Kur-, Kurort- куро́ртный 6 А Wt
Badewanne ва́нна 6 Б Wt
baden, ein Bad nehmen **вы́купаться** (искупа́ться *ugs.*) **/купа́ться** 2 А
Badezimmer ва́нная *Subst.* 1
Badminton бадминто́н 1
Baguette баге́т 1
Bahn доро́га 6 Б
Bahnhof вокза́л 1
Bahnsteig платфо́рма 2
Baikal(see) Байка́л 2
bald ско́ро 2
Balkon балко́н 1
Banane бана́н 1
Band *(Musik)* гру́ппа 2
Bank *(Geldinstitution)* **банк** 1
Bankautomat банкома́т 1
Bar бар 1
Bär(in) медве́дь, медве́дица 6 Б
Baseball бейсбо́л 1
Basketball баскетбо́л 1
Batterie батаре́йка 4 А
Bauch живо́т 2
bauen, errichten **по/стро́ить** 6 Б
Baum де́рево, *Pl.* дере́вья 6В
beabsichtigen, wollen **собра́ться/собира́ться** *mit Inf.* 5 Б
beantworten, antworten **отве́тить/отвеча́ть** на *mit Akk.* 3 В
bedeutend, viel **намно́го** *Adv. mit Komp.* 6 Б
bedeutend, wichtig ва́жный, **ва́жно** 1 В
etw. **beenden ко́нчить/конча́ть** *mit Akk. oder Inf. uv.* 2
beenden, abschließen **зако́нчить/зака́нчивать** 5 В
beenden, absolvieren *(eine Lehranstalt/Lehreinrichtung, Studium, Lehre)* **око́нчить/ока́нчивать** 2 А
beenden, enden, zu Ende sein, ablaufen *1. und 2. P. ungebr.* **ко́нчиться/конча́ться** 2
Beendigung, Schluss **заключе́ние, оконча́ние** 3 В, 2 А
Befinden самочу́вствие 5 Б
befinden sich находи́ться *uv.* 1
befreundet sein подружи́ть/дружи́ть 2 Б
begabt тала́нтливый 2
Begabung, Talent тала́нт 3 В Wt
begehen, feiern отме́тить/отмеча́ть 1 А
begehen, feiern (Neujahr) **встре́тить/встреча́ть** (Но́вый год) 2
Begeisterung, Leidenschaft **увлече́ние** 3 А
Beginn нача́ло 2
etw. **beginnen,** *mit etw.* **anfangen нача́ть/начина́ть** *mit Akk. oder Inf. uv.* 2, 5 А
beginnen, anfangen *1. und 2. P. ungebr.* **нача́ться/начина́ться** 2
begleiten, bringen *(bis zu …)* **провести́/проводи́ть** 4 Б
behandeln, durchnehmen *(Lehrstoff)* **пройти́/проходи́ть** 1 А
Behandlungszimmer кабине́т 2, 1А
bei при *mit Präp.* 5 А
bei … (sein) **у** *кого́? mit Gen.* 1
bei der Hausarbeit, im Haushalt **по до́му** *ugs.* 1 А
beige бе́жевый 2
Bein нога́; *Pl.* но́ги 2
beinahe, fast **почти́** 1 А
beinahe, fast *mit konjugiertem Verb* **чуть не** *mit v. Verb im Prät.* 2
bekannt изве́стный 2
bekannt machen познако́мить/знако́мить 2
bekannt machen, vorstellen предста́вить/представля́ть 5В
bekommen получи́ть/получа́ть 2
belegbar, durch Dokumente belegt документа́льно 4 В
belegen *(einen Platz)* **заня́ть/занима́ть** *mit Akk.* 2
belegtes Brot (Brötchen), belegte Schnitte бутербро́д 1
beliebig, jeder **любо́й** *Adj. und Subst. m.* 5 А
beliebt люби́мый, популя́рный 1; 2
benachrichtigen, informieren **проинформи́ровать/информи́ровать** 4 А
(be)nennen назва́ть/называ́ть 5 В
beobachten, aufpassen следи́ть *uv.* **за** *mit Instr.* 5 Б
beraten (sich) посове́товаться/сове́товаться 6 А
berechtigt, gerecht **справедли́во, справедли́вый** 1А
bereits, schon **уже́** 1
Berg-, го́рный 2
Abfahrt-Ski го́рные лы́жи *Pl.*
Berge го́ры *Pl.* 2
Bergsteigen альпини́зм 2
Beruf профе́ссия 2
Berufs-, professionell **профессиона́льный,** профессиона́льно 2 А
Berufsschule, Fachschule **учи́лище,** *Nom. Pl. und Gen. Sg.* учи́лища 2 А
Beschäftigung заня́тие 5 А
bescheiden скро́мный, скро́мно 2
beschreiben описа́ть/опи́сывать 3 В
Beschriftung, Überschrift, Aufschrift **на́дпись** 6А
besondere(r) осо́бенный 6 А
besonders осо́бенно 1
Besonderes осо́бенное 6 А
bester, Bester лу́чший 3 А
Bestellschein, Bestellzettel, Talon *(für einen Arztbesuch)* тало́н 1 А
Besuch го́сти *Pl.*; *Sg.* гость *m.*, го́стья *w.* 2

zu Besuch *(gehen)* **в гости** *куда́?* 2
zu Besuch *(sein)* **в гостя́х** *где?* 2
besuchen посети́ть/посеща́ть 2
Betriebswirt(in) экономи́ст 2
betrügen, täuschen **обману́ть/обма́нывать** 4Б
Bett *(mit Bettzeug)* **посте́ль** *w.* 1А
(das) Bett hüten лежа́ть в посте́ли
2- Bett-, Doppel(zimmer) двухме́стный 6А
bewältigen, meistern, zurechtkommen, schaffen **спра́виться/справля́ться с** *mit Instr.* 1Б
Bewunderung äußern, entzückt sein **восхити́ться/восхища́ться** *mit Instr.* 6Б
(be)zahlen заплати́ть/плати́ть 2Б
Bibliothek библиоте́ка 1
Bibliothekar(in) библиоте́карь 2А Wt
Bild (Gemälde) **карти́на**, 1
(Foto) **фотогра́фия**, фо́тка *ugs.* 2
(Zeichnung) **рису́нок**; *Pl.* рису́нки 2
Bild, Gestalt, Erscheinung о́браз 5А
Bildband альбо́м 2
Bildung образова́ние 3В
Billard бильа́рд 3А Wt
billig, preiswert дешёвый, дёшево *Komp.* **деше́вле** 6Б
Biografie, Lebenslauf биогра́фия 2
Biologe, Biologin био́лог 2
Biologie биоло́гия 2
Biophysiker(in) биофи́зик 2
Birne гру́ша 2А
bis (hin) **до** *(örtl.) mit Gen.* 1
Bis später! Пока́! *ugs.* 1
Bistro бистро́; **буфе́т** 1
bitte пожа́луйста 1
Bitte про́сьба 2
Bitte schön. Keine Ursache. *ugs.* **Не́ за что.** 1
bitten попроси́ть/проси́ть *mit Gen. oder* **о** *mit Präp.; auch mit Inf.* 1А
Blas- духово́й 2
blau си́ний 2
bleiben оста́ться/остава́ться 2
Bleistift каранда́ш; *Pl.* карандаши́ 1
Blick, Aussicht, Ansicht **вид** 2Б
Blog блог 4А Wt
Blues *(Musikrichtung)* блюз 1
Blumen цветы́ *Pl.; Sg.* цвето́к 1
Blumenkohl цветна́я капу́ста 2А
Bluse блу́зка 2
Bolschoi-Theater Большо́й теа́тр 1
Bombe бо́мба 2В Wt
Boot ло́дка 6А
Borschtsch *(Suppe aus Weißkohl und roten Rüben)* борщ 1
boshaft, gefährlich **вре́дный** *ugs.* 5А
Botanischer Garten Ботани́ческий сад 1
Boxen, Boxsport бокс 1
Brand пожа́р 6Б
braun кори́чневый 2
Brei, Püree **ка́ша**, пюре́ *unveränd.* 1
breit, weit **широ́кий**, широко́ 2А
Brief письмо́; *Pl.* пи́сьма 1
Briefmarke ма́рка 2

(mit)**bringen принести́/приноси́ть** (с собо́й) 2
Brot хлеб 1
Brötchen бу́лочки *Pl.; Sg.* бу́лочка 1
Browser бра́узер 4А Wt
Brücke мост; *Pl.* мосты́ 6Б
Bruder брат; *Pl.* бра́тья 1
Brüderchen, Brüderlein бра́тик *ugs.* 2
Buch кни́га 1
buchen, reservieren **заброни́ровать/брони́ровать; зарезерви́ровать/резерви́ровать** 2Б
Buchhalter(in), Buchführer(in) бухга́лтер 2
Buletten котле́ты *Pl.; Sg.* котле́та 1
Bulimie булими́я 3В Wt
(durch etw. eine Zeitlang) **bummeln, spazieren gehen, schlendern походи́ть/ходи́ть** 2
(eine Weile) **bummeln, spazieren gehen погуля́ть/гуля́ть** 2
Büro бюро́ *unveränd.*, о́фис 1
Bürste щётка 1
Bus авто́бус 1
Bus- авто́бусный 2
Busfahrkarte, Busfahrschein биле́т на авто́бус 2
Business, Geschäft би́знес 5В Wt
Busreise авто́бусный тур 2
Butter ма́сло 5А

C

Café кафе́ *unveränd.* 1
Camp, (Ferien-)Lager ла́герь *m.* 6В Wt
Casting ка́стинг 4В Wt
CD компа́кт-диск 2
Cent цент 1
Champagner шампа́нское 2
Champion чемпио́н 1
Charakter хара́ктер 1В Wt
Chat чат 2
chatten *ugs.* im Chat sein **сиде́ть** *uv.* **в ча́те** *ugs.* 1
eine Weile ~ посиде́ть *v.*
Chef шеф 1
Chef- гла́вный 3Б
Chemie хи́мия 2
Chemiker(in) хи́мик 2
Chor хор 2
Choreografie хореогра́фия 4В Wt
City-Fitness си́ти-фи́тнес 3А Wt
Clip клип 2
Clique компа́ния 2
(Coca-)Cola ко́ла *ugs.*, ко́ка-ко́ла 1
Code, Kode код 2
Collie *(schottischer Schäferhund)* ко́лли *m. und w. unveränd.* 1
Comics ко́микс 2
Computer компью́тер 1
Computer- компью́терный 1, 1В Wt
Computerabhängigkeit, Computersucht компьютерома́ния 3В Wt
Computerspiel компью́терная игра́ 1В Wt
Computertisch компью́терный стол 1

Couch дива́н 1
Couchtisch журна́льный сто́лик 1
Cousin(e) кузе́н, кузи́на 3А

D

da (ist, sind) *ugs.* **вот** 1
Da hast du. Da! Nimm. На, возьми́! *ugs.* 1
daheim до́ма 1
da, weil **потому́ что** *Konj.* 2
Dachboden черда́к; *Pl.* чердаки́ 1
dagegen про́тив 2
(Meine) Damen und Herren! Господа́! *(Anrede)* 2Б
Damen-, Frauen- **же́нский** 1А
Damenspiel ша́шки *nur Pl.* 2
danach, dann, anschließend **по́сле э́того, пото́м** 2, 1
Dank; danke спаси́бо 1; 2
dann, danach **пото́м, по́сле э́того** 1, 2
dann, so **то** *Konj.* 2А
das (ist, sind) **э́то** 1
Darbietung, Auftritt **выступле́ние** 4В
das heißt (bedeutet), folglich, also **зна́чит** 3В
das ist … вот *ugs.* 2
dass что *Konj.* 2
Datsche да́ча 2
Datum число́ *ugs.* 2
Dauerkarte, Anrecht, Abonnement абонеме́нт 5А Wt
dauernd, fest **постоя́нный** 6В
dein твой *Poss.* 1
deiner Meinung (Ansicht) nach по-тво́ему *Adv.* 3А
denken ду́мать *uv.* 2
denken, halten **счесть** (**посчита́ть** *ugs.*)/**счита́ть** *mit Instr.* 1А
denn, etwa **ра́зве** 2
Depot *(für Schienenfahrzeuge)* депо́ *unveränd.* 2
der (die, das; die), welche(r), welches; welche кото́рый, -ая, -ое; -ые 4А
der, die, das; die, jener, jene(s) **тот**, та, то; те 2А
deshalb, deswegen поэ́тому *Adv.* 2
Detail дета́ль *w.* 3А Wt
Detektivgeschichte детекти́в 2
deutlich, verständlich, klar, heiter я́сный, **я́сно** 3В
deutsch неме́цкий 1
deutsch, auf Deutsch по-неме́цки *Adv.* 1
Deutschland Герма́ния 1
Dezember дека́брь *m.* 2
Diagonale диагона́ль *w.* 4А Wt
Dia, Folie слайд 3В Wt
Diagramm диагра́мма, гра́фик 5В Wt, 1Б Wt
dich, sich, mich, uns, euch **себя́** 2В
Diele прихо́жая *Subst.* 1
Dienstag, am ~ вто́рник, во ~ 2
Dienstleistungen услу́ги *Pl.* 5Б
Dienstreise командиро́вка 2
auf Dienstreise sein быть в командиро́вке
auf (eine) Dienstreise fahren по-/е́хать в командиро́вку

dieser **э́тот** 1
Diktiergerät диктофо́н 4 A Wt
Diplom дипло́м 2
Direktor дире́ктор; *Pl.* директора́ 2 Б Wt
Discomusik ди́ско-му́зыка 2
Diskothek дискоте́ка 2
Display диспле́й *m.* 4 A Wt
doch, ja *ugs.* **ведь** 2B
Dokumentar-, dokumentarisch **документа́льный** 4 B
Dom **собо́р** 1
Donnerstag, am ~ **четве́рг, в ~** 2
Doppel(zimmer), 2-Bett- двухме́стный 6 A
Dorf **дере́вня** 1
dort **там** *Adv.* 1
dorthin **туда́** *Adv.* 1
dosiert дози́рованно 5 Б Wt
downloaden, herunterladen **скача́ть/ска́чивать** *ugs.* 4 A
Drehbuch, Szenarium сцена́рий 3 Б Wt
Drei *(Zensur)* **тро́йка** *ugs.* 2
drittens **в-тре́тьих** *Adv.* 4B
Drogen **нарко́тики** *Pl.* 3 B
Drogensucht **наркома́ния** 3 B
Drogensüchtige(r) **наркома́н, наркома́нка** 4 A
Drucker, Printer при́нтер 4 A Wt
du **ты** 1
dumm **глу́пый**, глу́по 4 A
dunkel, finster **тёмный**, темно́ 2 A
dunkelblau **си́ний** 2
durchaus, absolut **абсолю́тный,** абсолю́тно 4 B Wt
durch, entlang **по** *mit Dat.* 2
durchfahren, zurücklegen, überqueren **прое́хать/проезжа́ть** 6 A
durchführen **провести́/проводи́ть** 4 Б
durchnehmen, behandeln **пройти́/проходи́ть** 1 A
durchgehen, durchqueren, passieren **пройти́/проходи́ть** 1 A
durchschnittlich, im Durchschnitt **в сре́днем** *Adv.* 6 Б
Dusche душ 2 Б Wt
DVD-Player DVD-пле́ер 1

E

ebenfalls, auch **(а) та́кже** 3 A
ebensolcher **тако́й же** 3 A
echt, wahr, richtig, tatsächlich **настоя́щий** 3 Б
effektiv, effizient, wirksam **эффекти́вный**, эффекти́вно 4 Б
E-Gitarre электрогита́ра 2
Ehefrau **жена́**; *Pl.* жёны 3 A
Ehemann **муж**; *Pl.* мужья́ 3 A
Ehrensalve салю́т 1 Б Wt
ehrlich **че́стный**, че́стно 3 Б
Ei яйцо́; *Pl.* я́йца, *Gen.* яи́ц 2, 5A
eigen, Eigen-, eigentümlich **со́бственный, свой** 1, 3 A
eigen, mein, dein, sein, ihr, unser, euer, Ihr **свой** *Pron.* 3 A
eigens, speziell специа́льно 1 B Wt
ein, eins, eine **оди́н, одна́, одно́; одни́** 1
ein bisschen **чуть-чуть** *ugs.* 2
ein wenig **немно́го** *Adv.* 1
einbeziehen, einschließen, aufnehmen **включи́ть/включа́ть** 4 A
Eindruck **впечатле́ние** 6 B
einerlei, ganz egal **всё равно́** 2
einerseits **с одно́й стороны́, ...** 3 B
einfach **просто́й**, про́сто 1
Einfall **иде́я** *w.* 2
einige **не́сколько** *mit Gen. Pl.* 2
einladen **пригласи́ть/приглаша́ть** 2
Einladung **приглаше́ние** 2
einmalig, einzigartig уника́льный 2
einnehmen *(Arzneimittel)* **приня́ть/принима́ть** 1 A
Einnehmen (das) *(Arzneimittel)* **приём** 1 A, 3 A
Eins *(Zensur)* **едини́ца** *ugs.* 2
einschalten **включи́ть/включа́ть** 4 A
einschließen, aufnehmen, einbeziehen **включи́ть/включа́ть** 4 A
einsparen **сэконо́мить/эконо́мить** *mit Akk. oder* **на** *mit Präp.* 5 Б
eintreffen **прибы́ть/прибыва́ть** 2
Eintrittskarte **биле́т** 2
einverstanden **согла́сен**, согла́сна, согла́сно; согла́сны 2
einverstanden sein, zustimmen **согласи́ться/соглаша́ться с** *mit Instr.* 4 B
Einverstanden! **Ла́дно.** *ugs.* 1
Einverständnis, Zustimmung **согла́сие** 4 B
einzeln, abgeteilt отде́льный 6 A
einzigartig **уника́льный** 2
Eisen-, eisern **желе́зный** 6 Б
Eisenbahnwagen **ваго́н** 2
eisern, Eisen- **желе́зный** 6 Б
Eishockey хокке́й 1
Eiskunstlauf **фигу́рное ката́ние** 2
elegant, schick шика́рный 6 Б
Elektriker эле́ктрик 2
Elektritschka **электри́чка** *ugs.* 2
Elektroherd электроплита́; *Pl.* электропли́ты 1
Elite- эли́тный 5 Б Wt
Eltern **роди́тели** *Pl.* 1
E-Mail-Adresse электро́нный а́дрес; *Pl.* электро́нные адреса́ 2
Emotion эмо́ция 5 A Wt
Empfang **приём** 3 A
empfangen, Sprechstunde haben **приня́ть/принима́ть** 1 A
empfehlen **порекомендова́ть/рекомендова́ть** 5 A
Ende, Schluss, Endung **оконча́ние** 2 A
enden *(die Handlung geht nicht von einer Person aus)* **ко́нчиться/конча́ться** 2, 6 Б
enden *(die Handlung geht von einer Person aus)* **ко́нчить/конча́ть** *mit Akk. oder Inf. uv.* 2
Energetiker энерге́тик 2
englisch **англи́йский** 2
auf Englisch **по-англи́йски** *Adv.* 1
Enkel(in) **внук, вну́чка** 3 A
Ensemble анса́мбль *m.* 2
entgegengesetzt, umgekehrt **обра́тный** 6 A
entlang **вдоль** *mit Gen.* 6 Б
entlang, durch **по** *mit Dat.* 2
entscheiden, (Aufgabe) lösen **реши́ть/реша́ть** 4 B
entschlossen **реши́тельный** 2
Entschuldigung! Entschuldige(n Sie)! Entschuldigt! **Извини́(те)!** 1
Entspannung, Relaxation релакса́ция 3 A Wt
Entsprechung, Äquivalent эквивале́нт 6 A Wt
entstehen *(Frage)* **встать/встава́ть** 4 A
entwerfen, planen заплани́ровать/плани́ровать 6 Б Wt
entzückt sein, Bewunderung äußern **восхити́ться/восхища́ться** *mit Instr.* 6 Б
er **он** 1
Er heißt ... **Его́ зову́т ...** 1, 3 A
erblicken **уви́деть/ви́деть** 2, 3 A
Erdbeere клубни́ка *nur Sg.* 2A
Erde, Welt **мир** 4 A
erfahren **узна́ть/узнава́ть** 2, 6 A
Erfolg **успе́х** 2
Erfolg, Gelingen **уда́ча** 2
erfolgen, stattfinden **состоя́ться** *v.* 5 A
erfreuen об-, пора́довать/ра́довать 6 B
erfreut, froh **рад,** ра́да, ра́до; ра́ды 2 B
Ergebnis результа́т 2
erhalten **получи́ть/получа́ть** 2
Erinnerung, Andenken **па́мять** 4 A
erhoffen **ожида́ть** *uv. mit Gen. oder Akk.* 2 B
Erholung **о́тдых** 5 A
erkranken, krank werden **заболе́ть/заболева́ть** *mit Instr.* 1 A
erlauben, gestatten **разреши́ть/разреша́ть** 2
ermüden **уста́ть/устава́ть** 2
Ernährung, Kost **пита́ние** 5 A
ernst, ernsthaft серьёзный, **серьёзно** 5 A
Ernsthaft? Wirklich? Echt? **Серьёзно?** *ugs.* 1
eröffnen **откры́ть/открыва́ть** 1 A
erraten, kommen *auf etw.* **догада́ться/дога́дываться о** *mit Präp.* 5 Б
errichten, bauen **по/стро́ить** 6 Б
Ersatz-, vorrätig запа́сный 6 A
erscheinen *(Buch, Zeitung u. Ä.)* **вы́йти/выходи́ть** 6 A
Erscheinung, Gestalt, Bild **о́браз** 5 A
erschwinglich *(Preis)* **невысо́кий** 1 A
erstens **во-пе́рвых** *Adv.* 4 B
erstklassig высококла́ссный 5 Б Wt
Erstklässler(in) первокла́ссник, первокла́ссница 2
erwarten, erhoffen **ожида́ть** *uv. mit Gen. oder Akk.* 2 B
ertragen, aushalten **вы́нести/выноси́ть** 1 A
erwarten, warten **ждать** *uv. mit Gen.*

eine Weile warten подождáть *mit Gen. oder Akk.* 2
erzählen рассказáть/расскáзывать 2, 1 Б
Erzählung пóвесть *w.* 3 Б
Erzeugnis, Ware издéлие 5 А
es онó 1
es geht, normal **нормáльно** *ugs.* 1
es geht, ganz gut **ничегó** *ugs.* 1
es gibt nicht нет *mit Gen.* 1
es gibt, es ist vorhanden **есть** *mit Nom.* 1
es ist möglich мóжно 1
es ist nicht erlaubt, man darf nicht **нельзя́** 2
es ist Zeit, *etw. zu machen* **порá** *mit Inf.* 6 А
es scheint, scheinbar **кáжется** 1 В
essen поéсть/есть 1
Esszimmer столóвая *Subst.* 1
Etage, Stock **этáж**; *Pl.* этажи́ 1
Ethik э́тика 2
etw. oder jmd. ist nicht (da) нет *mit Gen.* 1
etwa, denn **рáзве** 2
etwa, ungefähr *Adv.* **приблизи́тельно, примéрно** 4 А
etwas (nicht viel) **немнóго** *Adv.* 1
euch, dich, sich, mich, uns **себя́** 2 В
euer ваш *Poss.* 1
eurer (Ihrer) Meinung (Ansicht) nach по-вáшему *Adv.* 3 В
Euro éвро *m. unveränd.* 1
Europa Еврóпа 2
europäisch европéйский 2
exakt тóчный, тóчно 2
exklusiv эксклюзи́вный 5 Б Wt
Exkursion экскýрсия 2
Experiment эксперимéнт 2
Export, Ausfuhr э́кспорт 1
Expresszug экспрéсс 2
extrem экстремáльный, экстремáльно 5 А Wt, 6 Б Wt

F

Fachmann, Fachfrau, Spezialist(in) специали́ст 1 В Wt
Fachschule, Berufsschule **учи́лище**, *Nom. Pl. und Gen. Sg.* учи́лища 2 А
fahren поéхать/éхать *zielger.* 2
éздить *uv. nicht zielger.* 2
fahren (bis) zum (zur) … доéхать/ доезжáть до *mit Gen. zielger.* 1
fahren *(Rad, Inliner …)* **катáться на** *mit Präp.*
eine Weile ~ покатáться 1
fahren (über etw.), herüberfahren **переéхать/переезжáть** 6 А
(los)fahren, hinfahren поéхать/ éхать *zielger.* 2
Fahrgast, Fluggast, Reisende(r), Passagier(in) пассажи́р(ка) 6 А Wt
Fahrplan *(in Verbindung mit Abfahrts-/ Ankunftszeiten)* **расписáние** 2
Fahrrad велосипéд, сайкл *ugs.* 1, 5 Б Wt
Fahrstuhl лифт 1
Fakt, Tatsache факт 1, 2, 5 В Wt
falls, wenn **éсли** *Konj.* 2 А
Familie семья́; *Pl.* сéмьи 1
Familien- семéйный 1 А
Familienname фами́лия 1
Fanatismus фанати́зм 1 В Wt
fangen поймáть/лови́ть 6 А
Fanta фáнта 1
Fantasy фэ́нтези *s., unveränd.* 1
Farbe, Farbton цвет; *Pl.* цветá 2
fast, beinahe **почти́** *Adv.* 1 А
fast, beinahe *mit konjugiertem Verb* **чуть не** *mit v. Verb im Prät.* 2
Februar феврáль *m.* 2
Federball бадминтóн 1
fehlerhaft, unvollkommen, unvollendet несовершéнный 1 В
feierlich прáздничный 2
feiern отпрáздновать/прáздновать 2
feiern, begehen **отмéтить/отмечáть** 1 А
feiern, begehen (Neujahr) **встрéтить/ встречáть** (Нóвый год) 2
Feiertag прáздник 2
fein, schick, elegant **шикáрный**, шикáрно *ugs.* 6 Б
Feld пóле ; *Pl.* поля́ 5 Б
Fenster окнó; *Pl.* óкна 2
Ferien кани́кулы *nur Pl.;*
in den ~ на кани́кулах 2
(Ferien)Lager, Camp лáгерь *m.; Pl.* лагеря́ 6 В Wt
fern, weit **далёкий** 6 Б
Fernseh- oder Rundfunksendung передáча 4 А
Fernsehen телеви́дение 4 А
Fernseher телеви́зор 1
fernsehen посмотрéть/смотрéть телеви́зор 1
im Fernsehen по телеви́зору *ugs.* 1
Fernsehgesellschaft, TV-Gesellschaft, TV-Company телекомпáния 4 В Wt
Fernsehkamera телекáмера 4 Б Wt
Fernsehkanal, Fernsehsender, TV-Kanal телеканáл 4 А Wt
Fernsehprogramm, TV-Programm телепрогрáмма 4 А Wt
Fernsehprojekt, TV-Projekt телепроéкт 4 В Wt
Fernsehserie, Serie **сериáл** 4 А
Fernsehshow, TV-Show телешóу *s., unveränd.* 4 В Wt
Fernsehsucht телемáния 3 В Wt
Fernsehturm телебáшня 1
Fernsehzuschauer(in) телезри́тель(ница) 4 В
fertigmachen (sich), sich bereitmachen **собрáться/собирáться** 5 Б
fest крéпкий, крéпко 2
fest *(Anstellung)* постоя́нный, **постоя́нно** 6 В
Fest, Feier **прáздник** 2
festhalten, fixieren за/фикси́ровать 4 В Wt
Festival фестивáль *m.* 1
festlich прáздничный, прáзднично 2
feststellen, hervorheben **отмéтить/ отмечáть** 1А
Fett, Speck жир 5 А
Feuerwerk фейервéрк 2
Fichte, Tanne, Neujahrstanne ёлка 1
Fieber, Temperatur **температýра** 1 А
Figur, Gestalt, Statur фигýра 3 А Wt
Film фильм; кино *unveränd. ugs.* 1, 4 А
(Film-)Produzent(in), TV-Producer(in) продю́сер 3 Б Wt
Filmgesellschaft, TV-Gesellschaft кинокомпáния 3 Б Wt
Filmtheater кинотеáтр 1
Filzstift фломáстер 1
finden, ausfindig machen **найти́/ находи́ть** 2 Б
Finger пáлец; *Pl.* пáльцы 2
finster, dunkel **тёмный**, темнó 2 А
Firma фи́рма 1
Fisch ры́ба 1
Fitness фи́тнес 5 А Wt
Fitnessbar фи́тнес-бар 3 А Wt
Fitnesscenter фи́тнес-цéнтр 5 Б Wt
Fitnessclub, Fitnessstudio фи́тнес-клуб 3 А Wt
fixieren, festhalten зафикси́ровать/ фикси́ровать. 4 В Wt
Flash-Clip, Flash-Spot флеш-рóлик *und* флэш-рóлик 2 Б Wt
Fleisch мя́со 1
fleißig прилéжный, прилéжно 3 А
fliegen летáть *uv. nicht zielger.* 2
fliegen (hin), (los)fliegen **полетéть/ летéть** *кудá? zielger.* 6 А
fliegen (über etw.), überfliegen **перелетéть/перелетáть** 6 А
flirten флиртовáть 3 Б
eine Weile/Zeitlang ~ пофлиртовáть
Flöte флéйта 1
Flug полёт 6 А
Fluggast авиапассажи́р 2
Fluggesellschaft, Luftverkehrsgesellschaft **авиакомпáния** 6 А
Flughafen; im ~ аэропóрт; в аэропортý 2
Flughafentransfer, Transferservice диспéтчер по трансфéру 6 А Wt
Flugzeug самолёт 2
Flur коридóр, прихóжая *Subst.* 1
Fluss рекá; *Pl.* рéки 1
folgend(er), nächst(er) **слéдующий,** -ая, -ее; -ие 5 В
folglich, also, das heißt (bedeutet) **знáчит** 3 В
Folie, Dia слайд 3 В Wt
Folklore фольклóр 2
Folklore- фольклóрный 2 Б Wt
Folkloreprogramm фольклóрная прогрáмма 2 Б Wt
Fontäne фонтáн 2
Form, Gestalt **вид** 2 Б
Forum фóрум 5 В Wt
Foto(grafie) фотогрáфия, фóтка *ugs.* 2
fotografieren сфотографи́ровать/ фотографи́ровать 1
Frage вопрóс 1
Fragebogen анкéта 2
fragen спроси́ть/спрáшивать о *mit Präp.* 3 В

französisch **францу́зский** 2
französisch, auf Französisch по-францу́зски *Adv.* 1
Frau *(als Person)* **же́нщина** 1 A
Frau *(auch in der Anrede)* **госпожа́** 2 Б
junge **Frau, Fräulein** **де́вушка** 2
Frauen-, Damen- **же́нский** 2, 1 A
frei, arbeitsfrei **выходно́й** *ugs.* 2 A
frei, Frei- *(Zeit)* **свобо́дный** 2
Freiheit **свобо́да** 3 B
Freitag, am ~ **пя́тница, в** пя́тницу 2
fremd, Fremd- **иностра́нный** 2
Freude **ра́дость** *w.* 2
Freund **друг**; *Pl.* **друзья́** 1
Freunde **друзья́** *Pl* 2
Freundin **подру́га** 1
Frieden **мир** 1, 4 A
frisch *(Lebensmittel)* **све́жий, свежо́** 5 A
froh, erfreut **рад**, ра́да, ра́до; ра́ды 2 B
fröhlich, lustig **весёлый, ве́село** 2
Früchte, Obst **фру́кты** *Pl.; Sg.* фрукт 1
Frühjahrs-, Frühlings- **весе́нний** 2
Frühling, Frühjahr **весна́** 2
im ~ **весно́й**
Frühstück; zum ~ **за́втрак**; **на ~** 1
frühstücken **поза́втракать/за́втракать** 1
führen **вести́** 5 A
Füller **ру́чка** 1
Fünf *(Zensur)* **пятёрка** *ugs.* 2
fünftens в-пя́тых 4 B
für 1. **за** *mit Akk.* 2
2. **для** *mit Gen.* 2
3. **на** *mit Akk. (in Verbindung mit Terminen)* 2
4. *(Zeit, Geld …)* **на** *mit Akk.* 2
(sich) fürchten, Angst haben **побоя́ться/боя́ться** 2 B
Fußball *(Spiel)* футбо́л 1
Fußball- футбо́льный 2
Fußballspieler(in) футболи́ст(ка) 3 A Wt
Fußzehen **па́льцы ноги́** *Pl.; Sg.* па́лец ноги́ 2

G

Gabel **ви́лка** 2
Gänseblümchen, Margerite маргари́тка 2 A
ganz, all **весь, вся, всё; все** 2
ganz egal, einerlei **всё равно́** 2
Garage **гара́ж**; *Pl.* гаражи́ 1
Garten (Obst~) **сад**; в саду́; *Pl.* сады́ 2 A
Gasherd га́зовая плита́ 1
Gäste **го́сти** *Pl.; Sg.* гость *m.* 2
gastfreundlich **гостеприи́мный**, гостеприи́мно 3 A
Gaststätte **рестора́н** 1
Gebiet *(Geografie)* о́бласть *w.* 2
Gebirge **го́ры** *Pl.* 2
geboren werden **роди́ться** *v. und uv.*/ **рожда́ться** 2
geben **дать/дава́ть** 1
Geburtstag **день** *m.* **рожде́ния**; *Pl.* дни рожде́ния 2
Gedächtnis, Gedenken **па́мять** *w.* 4 A
gedeihen, treiben, wachsen **вы́расти/расти́** 2 A
gefährlich, boshaft, schädlich **вре́дный**, вре́дно 5 A
gefährlich опа́сный, **опа́сно** 5 A
gefallen **понра́виться/нра́виться** 1
Gefallen, Vergnügen удово́льствие 4 B
Geflügel пти́ца *Sg.* 5 A
gegenwärtig, momentan, jetzig **настоя́щий** 3 Б
gehen **пойти́/идти́** *zielger.*; **ходи́ть** *nicht zielger.* 2
gehen (bis) zum (zur)…, zu Fuß erreichen, gelangen **дойти́/доходи́ть до** *mit Gen. zielger.* 1
(herum)**gehen, bummeln, schlendern** **походи́ть/ходи́ть** 2
(los)gehen, hingehen **пойти́/идти́** *zielger.* 2
Geige скри́пка 1
gelangen, zu Fuß erreichen, gehen **дойти́/доходи́ть до** *mit Gen. zielger.* 1
gelb **жёлтый** 2
Geld **де́ньги** *Pl.; Gen.* де́нег 1
Geldwechsel, Valutawechsel **обме́н** де́нег (валю́ты) 2 Б
Gelegenheit, Möglichkeit **возмо́жность** *w.* 5 A
Gelingen **уда́ча, успе́х** 2
gemeinsam, zusammen **вме́сте** 1
Gemeinschaft, Clique **компа́ния** 2
Gemüse о́вощ; *Pl.* **о́вощи** 2 A
Gemüsegarten **огоро́д** 2 A
gemütlich **ую́тный**, ую́тно 1, 2
genau **то́чный**, то́чно 2
genau, Punkt (… Uhr) **ро́вно** 1
Genre жанр 3 Б Wt
Geografie **геогра́фия** 2
geografisch географи́ческий 6 Б Wt
Geologe, Geologin гео́лог 2
Geometrie геоме́трия 2
Gepäck, Reisegepäck бага́ж 6 A
gerade, geradeaus **пря́мо** 1
Geranie гера́нь *w.* 2 A Wt
Geräusch **шо́рох** 6 B
gerecht, berechtigt справедли́вый, **справедли́во** 1 A
gern haben **люби́ть** 1
Gern. Mit Vergnügen! **С удово́льствием!** 1
Gesamtschule о́бщая шко́ла 2
Gesang 1. *Singen* пе́ние; 2. *Stimme* **вока́л** 2, 4 B
Geschäft 1. *Laden* **магази́н**; 2. *Business* би́знес 1, 5B Wt
geschehen, vor sich gehen, stattfinden, passieren **произойти́/происходи́ть** 2 A
Geschenk **пода́рок**; *Pl.* пода́рки 2
Geschichte **исто́рия** 2
Geschirr **посу́да** 1 A
Geschirr spülen (abwaschen) вы́мыть (помы́ть)/мыть посу́ду
Geschirrspüler посудомо́йка *ugs.*, (посудомо́ечная маши́на) 1
Gesicht **лицо́**; *Pl.* ли́ца 2
Gespräch **разгово́р** 2
gesprächig **общи́тельный** 2
Gestalt, Erscheinung, Bild **о́браз** 5 A
Gestalt, Form **вид** 2 Б
gestatten, erlauben **разреши́ть/разреша́ть** 2
gestern **вчера́** *Adv.* 1
gesund **здоро́вый** 5 A
gesund, nützlich **поле́зный**, поле́зно 5 A
Gesundheit **здоро́вье** 2
gesundheitsschädlich, gefährlich, boshaft **вре́дный**, вре́дно 5 A
Getreide-, Korn- зерново́й 5 A
gewaltig, riesig **огро́мный** 2 A
Gewalt, Macht, Kraft **си́ла** 5 Б
Gewitter **гроза́**; *Pl.* гро́зы 2
gewöhnlich **обы́чно** 1
Gigabyte гигаба́йт 4 A Wt
Girlande гирля́нда 2
Gitarre **гита́ра** 1
glauben, denken **ду́мать** *uv.* 2
Globus гло́бус 1
Glück 1. **сча́стье**; 2. *Gelingen* **уда́ча** 2
Glückwunsch **поздравле́ние** 2
Glückwunsch- поздрави́тельный
Golf *(Sport)* гольф 1
Gott sei Dank **сла́ва бо́гу** 6 Б
Grad **гра́дус** 2
Grafik, Diagramm гра́фик 1 Б Wt
Gratulation **поздравле́ние** 2
gratulieren **поздра́вить/поздравля́ть** *кого́? mit Akk.* *с чем?* **с** *mit Instr.* 2
grau **се́рый** 2
Graupen крупа́; *Pl.* кру́пы 5 A
(Landes)**Grenze** **грани́ца** 2
Grenze, Gegend, Rand **край** 6 Б
Grippe **грипп** 1 A
groß **большо́й** 1
groß, hochgewachsen **высо́кий** 1 A
großartig **кла́ссный**, кла́ссно *ugs.* 2
Großartig! **Здо́рово!** *ugs.* 2
Großmutter **ба́бушка** 1
Großvater **де́душка** *m.* 1
grün **зелёный** 2
Grund- **нача́льный** 2
Grund-, grundlegend **основно́й** 3 B
Grunge *(Musikrichtung)* гранж 3 A Wt
Grünpflanzen цветы́ *Pl.; Sg.* цвето́к 1
Gruppen- группово́й 3 A Wt
Gruppenprogramm группова́я програ́мма 3 A Wt
Gruß приве́т 1
einen ~ ausrichten/übermitteln **переда́ть/передава́ть ~** *кому́? mit Dat.* 1
Grüß dich! Hallo! **Приве́т!** 1
GUM ГУМ (Гла́вный универса́льный магази́н)
Gurke огуре́ц; *Pl.* огурцы́ 2 A
gut **хоро́ший**, хорошо́ 1, 2
(Nun) **gut!** **Ла́дно.** *ugs.* 1
das **Gute** **хоро́шее** 2
Guten Abend! **До́брый ве́чер!** 1
Guten Appetit! **Прия́тного аппети́та!** 1

Guten Morgen! **Доброе у́тро!** 1
Guten Tag! **Добрый день! Здра́вствуй(те)!** 1
Gymnasium **гимна́зия** 2
Gymnastik **гимна́стика** 2

H

Haare **во́лосы** 1 В
haben (ich habe, du hast, wir haben, ihr habt) **у меня́, у тебя́, у нас, у вас есть** *mit Nom.* 1
Hacker ха́кер *ugs.* 4 A Wt
halb *in Verbindung mit der Zeitangabe* **пол-** *mit Ordnungszahl im Gen.* 4 A
Hallo! 1. *Grüß dich!* **Приве́т!**; 2. *beim Telefonieren* **Алло́!** 1
Hals 1. **ше́я** *w.*; 2. *Kehle* **го́рло** 2
Halskette *(Schmuck)* цепо́чка 2
halten, denken **счесть (посчита́ть)/счита́ть** *mit Instr.* 1 A
Haltestelle **остано́вка** 1
Hamburger *(Fastfood-Essen)* га́мбургер 1
Hamster хомя́к; *Pl.* хомяки́ 1
Hand **рука́**; *Pl.* ру́ки 2
Hand-*(buch)* **насто́льный** 5 A
Handball гандбо́л 1
handeln, vorgehen **поступи́ть/поступа́ть** 2 A
Handy **моби́льник** *ugs.* (моби́льный телефо́н) 1
hängen **висе́ть** *uv.* 2, 5 В
Hard Rock *(Musikrichtung)* хард-ро́к 1
Harmonie гармо́ния 6 В Wt
harmonisch, wohlklingend гармони́чный, гармони́чно 5 В Wt
Haupt-, hauptsächlich **гла́вный; основно́й** 3 Б, 3 В
hauptsächlich гла́вным о́бразом 3 Б
в основно́м 3 В
Hauptstadt **столи́ца** 2
Haus **дом**; *Pl.* дома́ 1
Haus-, Heim- **дома́шний, -**яя, -ее; -ие 1 A
Hausaufgaben **уро́ки** *Pl.* 1
Hausaufgaben machen сде́лать/де́лать уро́ки
Hausaufgabenheft, Tagebuch **дневни́к**; *Pl.* дневники́ 2
Heavy Metal *(Musikrichtung)* (хе́ви-)ме́тал *unveränd.* 1
Heft **тетра́дь** *w.* 1
Hefter **па́пка** 1
heftig **си́льный, си́льно** 2
heilig, Heiliger свято́й 2
Heim-, Haus- **дома́шний, -**яя, -ее; -ие 1 A
Heimat-, heimatlich **родно́й** 1
Heimkino, Home-Cinema дома́шний кинотеа́тр 1
heiß **жа́ркий**, жа́рко 2
heiter, klar я́сный, я́сно 3 В
Held(in) **геро́й, герои́ня** 3 Б
helfen **помо́чь/помога́ть** 2
hell **све́тлый** 2, 1 A
hell-/himmelblau **голубо́й** 2
herantreten, herankommen, sich nähern **подойти́/подходи́ть** 5 A
Herbst **о́сень** *w., im ~* **о́сенью** 2
Herbst-, herbstlich **осе́нний** 2
hereinkommen, durchgehen, näher kommen **пройти́/проходи́ть** 1 A
Herr *(auch in der Anrede)* **господи́н**; *Pl.* господа́ 2 Б
Herren(ober)hemd **руба́шка** 2
Herren-, Männer-; männlich **мужско́й** 1 A
herrlich, (wunder)schön, ausgezeichnet **прекра́сный**, прекра́сно 2, 6 Б
herüberfahren, über *etw.* fahren **перее́хать/переезжа́ть** 6 A
herunterladen, downloaden **скача́ть/ска́чивать** *ugs.* 4 A
hervorheben, feststellen **отме́тить/отмеча́ть** 1 A
hervorrufen, verursachen **вы́звать/вызыва́ть** 1 A
Herzlich willkommen! **Добро́ пожа́ловать** … *куда́?* в, на *mit Akk.!* 2
heute **сего́дня** *Adv.* 1
Hexenhäuschen; ~ auf Hühnerfüßen избу́шка *ugs.*; ~ на ку́рьих но́жках 2
hier **здесь** *Adv.* 1
hierher **сюда́** *Adv.* 2 A
Hi-Fi-Anlage музыка́льный центр 1
hinausgehen **вы́йти/выходи́ть** 6 A
hinaustragen **вы́нести/выноси́ть** 1 A
hinfahren **пое́хать/е́хать** *zielger.* 2
hinfliegen, losfliegen **полете́ть/лете́ть** *zielger.* 6 A
hingehen **пойти́/идти́** *zielger.* 1, 2
Hip Hop *(Musikrichtung)* хип-хоп 1
Historiker(in) исто́рик 2
Historisches Museum истори́ческий музе́й 2
Hit хит; *Pl.* хиты́ 1 В Wt
Hobby, Interesse **хо́бби** *s., unveränd.*; **увлече́ние** 1, 3 A
hoch **высо́кий**, высоко́ 1 A
Hochhaus многоэта́жный дом 2 A
hochqualifiziert высококвалифици́рованный 5 Б Wt
hochwertig, erstklassig высококла́ссный 5 Б Wt
Hocker табуре́т(ка) 1
Hockey хокке́й *m.* 1
Hockeyschläger *(Sport)* клю́шка 5 A
Holz-, hölzern **деревя́нный** 2 A
Home-Cinema, Heimkino дома́шний кинотеа́тр 1
hören, akustisch wahrnehmen **услы́шать/слы́шать** 4 Б
hören, zuhören **послу́шать/слу́шать** *mit Akk.* 2, 1
Horizont горизо́нт 3 Б Wt
Hose **брю́ки** *nur Pl.* 2
Hotel **гости́ница** 1
Hotelzimmer **но́мер**; *Pl.* номера́ 2 Б
Huhn, Hühnchen **ку́рица** 1
Hund, Hündchen **соба́ка**, соба́чка *ugs.* 1, 2
Hurra! Ура́! 2
Husten **ка́шель** *m.* 1 A
Hymne **гимн** 5 A Wt

I

ich **я** 1
Ich bin … Jahre alt. **Мне … год (… го́да, … лет).** 1
Ich bin satt. (я) **сыт (сыта́** *w.***)** 1
Ich heiße … **Меня́ зову́т …** 1
Ich kann nicht mehr. **Я бо́льше не могу́!** 1
Idee **иде́я**; *Pl.* иде́и 2
Idol **куми́р** 2
Igel ёж; *Pl.* ежи́ 1
ignorieren проигнори́ровать/игнори́ровать 1 В Wt
Ihr *Poss.* **ваш** 1
ihr *Pron.* **вы** 1
ihr(e) *Poss.* **её** *unveränd.* 3 A
ihr(e) *Poss. Pl.* **их** *unveränd.* 3 A
Ihrer Meinung nach **по-ва́шему** 3 В
im (in dem) **в** *räumlich mit Präp.* 1
im Durchschnitt, durchschnittlich **в сре́днем** 6 Б
im Großen und Ganzen, im Wesentlichen, hauptsächlich в основно́м 3 В
im Haushalt, bei der Hausarbeit **по до́му** 1 A
im Stande sein, können **смочь/мочь** 2, 2 A
im Wesentlichen, im Großen und Ganzen, hauptsächlich в основно́м 3 В
Imbiss **буфе́т** 1
immatrikuliert werden, *(einen Studienplatz bekommen, Studium/Ausbildung beginnen)* **поступи́ть/поступа́ть** *куда́?* *в/на mit Akk.* 2 A
immer, stets **всегда́** *Adv.* 2
immer, ständig **постоя́нный**, постоя́нно 6 В
immer noch всё ещё 2
in 1. *räumlich mit Präp.* **в, на**; 2. *Unterrichtsfach* **по** *mit Dat.* 1, 2
in Briefwechsel stehen **перепи́сываться** *uv.* 2 A
in der Form, in der Gestalt eines (einer) **в ви́де** *чего́?* *mit Gen.* 5 В
in der Nähe, neben, nebenan **ря́дом с** *mit Instr.* 2 A
in Panik verfallen паникова́ть *uv. ugs.* 2 В
in, pro *(Zeitraum)* **в** *mit Akk.* 2
ineffektiv, ineffizient, unwirksam **неэффекти́вный**, неэффекти́вно 4 Б
Informatik **информа́тика** 2
Informatikkabinett *(in der Schule)* кабине́т информа́тики 1
Information **информа́ция** *nur Sg.* 2 Б
Informations-, Nachrichten- **информацио́нный** 4 В
informieren, benachrichtigen **проинформи́ровать/информи́ровать** 4 A
Ingenieur(in) инжене́р 2
Inliner **ро́лики** *Pl. ugs.* 1
innerhalb von, in *(Zeitraum)* **за** *mit Akk.* 2
ins Ausland **за грани́цу** 6 A
Insel **о́стров**; *Pl.* острова́ 2

Institut институ́т 1
interessant **интере́сный**, интере́сно 1
Interesse, Hobby интере́с, **увлече́ние** 4 A Wt, 3 A
Interface, Schnittstelle интерфе́йс 4 A Wt
Internet **Интерне́т** 1
im Internet sein, surfen **сиде́ть** *uv.* **в Интерне́те** *ugs.*
Internetcafé интерне́т-кафе́ *unveränd.* 2
Internetseite интерне́т-сайт 2, интерне́т-страни́ца 1 Б
interpretieren проинтерпрети́ровать/интерпрети́ровать 3 B Wt
Interview **интервью́** *s. unveränd.* 2
irgendjemand, irgendwer, -einer **кто́-нибудь** *Pron.* 6 A
irgendwann **когда́-нибудь** *Adv.* 6 A
irgendwas **что́-нибудь** *Pron.* 6 A
irgendwer, -einer, irgendjemand **кто́-нибудь** *Pron.* 6 A
irgendwie **ка́к-нибудь** *Adv.* 6 A
irgendwo **где́-нибудь** *Adv.* 6 A
irgendwohin **куда́-нибудь** *Adv.* 6 A
ist es möglich **неуже́ли** 2
etw. oder *jmd.* **ist nicht (da)** **нет** *mit Gen.* 1
italienisch, auf Italienisch по-италья́нски *Adv.* 1

J

ja 1. *Bejahung* **да**; 2. *doch, jedoch* **ведь** *ugs.* **же** *ugs.* 1, 2, 2 B
Jahr; im ~ **год**; в году́; 2–4 го́да, 5 … лет 2
Jahreszeit **вре́мя го́да**; *Pl.* времена́ го́да 2
Jahrhundert **век**; *Pl.* века́ 2 Б
Jahrmarkt я́рмарка 2
Jalousie жалюзи́ *s. und Pl. unveränd.* 1
Januar **янва́рь** *m.* 2
japanisch, auf Japanisch по-япо́нски *Adv.* 1
Jazz *(Musikrichtung)* джаз 1
Jeans **джи́нсы** *nur Pl.* 2
jede(r), beliebig **любо́й** *Adj. und Subst. m.* 5 A
jeden *Wochentag (montags, dienstags, … sonntags)* **по** *каки́м дням? mit Dat. Pl.;* 1 A
jeder **ка́ждый** *Adj. und Subst. m.* 2
jener, jene(s); der, die, das; die **тот**, та, то; те 2 A
jetzig, gegenwärtig, momentan **настоя́щий, -ая, -ее; -ие** 3 Б
jetzt **сейча́с** *Adv.* 1
jmd. hat *etw.* oder *jmdn.* **у** *mit Gen.* **есть** *mit Nom.* 1
jmd. hat Glück *кому́? mit Dat.* **везёт** *ugs.* 2
jmd. hatte Glück *кому́? mit Dat.* **повезло́** *ugs.*
jmd. trägt etwas, jmd. hat etwas an (ходи́ть) **в** *mit Präp. ugs.* 2
jmdm. begegnen, *(zufällig)* **treffen** **встре́тить/встреча́ть** *mit Akk.* 2
jmdm. tut etw. weh; jmd. hat (…) schmerzen у *mit Gen.* **боли́т** 2
Joga йо́га 3 A Wt
Jogging джо́ггинг 1
Journalist(in) журнали́ст(ка) 2
Joystick джо́йстик 4 A Wt
Judo дзюдо́ *unveränd.* 1
Jugend, junge Leute, Nachwuchs **молодёжь** *w.* 3 A
Jugendliche **ребя́та** *Pl. ugs.* 1
Juli **ию́ль** *m.* 2
jung **молодо́й**, мо́лодо 3 A
Junge *(bis ca. 14–15 J.)* **ма́льчик** 2
junge Leute, Jugend, Nachwuchs **молодёжь** *w.* 3 A
Junge, junger Mann, Jüngling *(gehoben)* **ю́ноша** *m.* 4 Б
junge Frau, Fräulein, Mädchen **де́вушка** 2
junger Mann **па́рень** *m.; Pl.* па́рни 2
Juni **ию́нь** *m.* 2
Jurist(in) юри́ст 2
Jury жюри́ *s., unveränd.* 4 B Wt

K

Kaffee ко́фе *m. unveränd.* 1
Kakao **кака́о** *unveränd.* 1
Kaktus ка́ктус 1
Kaleidoskop калейдоско́п 1
Kalender **календа́рь** *m.; Pl.* календари́ 1
kalt **холо́дный**, хо́лодно 2
Kanarienvogel канаре́йка 1
Känguru кенгуру́ *m. und w. unveränd.* 2
Kaninchen кро́лик 1
Karaoke **карао́ке** *unveränd.* 2
Karate карате́ *unveränd.* 2
Karelien **Каре́лия** 2
Karikatur карикату́ра 2
Karneval карнава́л 2
Karriere карье́ра 3 B Wt
Karte **ка́рточка** *ugs.* 2 Б
Karte, Landkarte ка́рта 1
Karteikarte **ка́рточка** 2 Б
Karten spielen **игра́ть** *uv.* **в ка́рты** 1
eine Weile ~ поигра́ть *v.* ~
Kartoffel карто́фель *m. nur Sg.* 2 A Wt
Kascha (Brei) **ка́ша** 1
Kasse ка́сса 1
Kassierer(in) **касси́р** 2
kategorisch категори́ческий, категори́чески 1 B Wt
Kater **кот**; *Pl.* коты́ 1
Kathedrale **собо́р** 1
Katze **ко́шка** 1
kauen **жева́ть** *uv.* 2
kaufen **купи́ть/покупа́ть** 2, 1 B
Kaufhaus **магази́н, универма́г** (универса́льный магази́н) 2
Kaugummi **жва́чка** *ugs.* 2
Kaukasus; im ~ **Кавка́з**; **на** Кавка́зе 2
Kehle **го́рло** 2
kein(e) … ! **нет** *mit Gen. Pl. ugs.* 2
kein(er), kein(e) **никако́й** *Pron.* 1 A
Keine Ursache. Bitte schön. *ugs.* Не́ за что. 1
keinen, kein(e) haben **нет** *mit Gen.* 1
keiner, niemand **никто́** *Pron.* 1 A
Keller подва́л 1
jmdn. **kennen** **знать** *uv. кого?* 2
kennzeichnen **отме́тить/отмеча́ть** 1 A
(junger) **Kerl** **па́рень** *m. ugs.; Pl.* па́рни 2
Kette, Halskette *(Schmuck)* цепо́чка 2
Keyboard ки́борд 1
Kilometer **киломе́тр** 2
Kind ребёнок; *Pl.* **де́ти** 1 A, 6 B
Kinder, Leute *ugs.* Jugendliche **ребя́та** *Pl. ugs.* 1
Kinderzimmer **де́тская** *Subst.* 1
Kindheit де́тство 1 A
Kino **кино́** *unveränd. ugs.;* **кинотеа́тр** *(Gebäude)* 1
Kinoliebhaber **кинома́н** 4 B
Kiosk кио́ск 1
Kirchen-, kirchlich **церко́вный** 2
Kirsche ви́шня 2 A
(Alles) Klar. *ugs.* **Поня́тно.** *ugs.* 1
klar, heiter, deutlich, verständlich я́сный, **я́сно** 3 B
Klarinette кларне́т 1
Klasse! **Класс!** *ugs.* 2
klasse, großartig **кла́ссный**, кла́ссно *ugs.* 2
Klasse, Klassenraum класс 1
Klassenkamerad(in) **однокла́ссник**, однокла́ссница 2
Klassik кла́ссика 2
Klassiker(in) кла́ссик 2
klassische Musik класси́ческая му́зыка 2
Klavier пиани́но *unveränd.* 1
Kleid **пла́тье** 2
Kleidung **оде́жда** 5 A
klein, nicht groß **ма́ленький**, **небольшо́й** 1
klein, winzig **мал** *Kurzform* von ма́ленький 2 A
Kleinbus-Sammeltaxi **маршру́тка** *ugs.* (маршру́тное такси́) 1
kleiner Tisch сто́лик *ugs.* 1
Klient, Kunde, Kundin клие́нт(ка) 5 Б Wt
Klima **кли́мат** 6 A
klimatisch, Klima- климати́ческий 6 Б Wt
Klips (Ohr-) **кли́псы** *Pl.; Sg.* кли́пса 1
Klopse **котле́ты** *Pl.; Sg.* котле́та 1
Klub клуб 2 A Wt
kochen, zubereiten **пригото́вить/гото́вить** 1 A
kochendes Wasser **кипято́к** 2
Koffer **чемода́н** 2 B
Kohl капу́ста 2 A
kommen *auf etw.*, erraten **догада́ться/дога́дываться о** *mit Präp.* 5 Б
Kommentator(in) коммента́тор 2
Komödie коме́дия 4 B Wt
kommunizieren, Kontakt zu *jmdm.* pflegen (haben), sich unterhalten **обща́ться** *uv.* **с** *mit Instr.* 3 A
eine Weile/Zeitlang ~ пообща́ться *v.*

Kompliment комплиме́нт 3 Б Wt
kompliziert, schwer, schwierig **тру́дный**, тру́дно 1 В
Komponist(in) компози́тор 2
Komposition, Aufbau компози́ция 3 Б Wt
Kompott **компо́т** 1
Kompromiss компроми́сс 3 В Wt
Konditor(in) конди́тер 2
Konditorei **кафе́** *unveränd.* 1
Konfekt **конфе́ты** *Pl.; Sg.* конфе́та 1
Konferenz конфере́нция 2
Konferenzsaal конфере́нц-зал 2 Б Wt
eine Art **Konfitüre** **варе́нье** 1
Konflikt конфли́кт 1 В Wt
können *(eine Fähigkeit besitzen, etwas beherrschen)* **с/уме́ть** 2
können *(imstande sein)* **смочь/мочь** 2, 2 А
Konstrukteur(in) констру́ктор 2
Kontaktadresse, Koordinaten координа́ты *Pl., ugs.* 3 А Wt
kontaktfreudig **общи́тельный** 2
Kontrolle **контро́ль** *m.; Durchsuchung* 6 А
Konzert **конце́рт** 1
Koordinaten, Kontaktadresse координа́ты *Pl., ugs.* 3 А Wt
Kopeke **копе́йка** 1
Kopf **голова́**; *Pl.* го́ловы 2
Korn-, Getreide- зерново́й 5 А
Korridor коридо́р 1
Kosmetik косме́тика 2
Kosmos ко́смос 2
Kosmonautik космона́втика 2
Kost, Ernährung **пита́ние** 5 А
kosten, schmecken **попро́бовать/про́бовать** 1
kosten *(Preis)* **сто́ить** *uv.* 1
Kraft, Macht, Gewalt **си́ла** 5 Б
kräftig, stark **си́льный**, си́льно 2
krank, schmerzhaft, tut weh больно́й, **бо́льно** 1 А
Kranker **больно́й** *Subst., ugs.* 1 А
krank werden, erkranken **заболе́ть/заболева́ть** *mit Instr.* 1 А
Kredit креди́т 3 В Wt
Kredit- **креди́тный** 2 Б
Kreide **мел** 1
Kreml- **Кремлёвский, кремлёвский** 1
Kreml *(in Moskau)* **Кремль** *m.* 1
Krieg **война́**; *Pl.* во́йны 2 В
Kriminalfilm, Kriminalroman, Krimi **детекти́в** 4 В
Küche **ку́хня** 1
Kugelschreiber **ру́чка** 1
kühl, frisch свежо́ 5 А
Kühlschrank **холоди́льник** 1
Kultur *(bezogen auf Staat und Geschichte)* **культу́ра** 3 А
Kunde, Kundin, Klient(in) клие́нт(ка) 5 Б Wt
Kunst-, Spiel- **худо́жественный** 4 В
Künstler(in), Schauspieler(in) арти́ст(ка) 4 В Wt
Kur-, Kurort-, Bade- куро́ртный 6 А Wt
Kurort **го́род-куро́рт**; *Pl.* города́-куро́рты; куро́рт 2
kurzum, mit einem Wort (одни́м) **сло́вом** 3 В
küssen **поцелова́ть/целова́ть** 2
Küste; an der ~ **бе́рег**; **на** берегу́; *Pl.* берега́ 2
Kutter **ка́тер**; *Pl.* катера́ 2
Kwas(s) **квас** 1

L

Laborant(in) лабора́нт(ка) 2
lachen **смея́ться** *uv.* 2, 1 А
eine Weile ~ **посмея́ться** *v.*
Lackdose *(Schmuckkästchen)* **шкату́лка** 1
Laden **магази́н** 1
Lager, Camp ла́герь *m.; Pl.* лагеря́ 6 В Wt
Lampe ла́мпа 1
Land *(Dorf)* **дере́вня** 1
Land *(Staat)* **страна́**; *Pl.* стра́ны 2
Landkarte ка́рта 1
Landschaft ландша́фт 2
Landstraße, Weg **доро́га** 6 Б
lang **дли́нный**, дли́нно 6 Б
Länge **длина́** 6 Б
lange *(Zeit)* **до́лго** 2
langsam ме́дленный, **ме́дленно** 2 В
längst, vor langer Zeit, schon lange **давно́** 6 А
langweilig **ску́чный**, ску́чно 2, 1
Laptop, Notebook но́утбук 4 А Wt
Lass uns ... ! Lasst uns (Lassen Sie) uns ... ! *(Aufforderung, Vorschlag)* **дава́й(те)** *mit Inf. (uv.)* 1
Latein лати́нский язы́к 2
Lauch, Zwiebel лук *nur Sg.* 2 А
Laufen **бег** 5 А
laufen **бе́гать** *uv. nicht zielger.* 5 А
etwas, eine Zeitlang **~** побе́гать *v.*
laufen *(Inliner ...)* **ката́ться** *uv. nicht zielger.* **на** *mit Präp.* 1
eine Zeitlang ~ поката́ться *v.*
laut, viel Lärm шу́мный, **шу́мно** 2 А
leben **жить** *uv.* 1
Leben **жизнь** *w.* 2 А
Lebenslauf, Biografie **(авто)биогра́фия** 2
Lebensmittel **проду́кты** *Pl.* 1 А
Lebensmittel einkaufen сходи́ть/ходи́ть за проду́ктами
lecker, schmackhaft вку́сный, **вку́сно** 1
(Lehr)Kabinett **кабине́т** 1 А
Lehrbuch, Schulbuch, **уче́бник** 2 В
Lehre, Ausbildung **учёба** 2
Lehrer(in) **учи́тель(ница)** 2
Lehrveranstaltung, Unterricht **заня́тия** *Pl. ugs.* 4 В
Leichtathletik лёгкая атле́тика 2
leider **к сожале́нию** 1
leihen **брать/взять** 3 В
Leiter(in) **руководи́тель(ница)** 2
Lektion *(Unterrichtseinheit)* **уро́к** 1
lernen **заня́ться/занима́ться** *mit Instr.* 2
auswendig **lernen**, einstudieren **вы́учить/учи́ть** 2
Lernen, Lehre, Studium **учёба** 2
lernen, studieren *(eine Lehre oder Ausbildung machen)* **учи́ться** *uv.* 2
Lese- **чита́льный** 2
lesen **прочита́ть/чита́ть** 1, 2
eine Weile/Zeitlang ~ почита́ть
Leser(in) **чита́тель(ница)** 2
letzte ... **после́дний** 2
Leute 1. **лю́ди** *Pl.; Sg.* челове́к; 2. *ugs. Jungs, Kinder* **ребя́та** *Pl.* 1, 2
lieb (geliebt...) ми́лый 2
lieb, teuer **дорого́й** 2
Liebe **любо́вь** *w.* 2
liebe(r), teuer; kostspielig **дорого́й** 2 А
lieben **люби́ть** 1, 2
lieber *(Komp.)* **лу́чше** 2
Liebling ми́лый *Subst. m. ugs.* 2
Lieblings- **люби́мый** 1
Lied **пе́сня**; *Pl.* пе́сни 1, 2
Liedchen пе́сенка *ugs.* 2
Liege куше́тка 1
liegen **лежа́ть** *uv.* 1 А
ein wenig, eine Weile liegen полежа́ть *v.*
Lift, Fahrstuhl лифт 1
Limo(nade) **лимона́д** 1
Lineal **лине́йка** 1
Literatur **литерату́ра** 2
Lithium-Ion- /Lithium-Polymer-Akkumulator ли́тий-ио́нный/ли́тий-полиме́рный аккумуля́тор 4 А Wt
Löffel **ло́жка** 2
lösen (Aufgabe), entscheiden **реши́ть/реша́ть** 4 В
losfliegen **по/лете́ть** *zielger.* 6 А
Los,...! *(Aufforderung, Vorschlag)* **дава́й(те)** *mit Inf. (uv.)* 1
Luft **во́здух** 2 А
lustig, fröhlich **весёлый**, ве́село 2
Luxusklasse класс «люкс» 2 Б Wt
Lyzeum лице́й *m.; Pl.* лице́и 2

M

Mach's gut! **Пока́!** *ugs.* 1
machen, tun **сде́лать/де́лать** 1, 2
Machen Sie sich (macht euch) bekannt! **Познако́мьтесь!** 2
Macht, Kraft, Gewalt **си́ла** 5 Б
Mädchen, **де́вочка** *(bis ca. 14–15 J.)* 2
де́вушка *(ab ca. 14 J.)* 2
Magistrale, Hauptverkehrsader магистра́ль *w.* 6 Б Wt
Mai **май** *m.* 2
Makkaroni макаро́ны *Pl.* 1
Makkaroni- макаро́нный 5 А
Makler(in) ма́клер 2, 2 А Wt
Mal, mal **раз** 2
malen, (auf)zeichnen **нарисова́ть/рисова́ть** 1, 2
Mama **ма́ма** 1
man darf nicht, es ist nicht erlaubt **нельзя́** 2
man kann, man darf, es ist erlaubt **мо́жно** 1, 2
man muss, man soll **ну́жно, на́до** *ugs.* 2

Manager(in) ме́неджер 2
manche, viele многие *Adj.; auch Subst., Pl.* 2 A
manchmal иногда́ 2
Mann *(als Person)* **мужчи́на** *m.* 1 A
junger **Mann, Kerl па́рень** *m. ugs.; Pl.* па́рни 2
Männer-, Herren-; männlich **мужско́й** 1 A
Mannschaft кома́нда 2
Märchen ска́зка 2
Margarite, Gänseblümchen маргари́тка 2 A
Marschroute маршру́т 2
März март 2
Massageraum масса́жный кабине́т 3 A Wt
Massen- ма́ссовый 4 A
Massenmedien СМИ *Pl., unveränd.* 4 A
Match матч 3 A Wt
Mathematik матема́тика 2
Mathematiker(in) матема́тик 2
Material, Stoff материа́л 5 A Wt
Matrix ма́трица 4 A Wt
Matrjoschka матрёшка 1
Maus мышь *w.* 1
Medizin, Arznei **лека́рство** 1 A
Meer мо́ре; *Pl.* моря́ 2
Meeres- морско́й 2
Megabyte мегаба́йт 4 A Wt
Mechaniker меха́ник 2 A Wt
mehr бо́льше *Komp. mit Verb* ↗ мно́го 3 A
mehr als бо́лее *mit Zahlwort mit Gen.* 4 A
mehr gefallen, näher бли́же *Komp.* 2
mehr(viel)stöckig, Hoch(haus) **многоэта́жный** 2 A
mein мой *Poss.* 1
mein (eigen) **свой** *Pron.* 3 A
meiner Meinung nach по-мо́ему *Adv.* 1 B
Meinung мне́ние 1 B
meistens, am häufigsten **ча́ще всего́** *Adv.* 3 A
meistens, gewöhnlich **обы́чно** *Adv.* 1
meistern, bewältigen, zurechtkommen, schaffen **спра́виться/справля́ться с** *mit Instr.* 1 Б
Melodram мелодра́ма 3 Б Wt
Mensch челове́к; *Pl.* **лю́ди** 2
Menü *(auch EDV)*, Speisekarte меню́ *s., unveränd.* 4 A Wt
Merkmal, Attribut атрибу́т 5 B Wt
Messe я́рмарка 2
Messer нож; *Pl.* ножи́ 2
Meteorologe, Meteorologin метеоро́лог 2
Metro метро́ *unveränd.* 1
mich, dich, euch, sich, uns **себя́** 2 B
Mikrofon микрофо́н 4 A Wt
Mikrowelle микроволно́вка *ugs.*, (микроволно́вая печь) 1
Milch молоко́ 1
Milch- моло́чный 5 A

Mineral- минера́льный 2
Mineralwasser минера́льная вода́, минера́лка *ugs.*
Minifußball- ми́ни-футбо́льный 5 Б
minus, Minus ми́нус 1
Minute мину́та 1
mit 1. **с** *mit Instr.*
2. **на** *mit Präp.* *(Transportmittel)*
3. **под** *mit Akk.* *(Musikbegleitung)* 1
mit einem Wort (одни́м) **сло́вом** 3 B
mit niemandem ни с кем 1 A
Mit Vergnügen! Gern. С удово́льствием! 1
mit wem? с кем? 1
Mitarbeiter(in) der Patientenaufnahme регистра́тор (медици́нский) 1 A
mitbringen принести́/приноси́ть (с собо́й) 2
mitnehmen взять/брать с собо́й 2
Mitschüler(in) одноклáссник, однокла́ссница 2
Mittagessen обе́д 1
Mitte, Zentrum **центр** 1
mitteilen сказа́ть/говори́ть 2
mitteilen переда́ть/передава́ть 5 A
mitteilsam общи́тельный 2
Mittel сре́дство 4 A
Mittel- *(entspricht im deutschen Schulwesen:* **Ober-**) **сре́дний, -яя, -ее; -ие** 2
Mitwirkung, Teilnahme **уча́стие в** *mit Präp.* 4 B
Mittwoch; am ~ среда́; **в** сре́ду 2
Mobbing мо́ббинг 3 B Wt
Möchtest du noch…? Бу́дешь ещё …? *ugs.* 1
Mode мо́да 2
Mode-, modisch, aktuell, in *(ugs.)* **мо́дный,** мо́дно 4 Б
Modell, Muster **моде́ль** *w.* 4 A
Modem моде́м 4 A Wt
modern совреме́нный, совреме́нно 2
modisch, aktuell, in sein мо́дно 4 Б
mögen, gern haben **люби́ть** *uv.* 1
mögen, wollen **хоте́ть** *uv. mit Inf.* 1
Möglichkeit, Gelegenheit **возмо́жность** *w.* 5 A
Möhre морко́вь *w. nur Sg.* 2 A
momentan, gegenwärtig, jetzig **настоя́щий, -ая, -ее; -ие** 3 Б
Monat ме́сяц 2
Mond (abnehmender) **ме́сяц** 2
Monolog моноло́г 3 A Wt
Montag; am ~ понеде́льник; в ~ 2
morgen за́втра *Adv.* 2
morgens у́тром *Adv.* 1
Moskauer(in) москви́ч; *Pl.* москвичи́, **москви́чка** *w.* 1
Moskauer *Adj.* моско́вский 2 Б Wt
Motor(schnell)boot ка́тер; *Pl.* катера́ 2
MP3-Player MP3-пле́ер 1, 4 A Wt
müde werden уста́ть/устава́ть 2
Müll му́сор 1 A
Mund рот; *Pl.* рты 2
Münze моне́та 2

Museum музе́й; *Pl.* музе́и 1
Musik му́зыка 2
Musikanlage, Stereoanlage аппарату́ра (музыка́льная) 4 B Wt
Musiker(in), Musikant(in) музыка́нт 2
Musikinstrument музыка́льный инструме́нт 2
Müsli мю́сли *s. und Pl. unveränd.* 1
müssen 1. *jmd. mit Dat.* (на́до *ugs.*) *mit Inf.*; 2. *sollen; jmd. mit Nom.* **до́лжен** (должна́ *w.*, должно́ *s.*; должны́ *Pl.*) *mit Inf.* 1 A
Muster моде́ль *w.* 4 A
Mutter мать *w.*; *Pl.* ма́тери, *auch Sg. Gen., Dat. Präp.* 1 A
Mutti ма́ма 1

N

nach по́сле *mit Gen.* 1
nach Hause домо́й *Adv.* 2
nach links нале́во *Adv.* 1
nach rechts напра́во *Adv.* 1
Nachbar- сосе́дний, -яя, -ее; -ие 2
Nachbar(in) сосе́д(ка) 2
nachdenken, sich überlegen **поду́мать/ду́мать** 5 A
Nachname фами́лия 1
Nachricht, Neuigkeit но́вость *w.* 4 A
Nachrichten-, Informations- **информацио́нный** 4 B
nächst(er), folgend(er) **сле́дующий, -ая, -ее; -ие** 5 B
nachts, in der Nacht но́чью *Adv.* 2
Nachwuchs, junge Leute, Jugend **молодёжь** *w.* 3 B
näher бли́же 2
näher kommen пройти́/проходи́ть 1 A
Nase нос; *Pl.* носы́ 2
Nation на́ция 5 B Wt
Natur приро́да 2 A
Naturschutzgebiet музе́й-запове́дник; *Pl.* музе́и-запове́дники 2
natürlich коне́чно *ugs.* 1
neben, nebenan, in der Nähe **ря́дом с** *mit Instr.* 2 A
negativ негати́вный, негати́вно 5 B Wt
(auf)**nehmen взять/брать** 3 B
nein нет 1
Nelke гвозди́ка 2 A
(be)**nennen назва́ть/называ́ть** 5 B
nerven, auf die Nerven gehen нерви́ровать *uv.* 4 A
Nesnaika Незна́йка 1
neu но́вый 1
neu, neuest(e) *(Nachricht, Zeitung u. ä.)*, aktuell **све́жий, -ая, -ее; -ие** 5 A
Neuigkeit, Nachricht **но́вость** *w.* 4 A
Neujahr *(Feiertag)* **Но́вый год** *(праздник)* 2
Neujahrs- нового́дний
Neujahrsfeier встре́ча Но́вого го́да 2
neuntens в-девя́тых 4 B
nicht не 1

nicht groß, klein небольшо́й, ма́ленький 1
nicht hoch невысо́кий, невысоко́ 1 А
nicht langweilig нескý́чно 2
nicht olympisch неолимпи́йский 5 А
nicht wahr, stimmt's пра́вда 2
nicht weit von недалеко́ от *mit Gen.* 1
nichts ничто́ *Pron.* ничего́ 1 А
nie никогда́ *Adv.* 1 А
niemand, keiner **никто́** *Pron.* 1 А
nirgend(s)wohin никуда́ *Adv.* 1 А
nirgends нигде́ *Adv.* 1 А
noch ещё 1
Norden се́вер; **im ~** на се́вере 1
Nord-, nordisch, nördlich се́верный 2
normal норма́льно *ugs.* 1
normalerweise обы́чно *Adv.* 1
Not- запа́сный 6 А
Note отме́тка 2
Notebook, Laptop но́утбук 4 А Wt
November ноя́брь *m.* 2
null, Null ноль *m.* 1
Nummer но́мер; *Pl.* номера́ 2 Б
(Nun) gut! Ла́дно. *ugs.* 1
nur то́лько 1
nützlich, gesund **поле́зный**, поле́зно 5 А

O

o.k. (okay) **Ла́дно.** *ugs.*, о'ке́й 1
Objekt объе́кт 1
Obst фру́кты *Pl.; Sg.* фрукт 1
Obstgarten сад; в саду́; *Pl.* сады́ 2 А
Obus тролле́йбус 1
obwohl, wenn auch, zwar **хотя́** *Konj.* 2 А
oder и́ли 1
offen(herzig) откры́тый, откры́то 2
oft, häufig **ча́стый,** ча́сто 1
Oh (Au), wie tut das weh! Ой, как бо́льно! 2
Ohr у́хо; *Pl.* у́ши 2
Oktober октя́брь *m.* 2
Olympiade олимпиа́да 2
olympisch олимпи́йский 5 А
Oma ба́бушка 1
Onkel дя́дя *m.* 1
online онла́йн 4 А Wt
Online- онла́йновый 4 А Wt
Onlinespiel онла́йновая игра́ 1 В Wt
Opa де́душка *m.* 1
Oper о́пера 1
optimal оптима́льный, оптима́льно 5 Б Wt
optimistisch оптимисти́ческий, оптимисти́чно *auch*: оптимисти́чный, оптимисти́чески 2, 3 В Wt
orange ора́нжевый 2
Ordner, Hefter **па́пка** 1
Organisation организа́ция 5 А Wt
organisieren организова́ть/ организо́вывать 2
Originalität оригина́льность *w.* 3 В Wt

Ort ме́сто; *Pl.* места́ 1
Osten; im ~ восто́к; на восто́ке 1
Ostern Па́сха 2
Oster- пасха́льный
Ostsee Балти́йское мо́ре 2

P

packen собира́ть (чемода́н) 2 В
Papa па́па *m.* 1
Papagei попуга́й; *Pl.* попуга́и 1
Parade пара́д 1 Б
Park парк 1
Partner(in) партнёр(ша) 2 Б
Party вечери́нка *ugs.* 2
Pass, Reisepass па́спорт, *Pl.* паспорта́ 2 Б Wt
Pass- па́спортный 6 А
Passagier, Fahrgast, Fluggast, Reisender пассажи́р 6 А Wt
passen, sich eignen **подойти́/ подходи́ть** 5 А
passieren, durchqueren **пройти́/ проходи́ть** 1 А
passieren, geschehen, vor sich gehen, stattfinden, **произойти́/ происходи́ть** 2 А
Patient больно́й *Subst., m., ugs.* 1 А
Patientenaufnahme регистрату́ра 1 А
Pauschalreise, (gebuchte) Reise **путёвка** 6 В
Pause (*in der Schule*) **переме́на** 2
Pause, Unterbrechung, Stopp па́уза 4 Б Wt
PC-Tisch компью́терный стол 1
Pelmeni пельме́ни *Pl.; Sg.* пельме́нь *m.* 1
Pelzmütze ша́пка 1
Personal Trainer персона́льный тре́нер 5 Б Wt
Personal Training персона́льный тре́нинг 3 А Wt
Perspektive перспекти́ва 6 В Wt
Pfingsten Тро́ица *(пра́здник)* 2
Pflaume сли́ва 2 А
Phantasie фанта́зия 4 В Wt
Physik фи́зика 2
Physiker(in) фи́зик 2
Physiologe, Physiologin физио́лог 2
Piano пиани́но *unveränd.* 1
Piroggen пирожки́ *Pl.; Sg.* пирожо́к 1
Pizza пи́цца 1
Plakat плака́т 4 Б Wt
Plan план 2
(Fahr-. Stunden)**Plan расписа́ние** (поездо́в, уро́ков) 2
planen, entwerfen заплани́ровать / плани́ровать 6 Б Wt
Platz 1. *großer Platz* **пло́щадь** *w.*; 1 2. *Ort; Sitzplatz* **ме́сто**; *Pl.* места́ 2
Player пле́ер 1
Plinsen (Crêpes) блины́ *Pl.* 1
plus, Plus плюс 1
Politik поли́тика 4 А
Politiker(in) поли́тик 2
Politologe, Politologin полито́лог 2
polnisch, auf Polnisch по-по́льски *Adv.* 1

Pommes frites карто́фель *m. nur Sg.* **фри** *unveränd.* 1
Pop- und Soft-Rock поп- и софт-рок 3 А Wt
Popcorn попко́рн 4 В Wt
Popmusik поп-му́зыка 1
Popstars поп-звёзды *Pl. ugs.* 2 *Sg.:* поп-звезда́
populär популя́рный 2
Popularität популя́рность *w.* 6 Б Wt
Porträt, Bild портре́т 2
positiv позити́вный, позити́вно 5 В Wt
Post, Postamt по́чта 1
Poster по́стер 1
Postkarte откры́тка 1
Pralinen конфе́ты *Pl.; Sg.* конфе́та 1
Präsident президе́нт 1
Preis 1. *für einen Sieg in einem Wettbewerb* **приз**; 2. *Wirtschaft/ Handel* **цена́**; *Pl.* це́ны 2, 4 А
Preis- призово́й 2
preiswert, billig **дешёвый, дёшево** 6 Б
Prima! Здо́рово! *ugs.* 2
Printer, Drucker при́нтер 4 А Wt
Privatdetektiv, Privatermittler **детекти́в** 4 В
Problem пробле́ма 2
Produzent, (TV) Producer продю́сер 3 Б Wt
professionell профессиона́льный, профессиона́льно 2 А
Professor(in) профе́ссор; *Pl.* профессора́ 1
Programm програ́мма 2
Programmierer(in) программи́ст 2
Projekt прое́кт 3 А Wt
Prospekt *Avenue, (breite gerade Straße), auch Reise~, Werbe~* **проспе́кт** 1, 6 А
Prozent проце́нт 4 А Wt
Psychologie психоло́гия 4 В Wt
Pullover сви́тер 2
Punk Rock *(Musikrichtung)* панк-ро́к 1
Punkt *(Satzzeichen)* то́чка 2
Püree пюре́ *unveränd.* 1
Pyramide пирами́да 5 А Wt

Q

qualifiziert квалифици́рованный, квалифици́рованно 5 Б
Quelle исто́чник 4 А
Quiz виктори́на

R

Radiergummi ла́стик *ugs.* 1
Radieschen реди́с 2 А
Radio ра́дио *unveränd.* 1
Radiohörer(in) радиослу́шатель(ница) 2
Radsport велоспо́рт 2
Rahmen ра́мка 6 В Wt
Rap *(Musikrichtung)* рэп 1
Rapper(in) рэ́пер(ша) *ugs.* 2
Rat, Ratschlag **сове́т** 5 А
raten, einen Rat geben **посове́товать/сове́товать** 2 Б

Raumfahrt космона́втика 2
real, reell, wirklich реа́льный, реа́льно 3 B Wt
Real- **реа́льный** 2
realisieren, verwirklichen реализова́ть *uv. und v.* реализо́вывать 3 B Wt
Realität, Wirklichkeit **реа́льность** *w.* 4 B
recht haben **прав**, права́, пра́во; пра́вы 3 B
Redaktion реда́кция 1 A Wt
Rede *(öffentliche)*, Auftritt, Darbietung, **выступле́ние** 4 B
Regal **по́лка** 1
Regel **пра́вило** 4 B
regelmäßig регуля́рный, **регуля́рно** 4 A
Regen; es regnet **дождь** *m.*; идёт ~ 2
Region **регио́н** 2
Regisseur(in) режиссёр 3 Б Wt
reich, vermögend *Adv.* **бога́тый**, бога́то 3 Б
Reicher *ugs.* **бога́тый** *Subst., m., ugs.* 3 Б
Reis **рис** 1
Reise *Fahrt* **пое́здка**; **путеше́ствие** 2
Reise *(gebuchte)*, **Pauschalreise**, Reisescheck путёвка 6 B
Reiseagentur, Reisebüro **тураге́нтство** (туристи́ческое аге́нтство) 6 A
Reisebüro турбюро́ *ugs. unveränd.* (туристи́ческое бюро́) 2
Reisefachmann, Reisefachfrau, Reiseveranstalter(in) **туропера́тор** 6 A
Reisegepäck, Gepäck бага́ж 6 A
reisen **путеше́ствовать** *uv.* 2
eine Zeitlang ~ попутеше́ствовать
Reisende(r), Passagier(in), Fahrgast, Fluggast пассажи́р(ка) 6 A Wt
(Reise)Pass па́спорт, *Pl.* паспорта́ 2 Б Wt
Reiseprospekt **проспе́кт** 6 A
Reiseroute **маршру́т** 2
Reisescheck, Reisevertrag путёвка 6 B
Reklame, Werbung **рекла́ма** 4 A
Reklame-, Werbe- **рекла́мный** 4 Б
Reklame machen, werben **про/реклами́ровать** 4 A
Reklame, Werbespots рекла́мные ро́лики 4 A Wt
Religion рели́гия 2
Renovierung **ремо́нт** 2
Reportage репорта́ж 5 Б Wt
reservieren, buchen **заброни́ровать/брони́ровать** **зарезерви́ровать/ резерви́ровать** 2 Б
Restaurant **рестора́н** 1
Restaurator(in) реставра́тор 2
Resulat результа́т 2
Rezept реце́пт 1 A Wt
richtig, echt, wahr, tätsächlich **настоя́щий, -ая, -ее; -ие** 3 Б
richtig, korrekt **пра́вильный**, пра́вильно 1
riesig, gewaltig **огро́мный** 2 A
Ring **кольцо́**; *Pl.* ко́льца 1
ringsherum, um … herum **вокру́г** *mit Gen.* 6 B
Rock *(Kleidungsstück)* **ю́бка** 2
Rocker ро́кер *ugs.* 2
Rockmusik **рок-му́зыка** 1
Rolle **роль** *w.* 1 Б
eine ~ spielen сыгра́ть/игра́ть роль
Rollschuhe **ро́лики** *Pl. ugs.* 1
Romantik рома́нтика 2
rosa ро́зовый 2
Rose ро́за 2 A Wt
rot **кра́сный** 2
Rubel **рубль** *m.*; *Pl.* рубли́ 1
Rübe свёкла 2 A
Rück- обра́тный 6 A
Rücken **спина́**; *Pl.* спи́ны 2
Rucksack **рюкза́к**; *Pl.* рюкзаки́ 1
rückwärts, zurück **обра́тный**, обра́тно 6 A
ruhig, still 1. *gelassen* споко́йный, **споко́йно**; 2. *leise, still* ти́хий, **ти́хо** 2 A, 6 A
Rundfunkhörer(in) радиослу́шатель (ница); *Pl.* радиослу́шатели 5 Б
Russe, russischer Staatsbürger россия́нин; *Pl.* россия́не; *Gen. + Akk. Pl.* россия́н 5 B
russisch **ру́сский**; *bezogen auf Staat und Wirtschaft* **росси́йский** 1, 2
russisch, auf Russisch **по-ру́сски** *Adv.* 1
Russland **Росси́я** 1

S

Saft **сок** 1
Sage …; Sagen Sie …, sagt … **Скажи́(те)!** 1
sagen **сказа́ть/говори́ть** 2
Salat **сала́т** 1
Salon (Schönheits-, Kosmetik-) сало́н 3 A Wt
Salut, Ehrensalve салю́т 1 Б Wt
sammeln **собра́ть/собира́ть** 2
Samowar **самова́р** 1
Samstag; am ~ **суббо́та**; **в** суббо́ту 2
Sänger(in) **певе́ц, певи́ца;** *Pl.* **певцы́** 2
sauber **чи́стый**, чи́сто 2
Sauna са́уна 3 A Wt
Schach ша́хматы *nur Pl.* 1
schade жаль 1
schaffen, bewältigen, zurechtkommen, **meistern** **спра́виться/ справля́ться с** *mit Instr.* 1 Б
Schatulle *(Schmuckkästchen)* **шкату́лка** 1
schauen **посмотре́ть/смотре́ть** 1, 2
Schauplatz, Arena аре́на 5 A Wt
Schauspieler(in) **актёр, актри́са** 2
Schauspieler(in), Künstler(in) арти́ст(ка) 4 B Wt
scheinbar, es scheint **ка́жется** 1 B
scheinen **свети́ть** *uv.* 2
schenken **подари́ть/дари́ть** 2
Schere **но́жницы** *nur Pl.* 1
schick, fein, elegant **шика́рный**, шика́рно *ugs.* 6 Б
schicken, senden **посла́ть/посыла́ть** 6 B
Schildkröte черепа́ха 1
Schlaf- **спа́льный** 2
Schlafcouch дива́н-крова́ть *m. und w.* 1
schlafen **спать** *uv.* 1 A
etwas, ein wenig ~ поспа́ть *v.*
Schlafzimmer **спа́льня** 1
Schlag- уда́рный 2
Schlager шля́гер 2
Schläger, Stock *(Sport)* би́та 5 A
schlecht, schlimm **плохо́й**, пло́хо 2, 3 A
Schlittschuhe **коньки́** *Pl.; Sg.* конёк 2
schlucken **глотну́ть/глота́ть** 1 A
Schluss, Beendigung **заключе́ние** 3 B
Schluss, Ende **оконча́ние** 2 A
schmackhaft, lecker вку́сный, **вку́сно** 1
schmerzen, wehtun, **заболе́ть/ боле́ть** у *mit Gen.* 2, 1 A
jmd. hat (…)schmerzen за**/боли́т** (за/боля́т) у *mit Gen.*
schmerzhaft, tut weh, krank больно́й *Adj.* 1 A
Schnee; es schneit **снег**; идёт ~ 2
Schneemädchen, Schneeflöckchen Снегу́рочка 2
schnell **бы́стрый, бы́стро** 5 A
Schnupfen **на́сморк** 1 A
Schokolade шокола́д 1
schön **краси́вый**, краси́во 1
(wunder-)**schön**, herrlich, ausgezeichnet, sehr gut **прекра́сный**, прекра́сно 2, 6 Б
(schon) **lange**, seit langem **давно́** *Adv.* 6 A
schon, bereits **уже́** 1
schöngeistig **худо́жественный** 4 B
Schönheit **красота́** 2
Schrank **шкаф**; *Pl.* шкафы́ 1
Schrankwand сте́нка *ugs.* 1
schreiben **написа́ть/писа́ть** 2, 2
Schreibtisch **пи́сьменный стол** 1
Schriftsteller(in) **писа́тель(ница)** 2 B
Schtschi (*Weißkohl- oder Sauerampfersuppe*) щи *nur Pl.* 1
Schuhe, Schuhwerk **о́бувь** *w., nur Sg.* 5 A
Schul-; шко́льный 2
Schulensemble ~ анса́мбль 2
Schulfest ~ пра́здник
Schulbildung **образова́ние** 3 B
Schulbuch, Lehrbuch **уче́бник** 2 B
Schule **шко́ла** 1
Schüler(in) **учени́к, учени́ца**; **шко́льник, шко́льница** 1, 2
Schulfach **предме́т** 2
schwach **сла́бый**, сла́бо 2
schwarz **чёрный** 2
schwer, schwierig, kompliziert **тру́дный**, тру́дно 1 B
schwer, schwerfällig **тяжёлый** 6 Б

Schwester **сестра́**; *Pl.* сёстры, *Gen.* сестёр 1
Schwimmbad, Schwimmhalle **бассе́йн** 1
Schwimmen **пла́вание** 2
schwimmen **плыть** *uv.zielger.;* **пла́вать** *nicht zielger* 2
eine Weile/Zeitlang ~ попла́вать
Sechs (*Zensur*) **шестёрка** *ugs.* 2
der **See** **о́зеро**; *Pl.* озёра 1
die **See** **мо́ре**; *Pl.* моря́ 2
sehen **по/смотре́ть** 1
sehen, erblicken **уви́деть/ви́деть** 2, 3 A
Sehenswürdigkeit **достопримеча́тельность** *w.* 2 A
sehr **о́чень** 1
sehr gut, ausgezeichnet, herrlich, schön **прекра́сный**, прекра́сно 2, 6 Б
sein **быть** *uv.* 1
sein **быть** *uv. mit Instr.* 3 Б
sein *einige Zeit verbringen, sich aufhalten*, verweilen **побы́ть/быть** 2
sein(e) *Poss.* **его́** *Poss. unveränd.* 3 A
seit **с** *mit Gen.* 2
seit langem, schon lange, längst, vor langer Zeit **давно́** 6 A
Seite *(im Buch, Heft, Internet …)* **страни́ца** 2; **сторона́** 3 В
Sekt шампа́нское 2
Selbstständigkeit, Unabhängigkeit **незави́симость** *w.* 3 В
Selbstverwirklichung самореализа́ция 5 В Wt
selten ре́дкий, **редко́** 4 В
senden, schicken **посла́ть/посыла́ть** 6 В
senden, übertragen **переда́ть/передава́ть** 5 A
Sendung (*Fernseh- oder Rundfunk*) **переда́ча** 4 A
September **сентя́брь** *m.* 2
Serie **сериа́л** 4 A
Server се́рвер 4 A Wt
Serviette салфе́тка 2
Sessel **кре́сло** 1
Show шо́у *s., unveränd.* 5 В Wt
Show-Business шо́у-би́знес 4 В Wt
Sibirien **Сиби́рь** *w.* 2
sibirisch сиби́рский 6 Б Wt
sich auf etw. bewegen **ката́ться на** *mit Präp.* 2
eine Weile ~ поката́ться
sich etw. ansehen, anschauen **по/смотре́ть** 2; 1
sich *(Dat.) etw.* **vorstellen** **предста́вить себе́/ представля́ть себе́** 4 A
sich aufhalten, einige Zeit verbringen, verweilen **по/быть** 2
sich ansammeln, sich häufen **собра́ться/собира́ться** 5 Б
sich ausruhen, sich erholen **отдохну́ть/отдыха́ть** 2 A
sich bekannt machen, kennen lernen **по/знако́миться с** *mit Instr.* 2
sich beraten **по/сове́товаться** 6 A
sich beschäftigen, (*Sport*) **treiben** **заня́ться/занима́ться** *mit Instr.* 2
sich fertig machen **собра́ться/собира́ться** 5 Б
sich erholen, sich ausruhen **отдохну́ть/отдыха́ть** 2 A
sich fühlen **чу́вствовать** *uv.* **себя́** 2
sich fürchten, Angst haben **по/боя́ться** 2 В
sich interessieren **интересова́ться** *uv. mit Instr.* 2
sich nähern, herankommen **подойти́/подходи́ть** 5 A
sich treffen **встре́титься/встреча́ться** 2
sich üben **по/практикова́ться** 2 В
sich überlegen, nachdenken **по/ду́мать** 5 A
sich unterhalten **разгова́ривать** *uv.* 2
sich unterhalten, kommunizieren, Kontakt zu *jmdm.* pflegen (haben) **обща́ться** *uv.* **с** *mit Instr.* 3 A
eine Weile/Zeitlang ~ пообща́ться *v.*
sich versammeln, zusammenkommen **собра́ться/собира́ться** 5 Б
sich vorbereiten **подгото́виться/гото́виться к** *mit Dat.* 2
sich, mich, dich, uns, euch **себя́** *Pron. unveränd.* 2 В
sicher **коне́чно** *ugs.*, **наве́рное, наве́рно** *ugs.* 1, 2
Sie *(Höflichkeitsform)* **Вы** 1
sie *(Pl.)* **они́** 1
sie *(Sg.)* **она́** 1
Sie heißt … **Её зову́т …** 1
Siebtklässler(in) семикла́ссник, семикла́ссница 2
singen **спеть/петь** 2
Sitzplatz **ме́сто**; *Pl.* места́ 2
Skateboard скейтбо́рд 1
Ski лы́жи *Pl.* 4 К 1
Slogan сло́ган 4 Б Wt
Slot слот 4 A Wt
Snowboard сно́уборд 2
so **так** 2
so, dann **то** *Konj.* 2 A
Socken носки́ *Pl.; Sg.* носо́к 2
Sofa **дива́н** 1
sogar **да́же** 2
Sohn **сын**; *Pl.* сыновья́ 3 A
Solarium, Sonnenstudio соля́рий 3 A Wt
solcher, so(lch) ein **тако́й** 2
Soljanka соля́нка 1
sollen **до́лжен**, должна́, должно́; должны́; *müssen* **на́до** *ugs.* 1 A
Sommer **ле́то** 2 im ~ **ле́том**
Sommer-, sommerlich **ле́тний** 2
Sonderangebot, Preisaktion, Ausverkauf **распрода́жа** 5 A
Sonderkorrespondent спецкорреспонде́нт 6 В Wt
Sonne **со́лнце** 2
Sonnenstudio, Solarium соля́рий *m.* 3 A Wt
Sonntag; am ~ **воскресе́нье**; в ~ 2
sorgen, acht geben по/следи́ть 5 Б
Souvenir сувени́р 1
sowie, und auch, und ebenfalls **а та́кже** *Konj.* 3 A
sozial социа́льный 3 В Wt
soziale Kompetenz социа́льная компете́нтность 3 В Wt
Spagetti **спаге́тти** *s. und Pl. unveränd.* 1
sparen **сэконо́мить/эконо́мить** *mit Akk. oder* **на** *mit Präp.* 5 Б
spät **по́здний**, по́здно 1 В
(durch etw. eine Zeitlang) **spazieren gehen**, schlendern, bummeln **по/ходи́ть** 2, 2
(eine Weile) **spazieren gehen**, bummeln **по/гуля́ть** 2, 2
Speck, Fett жир 5 A
Speicher (*EDV*) **па́мять** *w.* 4 A
Speiseeis **моро́женое** 1
Speisekarte, Menü меню́ *unveränd.* 4 A Wt
Spezialist(in), Fachmann, Fachfrau специали́ст 1 В Wt
speziell, eigens специа́льный, специа́льно *Adv.* 1 В Wt
Spiegel зе́ркало; *Pl.* зеркала́ 1
Spiel **игра́**; *Pl.* и́гры; *Match* матч 3 A Wt, 4 A
Spiel-, Kunst- **худо́жественный** 4 В
spielen **сыгра́ть /игра́ть** 1, 2
eine Weile ~ поигра́ть
Sport 1. **спорт**; 2. *Schulfach* **физкульту́ра** 2
Sport-, sportlich спорти́вный 2
Sport-AG's спорти́вные кружки́ *Pl.; Sg.* спорти́вный кружо́к 2
Sporthalle **спортза́л** 1
Sportklub спортклу́б 5 Б Wt
Sportkomplex спо́ртко́мплекс (спорти́вный ко́мплекс) 5 Б Wt
Sportler(in) спортсме́н(ка) 2, 2
Sportplatz **спортплоща́дка** (спорти́вная площа́дка) 2
Sportschuhe **кроссо́вки** *Pl.* 5 A
Sprache **язы́к**; *Pl.* языки́ 2, 1 A
sprechen **говори́ть** *uv.;* sich unterhalten **разгова́ривать** *uv.* 1; 2
Sprechstunde **приём** 3 A
Sprechstunde haben, empfangen **приня́ть/принима́ть** 1 A
Sprechzimmer **приёмная** (ко́мната) 1 A
Sprechzimmer, Behandlungszimmer **кабине́т** 1 A
Springbrunnen фонта́н 2
spülen, (ab)waschen **вы́мыть, помы́ть/мыть** 1 A
Staats-, staatlich **госуда́рственный** 2
Stadion **стадио́н** 1
Stadt **го́род**; *Pl.* города́ 1
Stadt-, städtisch **городско́й** 2
Stadtfestung *(in alten russischen Städten)* **кремль** *m.; Pl.* кремли́ 1
Stadtmitte **центр** 1
Standardtänze ба́льные та́нцы, станда́ртные та́нцы *Pl.* 2
ständig, immer постоя́нный, **постоя́нно** 6 В
stark, heftig, kräftig **си́льный, си́льно** 2, 1 A

Start старт 1
starten, abfliegen **вы́лететь/ вылета́ть** 6 А
Station **ста́нция** 1
stattfinden, erfolgen **состоя́ться** *v.* 5 А
stattfinden, passieren, geschehen, sich ereignen, vor sich gehen **произойти́/происходи́ть** 2 А
stattfinden, verlaufen **пройти́/ проходи́ть** 1 А
stehen **стоя́ть** *uv.* 2
eine Weile/Zeitlang stehen постоя́ть *v.*
stehen bleiben, anhalten **останови́ться/остана́вливаться** 6 Б
Steh-, stehend ... **стоя́чий, -ая, -ее; -ие** 2
Step-Aerobic степ-аэро́бика 5 Б Wt
Stereoanlage стереоаппарату́ра 1, 4 В Wt
Stil стиль *m.* 2 Б Wt
still, ruhig 1. *gelassen* споко́йный, **споко́йно**; 2. *leise, still* ти́хий, **ти́хо** 2 А, 6 А
stilvoll сти́льный, сти́льно 5 Б Wt
stimulieren, anregen стимули́ровать *uv. und v.* 4 Б Wt
Stock, Etage **эта́ж**; *Pl.* этажи́ 1
Stock, Schläger би́та 5 А
Stoff, Material материа́л 5 А Wt
strahlen **свети́ть** *uv.* 2
Straße **у́лица** 1
Straßenbahn **трамва́й**; *Pl.* трамва́и 1
Streetball стритбо́л 1
streng **стро́гий**, стро́го 4 В
Stress стресс 4 В Wt
Student(in) **студе́нт(ка)** 1
studieren, eine Ausbildung machen **учи́ться** *uv.* 2
Studio сту́дия 2
Studium, Lehre **учёба** 2
Stuhl **стул**; *Pl.* сту́лья 1
Stunde **час**; *Pl.* часы́ 1
Stundenplan **расписа́ние** уро́ков 2
Stylist(in) стили́ст 2
Subjekt субъе́кт 1
subtropisch субтропи́ческий 6 А Wt
suchen **иска́ть** *uv.* 3 А
eine Weile ~ поиска́ть *v.*
Süchtige(r) **наркома́н(ка)** 4 А
Süden; im ~ **юг**; **на** ю́ге 1
Super! Су́пер! *ugs.* 1
Supermarkt **суперма́ркет** 1
Suppe **суп**; *Pl.* супы́ 1
surfen *(im Internet)* **сиде́ть** *uv.* **в Интерне́те** *ugs.* 1
eine Weile ~ посиде́ть *v.* ~
Süßes, Süßigkeiten сла́дости *Pl.* 5 А
sympathisch **симпати́чный**, симпати́чно 2
Synchronschwimmen синхро́нное пла́вание 5 А Wt
Szenarium, Drehbuch сцена́рий 3 Б Wt

T

Tabelle табли́ца 5 В Wt
Tablett **подно́с** 1
Tafel **доска́**; *Pl.* до́ски 1
Tag **день** *m.*; *Pl.* дни 2
Tag und Nacht, 24 Stunden **су́тки** *nur Pl.* 6 Б
Tagebuch, Hausaufgabenheft **дневни́к**; *Pl.* дневники́ 2
tagsüber, am Tag **днём** *Adv.* 1
Taiga тайга́ 6 Б Wt
Takt такт 1
Talent, Begabung тала́нт 3 В Wt
talentiert **тала́нтливый** 2
Talkshow ток-шо́у 4 В Wt
Talon, Bestellschein **тало́н** 1 А
Tante **тётя** 1
tanzen **станцева́ть/танцева́ть** 1
eine Weile ~ потанцева́ть
Tanz- танцева́льный 2
Tanzensemble танцева́льный анса́мбль 2
Tanzklub танцева́льный клуб 2
Tasche **су́мка** 1
Tasse **ча́шка** 2
Tastatur ки́борд 1
tätig, aktiv акти́вно 1 В Wt
Tatsache, Fakt факт 1, 2, 5 А Wt
tatsächlich, echt, wahr, richtig **настоя́щий, -ая, -ее; -ие** 3 Б
täuschen, betrügen **обману́ть/ обма́нывать** 4 Б
Taxi **такси́** *s., unveränd.* 1
Taxistand **стоя́нка такси́** 1
Team **кома́нда** 2
Technik те́хника 1
Techno *(Musikrichtung)* те́хно *unveränd.* 2
Technologe, Technologin техно́лог 2
Tee **чай** 1
Teenager тине́йджер *ugs.* 3 А Wt
Teich; im ~ **пруд**; в, на пруду́; *Pl.* пруды́ 2 А
Teil **часть** *w.* 2
Teil- части́чный 4 В
teilen *(Meinung)* **раздели́ть/ разделя́ть** 4 В
Teilnahme, Mitwirkung **уча́стие в** *mit Präp.* 4 В
teilnehmen **уча́ствовать** *uv.* **в** *mit Präp.* 2
Teilnehmer(in) **уча́стник, уча́стница** 4 В
Teilnehmer(in) des TV-Projekts «Фа́брика звёзд» «фабрика́нт(ка)» *ugs.* 4 В Wt
teilweise, zum Teil **части́чно** 4 В
Telefon телефо́н 1
(mit jmdn.) **telefonieren** **говори́ть** *uv. oder* **разгова́ривать** *uv.* **по телефо́ну с** *mit Instr.* 1, 2
Telefonitis *ugs.* телефонома́ния *ugs.* 3 В Wt
Telefonnummer **но́мер телефо́на**; *Pl.* номера́ телефо́нов 1
Teller **таре́лка** 2
temperamentvoll темпера́ментный 2
(Luft)**Temperatur, Fieber** **температу́ра** 2, 1 А
Tendenz, Trend **тенде́нция** 4 А, 5 А Wt
Tennis те́ннис 1
Tennis- **те́ннисный** 5 Б
Tennisplatz **корт** 5 Б
Tennisschläger раке́тка 5 А
Teppich ковёр; *Pl.* ковры́ 1
Terminal *(im Flughafen)* термина́л 2
Terrasse терра́са 1
teuer, kostspielig **дорого́й**, до́рого *Adv.* 2 А, 2
(Text-)Marker ма́ркер 1
Theater **теа́тр** 1
Theaterstudio театра́льная сту́дия 2
Thema те́ма 1
Thermal- терма́льный 6 Б Wt
These те́зис 3 В Wt
Thriller три́ллер 4 В Wt
Tier **живо́тное** 6 Б
Tiger тигр 1
Tisch **стол**; *Pl.* столы́ 1
kleiner **Tisch** сто́лик *ugs.* 1
Tisch- **насто́льный** 5 А
Tochter **дочь** *w.*; *Pl. Nom.* до́чери, *auch Sg. Gen., Dat. Präp.* 3 А
Toilette, WC туале́т 1
tolerant толера́нтный, толера́нтно 3 Б Wt
toll **кла́ссный**, кла́ссно *ugs.* 2
Toll! **Здо́рово!** *ugs.* 2
Tomate помидо́р 2 А
Torte **торт** 1
Tour, Reise **тур** 2
Tourist(in) тури́ст(ка) 1
Touristen-, touristisch **тури́стский, туристи́ческий** 2
Touristenherberge **турба́за** *ugs.* (тури́стская ба́за) 2
Tradition **тради́ция** 1 Б
tragen, anhaben *(ein Kleidungsstück)* **ходи́ть в** *чём? ugs.* 2
Trainer(in) тре́нер 1
trainieren тренирова́ться *uv.* 2
eine Weile ~ потренирова́ться
Training, Übung **трениро́вка** 5 А
Trainingsräume тренажёрные за́лы 5 Б Wt
Traktorist трактори́ст 2 А Wt
Transferservice, Flughafentransfer диспе́тчер по трансфе́ру 6 А Wt
Transport, Verkehr тра́нспорт 6 А Wt
Transsib **Транссиб** 6 Б
transsibirisch транссиби́рский 6 Б
träumen *(die Gedanken schweifen lassen)* **мечта́ть** *uv.* о *mit Präp. oder mit Inf.*, помечта́ть *v.* 4 В
Treffen, Begegnung встре́ча 2
treffen, *jmdm.* begegnen встре́тить/ встреча́ть *mit Akk.* 2
treiben, wachsen, gedeihen **вы́расти/ расти́** 2 А
Trend, Tendenz **тенде́нция** 4 А, 5 А Wt
trennen **раздели́ть/разделя́ть** 4 В
Treppe ле́стница 1

Tretjakow-Galerie Третьяко́вская галере́я, Третьяко́вка *ugs.* 1
Tribüne трибу́на 5 A Wt
Trilogie трило́гия 3 Б Wt
trinken **попи́ть/пить** 1
Trinkglas **стака́н** 2
Trompete труба́; *Pl.* тру́бы 1
Tschüss! **Пока́!** *ugs.* 1
T-Shirt **футбо́лка** 2
Tuch **плато́к**; *Pl.* платки́ 1
Tulpe тюльпа́н 2 A Wt
tun, machen **сде́лать/де́лать** 1, 2
Tuner тю́нер 4 A Wt
Tunnel **тунне́ль** *m.* 6 Б
Tür **дверь** *w.* 1
Turnhalle **спортза́л** 1
tut weh **боли́т** (боля́т) у *mit Gen.* 1 A
TV-Gesellschaft, Fernsehgesellschaft кинокомпа́ния 3 Б Wt
TV-Kanal, Fernsehkanal телекана́л 4 A Wt
TV-Programm, Fernsehprogramm телепрогра́мма 4 A Wt
TV-Show телешо́у 4 B Wt
Typ **тип** 2

U

U-Bahn **метро́** *unveränd.* 1
üben (sich) **практикова́ться** *uv.* 2 B
eine Weile/Zeitlang ~ попрактикова́ться *v.*
über **над** *mit Instr.* 1 A
über, von **о** *mit Präp.* 2
über wen? von wem? о ком? 2
worüber? wovon? о чём? 2
über *etw.* **hinüberfliegen** **перелете́ть/перелета́ть** 6 A
überall **везде́** *Adv.* 4 Б
Übergabe, Ausgabe, Aushändigung вы́дача 6 A
übergeben, überreichen, überbringen **переда́ть/передава́ть** *mit Dat.* 5 A
übermitteln **переда́ть/передава́ть** *mit Dat.* 1
einen Gruß ~ **~ приве́т** *mit Dat.*
übermorgen **послеза́втра** *Adv.* 2
überqueren, zurücklegen, durchfahren **прое́хать/проезжа́ть** 6 A
Überraschung **сюрпри́з** 2
Überschrift, Aufschrift, Beschriftung **на́дпись** *w.* 6 A
übersiedeln, umziehen **перее́хать/переезжа́ть** 6 A
übertragen, senden переда́ть/передава́ть 5 A
übrigens **кста́ти** 2
Übung **упражне́ние** 5 A
Übung, Training **трениро́вка** 5 A
Ufer; am ~ **бе́рег**; **на** берегу́; *Pl.* берега́ 2
Uhr, Stunde час; 2–4 часа́; 5 … часо́в 1
um **в** *zeitl. mit Akk.* 1
um … herum, ringsherum **вокру́г** *mit Gen.* 6 B
Umfang *(EDV)*, **Volumen** **объём** 4 A
Umfrage **опро́с** 1 Б
eine ~ durchführen провести́/проводи́ть ~
umgekehrt обра́тно *Adv. ugs.* 6 A
umgekehrt, entgegengesetzt **обра́тный** 6 A
umschalten **переключи́ть/переключа́ть** 4 Б
umziehen, übersiedeln **перее́хать/переезжа́ть** 6 A
Unabhängigkeit, Selbstständigkeit **незави́симость** *w.* 3 B
unbedeutend, unwichtig нева́жный, **нева́жно** 1 B
unbedingt, bestimmt **обяза́тельно** *Adv.* 2
unberechtigt, ungerecht несправедли́вый, **несправедли́во** 4 Б
und 1. **и;** 2. *am Anfang des Satzes* **а** 1
und auch, und ebenfalls, sowie **а та́кже** *Konj.* 3 A
uneffektiv, ineffizient, unwirksam **неэффекти́вный**, неэффекти́вно 4 Б
ungefähr, etwa **приблизи́тельно, приме́рно** 4 A
ungerecht, unberechtigt несправедли́вый, **несправедли́во** 1 A
uninteressant **неинтере́сный**, неинтере́сно 2
Universität **университе́т** 1
uns, dich, euch, mich, sich **себя́** 2 B
unser **наш** *Poss.* 1
unterbrechen, abbrechen **прерва́ть/прерыва́ть** 4 A
Unterbringung, Wohnsituation прожива́ние 6 A
unterhalten (sich), kommunizieren, Kontakt zu *jmdm.* pflegen (haben) **обща́ться** *uv.* **с** *mit Instr.* 3 A
unterhalten, amüsieren **развле́чь/развлека́ть** *mit Instr.* 4 A
Unterricht, Lehrveranstaltungen **заня́тия** *Pl. ugs.* 4 B
Unterrichtseinheit *(im Lehrbuch)* уро́к 1
Unterrichtsstunde **уро́к** 2
Unterschied **разли́чие** 3 A
Unterwäsche ни́жнее бельё 2
unvollendeter *(Aspekt)* несоверше́нный 1 B
unvollkommen несоверше́нный, несоверше́нно 1 B
unwichtig, unbedeutend **нева́жный, нева́жно** 1 B
unwirksam, uneffektiv **неэффекти́вный** 4 Б
Urlaub **о́тпуск**; *Pl.* отпуска́ 6 A
User ю́зер 4 A Wt

V

Valentinskarte валенти́нка 2
Valentinstag День свя́того Валенти́на 2
Vase **ва́за** 2
Vater **оте́ц**; *Pl.* отцы́ 1 A
Väterchen Frost Дед Моро́з 2
Vatersname о́тчество 2
Vati **па́па** *m.* 1
verbinden, vereinen **соедини́ть/соединя́ть** 6 Б
verbringen **провести́/проводи́ть** 2
vereinen, verbinden **соедини́ть/соединя́ть** 6 Б
verfolgen **следи́ть** *uv.* **за** *mit Instr.* 5 Б
vergehen **пройти́/проходи́ть** 1 A
vergessen **забы́ть/забыва́ть** 2
Vergnügen, Gefallen **удово́льствие** 4 B
Verkäufer(in) **продаве́ц; продавщи́ца**; *Pl.* продавцы́ 1
Verkaufsstand, Marktbude **пала́тка** 6 A
Verkehr, Transport тра́нспорт 6 A Wt
verlassen **поки́нуть/покида́ть** 4 B
verlässlich, zuverlässig **надёжный** 3 Б
verlaufen, stattfinden **пройти́/проходи́ть** 1 A
vermögend, reich **бога́тый** 3 Б
verreisen, wegfahren, fortfahren **уе́хать/уезжа́ть** 6 A
versammeln (sich), zusammenkommen **собра́ться/собира́ться** 5 Б
verschieden **ра́зный** 2
verschreiben, verordnen **прописа́ть/пропи́сывать** 1 A
Version ве́рсия 4 B Wt
versprechen **пообеща́ть/обеща́ть** 2
verständlich, deutlich, klar **я́сно** 3 B
verstehen, begreifen **поня́ть/понима́ть** 1 Б
Versuch экспериме́нт 2
versuchen, probieren **попро́бовать/про́бовать** 1
verursachen, hervorrufen **вы́звать/вызыва́ть** 1 A
Vertrag, Kontrakt контра́кт 4 B Wt
Verwandte **ро́дственники** *Pl.* 2
verweilen **побы́ть/быть** 2
Video, Videofilm ви́део *unveränd.; ugs.* 4 A Wt
Video-CD видеоди́ск 2
Videoclip видеокли́п 2
Videokamera видеока́мера 4 B Wt
viel, bedeutend **намно́го** *Adv. mit Komp.* 6 Б
viel Lärm, laut шу́мный, **шу́мно** 2 A
viel/(e) **мно́го** *mit Verb oder mit Gen. Pl.* 2
viele Grüße **большо́й приве́т** *кому? mit Dat.* 2
viele **мно́гие** *Adj.; auch Subst., Pl.* 2 A
Vier *(Zensur)* **четвёрка** *ugs.* 2
Viertel **че́тверть** *w.* 2
viertens в-четвёртых 4 B
violett фиоле́товый 2
Visagist(in) визажи́ст(ка) 2
Visum ви́за 6 Б Wt
Vitamin витами́н 4 Б Wt
Vogel пти́ца 5 A
Vokabel **сло́во**; *Pl.* слова́ 2
vollendeter *(Aspekt)* соверше́нный 1 B
Volleyball волейбо́л 1
völlig, vollkommen **вполне́** *Adv.* 4 B
vollkommen, völlig соверше́нный, **соверше́нно** 1 B

Volumen, Umfang *(EDV)* **объём** 4 A
von от *mit Gen.* 2
von … (bis *Uhr*) **с** *mit Gen.* 4 A
von dort(her), von da **отту́да** *Adv.* 6 Б
von hier aus отсю́да *Adv.* 1
vor *(in Verbindungen mit Zeitangaben)* **наза́д** 6 Б
vorbeifahren, verpassen *(eine Haltestelle, Station)* **прое́хать/проезжа́ть** 6 A
vorbereiten, zurechtmachen **пригото́вить/гото́вить** 1 A
Vorhaben, Pläne пла́ны *Pl.* 2
vorhanden sein есть *mit Nom.* 1
vorkommen встре́титься/встреча́ться *1. und 2. Pers. ungebr.* 3 A
vor langer Zeit, schon lange давно́ 6 A
Vorname и́мя *s.; Gen., Dat., Präp.* и́мени *Pl.* имена́ 1
vorrätig, Ersatz- **запа́сный** 6 A
vorschlagen, anbieten **предложи́ть/предлага́ть** 2, 4 A
vor sich gehen, stattfinden **произойти́/происходи́ть** 2 A
vorstellen, bekannt machen **познако́мить/знако́мить** *кого́? mit Akk.* *с кем?* с *mit Instr.*; **предста́вить/представля́ть** *кому́? mit Dat.* *кого́? mit Akk.* 2, 5 B
Vorwahlnummer код 2

W

wachsen, treiben, gedeihen **вы́расти/расти́** 2 A
Waggon ваго́н 2
Wahl, Auswahl **вы́бор** 5 A
wählen, aussuchen **вы́брать/выбира́ть** 4 Б
wahr, richtig, echt, tatsächlich **настоя́щий, -ая, -ее; -ие** 3 Б
während во вре́мя *Konj.* 2
wahrscheinlich наве́рное, наве́рно *ugs.* 2
Wald; im ~ лес; в лесу́; *Pl.* леса́ 2
Waldorfschule вальдо́рфская шко́ла 2
Wand стена́; *Pl.* **сте́ны** 2
Wanderung похо́д 2
wann? когда́? 1
Wanne ва́нна 6 Б Wt
Ware, Artikel **това́р** 4 Б
Ware, Erzeugnis **изде́лие** 5 A
Warenhaus универма́г (универса́льный магази́н) 2
warm тёплый, тепло́ 2
(auf jmdn.) **warten ждать** *uv. mit Gen. oder Akk.* 2
eine Weile/Zeitlang ~подожда́ть *v.*
Wartezimmer приёмная (ко́мната) 1 A
warum? почему́? 2
was für ein? како́й? 2
Was hast du? Что с тобо́й? 1 A
Was heißt hier /da …! Како́й там …! *ugs.* 6 A
was trägt jmd.? was hat jmd. an? в чём? *ugs.* 2
was? что? 1
Waschmaschine стира́льная маши́на 1
Wasser вода́; *Akk.* во́ду 1
WC, Toilette **туале́т** 1
Web-Designer(in) веб-диза́йнер 2
Web-Kamera веб-ка́мера 4 A Wt
Weekend, Wochenende уик-э́нд *ugs.*, выходны́е *Pl. ugs.* 2 Б Wt, 2 A
Weg, Straße **доро́га** 6 Б
weggehen уйти́/уходи́ть 6 A
wegfahren, fortfahren, verreisen **уе́хать/уезжа́ть** 6 A
wehen дуть *uv.* 2
wehtun, schmerzen заболе́ть/боле́ть *uv.* у *mit Gen.* 2, 1 A
jmdm. tut (tun) etw. weh **за/боли́т** (за/боля́т) у *mit Gen.*
Weihnachten Рождество́ 2
Weihnachts- рожде́ственский
Weihnachtsbaum ёлка 1
weil потому́ что *Konj.* 2
Wein вино́; *Pl.* ви́на 1
Weise, Art **о́браз** 5 A
weiß бе́лый 2
Weißkohlsuppe, Schtschi щи *nur Pl.* 1
weit, groß, großzügig breit **широ́кий**, широко́ *Adv.*, *entfernt* далёкий 2 A, 6 Б
weit von далеко́ от *mit Gen.* 1
welche(r), welches; welche, der, die, das; die **кото́рый,** -ая, -ое; -ые 4 A
welcher? како́й? 2
Welt, Erde **мир** 4 A
Weltall ко́смос 2
wem? кому́? 2
wen? кого́? 2
wenig ма́ло *Adv.* 3 A
weniger (als) ме́нее *(mit Zahlwort im Gen.)* 3 A, 4 A
weniger ме́ньше 3 A
am wenigsten ме́ньше всего́
wenn auch, obwohl, zwar **хотя́** *Konj.* 2 A
wenn, falls е́сли *Konj.* 2 A
wer? кто? 1
Werbe-, Reklame- **рекла́мный** 4 Б
Werbe-, Reklamepause па́уза (рекла́мная) 4 Б Wt
werben, Reklame machen **прорекламиро́вать/рекламиро́вать** 4 A
Werbeslogan сло́ган 4 Б Wt
Werbespots, Reklame рекла́мные ро́лики 4 A Wt
Werbung, Reklame **рекла́ма** 4 A
werden 1. **быть** *mit Inf. uv. Futur;* 2
2. стать *v. mit Instr.* 2
Werkstatt сту́дия, изосту́дия 2
Werktage, Wochentage бу́дни *nur Pl.* 1 A
wesentlich основно́й 3 B
wessen чей *m. Pron.* 1 A
Westen; im ~ за́пад; на за́паде 1
Wettbewerb ко́нкурс 2
Wetter пого́да 2
Wettkampf соревнова́ние 2
wichtig, bedeutend ва́жный, **ва́жно** 1 B
Wie alt bist du? Ско́лько тебе́ лет? 1
Wie geht es? Как дела́? 1
Wie heißt deutsch …? Как по-неме́цки …? 1
Wie heißt du? Как тебя́ зову́т? 1
Wie heißt russisch …? Как по-ру́сски …? 1
Wie spät ist es? Кото́рый час? Ско́лько вре́мени? 1
Wie viel sind …? Ско́лько бу́дет …? 1
wie viel? ско́лько? 1
Wie war die Reise? Как вы дое́хали? 2
wie? как? 1
Wiedergabe переда́ча 4 A
wiedergeben, ausdrücken **переда́ть/передава́ть** 5 A
wiederholen повтори́ть/повторя́ть 1
Wiese; auf der ~ **луг**; на лугу́; *Pl.* луга́ 2 A
Wind ве́тер; *Pl.* ве́тры 2
Windsurfing виндсёрфинг 2
Winter зима́, im ~ **зимо́й** 2
Winter-, winterlich зи́мний 2
winzig, klein **мал** *Kurzform* 2 A
wir мы 1
wirklich, ist es möglich/wahr **неуже́ли** 2
wirklich, real, reel реа́льно 3 B Wt
Wirklich? Echt? **Серьёзно?** *ugs.* 1
Wirklichkeit, Realität **реа́льность** *w.* 4 B
wirksam, effizient, effektiv **эффекти́вный,** эффекти́вно 4 Б
wissen знать *uv.* 2
Witz анекдо́т 2
wo? где? 1
Woche неде́ля 2
Wochenende выходны́е *Pl. ugs.*, уик-э́нд *ugs.* 2 A, 2 Б Wt
Wochenendhaus(-häuschen) да́ча 2
woher? отку́да? 1
wohin? куда́? 2
wohlklingend, harmonisch гармони́чно 5 B Wt
wohnen жить *uv.* 1
Wohnung кварти́ра 1
Wohnsituation, Unterbringung прожива́ние 6 A
Wohnzimmer гости́ная *Subst.* 1
wollen, mögen хоте́ть *uv. mit Inf.* 1
Wort сло́во; *Pl.* слова́ 2
Wörterbuch слова́рь *m.; Pl.* словари́ 2 B
Wunder чу́до; *Pl.* **чудеса́** 6 Б
wunderbar чуде́сный, чуде́сно 2
wunderschön, herrlich, ausgezeichnet, sehr gut **прекра́сный,** прекра́сно 6 Б, 2
Wunsch жела́ние 2
wünschen пожела́ть/жела́ть *mit Gen.* 2
Würstchen соси́ски *Pl.; Sg.* соси́ска 1

Z

zahlen заплати́ть/плати́ть 2Б
Zahn зуб 2
Zahnarzt, Zahnärztin стомато́лог 2
Zehe па́лец ноги́, *Pl.* **па́льцы ноги́**
zehntens в-деся́тых 4В
Zeichentrickfilm му́льтик *ugs.*, 4В мультфи́льм
(auf)**zeichnen, malen нарисова́ть/ рисова́ть** 1, 2
Zeichnung рису́нок; *Pl.* рису́нки 2
zeigen показа́ть/пока́зывать 2
(es ist) **Zeit**, etw. zu machen **пора́** *mit Dat. und Inf.* 6А
Zeit вре́мя *s.; Gen., Dat., Präp.* вре́мени 2
пора́; в э́ту по́ру 6А
Zeitschrift журна́л 1
Zeitung газе́та 4А
Zelt пала́тка 6А
Zensur отме́тка 2
zentral, Zentral- центра́льный 1
Zentrum центр 1
Ziel, Absicht **цель** *w.; Pl.* це́ли 3В
Zigarette сигаре́та 3В Wt
Zimmer ко́мната 1
Zirkel кружо́к; *Pl.* кружки́ 2
Zirkus цирк 1
Zoll тамо́жня 6А
Zoll- тамо́женный 6А
Zone, Raum зо́на 3А Wt
Zoo зоопа́рк 1
Zoologe, Zoologin зоо́лог 2
zu *(wem)* **к** *mit Dat.* 2
zu *(zum Musikintrument)*; **mit** *(Musikintrument)* **… -begleitung под** *mit Akk.* 2
zu (zur, zum) *(Ausbildung/Lehre absolvieren/ machen)* **на** *кого́? mit Akk. in Verbindung mit* учи́ться *ugs.* 2А
zu Abend essen поу́жинать/ у́жинать 1, 2
zu Besuch *(gehen)* **в го́сти** *(куда́?)* 2
zu Besuch *(sein)* **в гостя́х** *(где?)* 2
zu Fuß пешко́м *Adv.* 1
zu Fuß erreichen, gelangen **дойти́/ доходи́ть до** *mit Gen. zielger.* 1
zu Haus(e) до́ма *Adv.* 1
zu Mittag essen пообе́дать/ обе́дать 1
zu, zu viel сли́шком *Adv., ugs.* 2А
Zubehör, Beiwerk **аксессуа́ры** *Pl.* 5А
zu Ende sein, beenden, ablaufen **ко́нчиться/конча́ться** 2, 6Б
zuerst, zunächst снача́ла *Adv.* 1
Zug по́езд; *Pl.* поезда́ 2
Zugang, Zutritt до́ступ 2Б
Zugabteil купе́ *unveränd.* 2
Zugbegleiter(in) проводни́к, проводни́ца; *Pl.* проводники́ 2
Zugfahrkarte биле́т на по́езд 2
zuhören послу́шать/слу́шать *mit Akk.* 1, 2
Zukunft бу́дущее *Subst.* 2А
zum Abendbrot, Frühstück, Mittagessen на у́жин, на за́втрак, на обе́д 1
zum Beispiel наприме́р 2
zum Teil, teilweise части́чно 4В
Zuname фами́лия 1
Zunge язы́к; *Pl.* языки́ 1А
zurechtkommen, schaffen **спра́виться/справля́ться с** *mit Instr.* 1Б
zurück наза́д 6Б
zurück, rückwärts **обра́тный, обра́тно** 6А
zurückhaltend скро́мный, скро́мно 2
zurückkehren, zurückkommen верну́ться *v.* 6Б
zurücklegen, durchfahren, überqueren **прое́хать/проезжа́ть** 6А
zusammenkommen, sich versammeln **собра́ться/собира́ться** 5Б
zusammen, gemeinsam **вме́сте** 1
zustimmen, einverstanden sein **согласи́ться/соглаша́ться с** *mit Instr.* 4В
Zustimmung, Einverständnis **согла́сие** 4В
Zutritt, Zugang **до́ступ** 2Б
zuverlässig, sicher надёжно 3Б
zwar, wenn auch, obwohl **хотя́** *Konj.* 2А
zwei два *mit m. oder s.*, **две** *mit w.* 1
Zwei *(Zensur)* **дво́йка** *ugs.* 2
Zweibett-, Doppel(bett)- двухме́стный 6А
zweitens во-вторы́х *Adv.* 4В
Zwiebel, Lauch лук *nur Sg.* 2А
zwischen ме́жду *mit Instr.* 2

Глаголы (Verben)

➤ Diese Verben werden nach der *e*-**Konjugation** konjugiert.

бе́гать *uv.*	5 А
включа́ть *uv.*	4 А
восхища́ться *uv.*	6 Б
встреча́ть *uv.*	2
встреча́ться *uv.*	2
выбира́ть *uv.*	4 Б
вызыва́ть *uv.*	1 А
вы́купаться *v.*	2 А
глота́ть *uv.*	1 А
гуля́ть *uv.*	2
де́лать *uv.*	1
догада́ться *v.*	5 Б
дога́дываться *uv.*	5 Б
доезжа́ть *uv.*	1
ду́мать *uv.*	2
дуть *uv.*	2
жела́ть *uv.*	2
заболева́ть *uv.*	1 А
заболе́ть *v.*	1 А
забыва́ть *uv.*	4 В
за́втракать *uv.*	1
зака́нчивать *uv.*	5 В
занима́ть *uv.*	2
занима́ться *uv.*	2
заполня́ть *uv.*	2 Б
знать *uv.*	2
игра́ть *uv.*	1
искупа́ться *v.*	2 А
ката́ться *uv.*	1
конча́ть *uv.*	2
конча́ться *uv.*	2
купа́ться *uv.*	2 А
лета́ть *uv.*	2
мечта́ть *uv.*	4 В
называ́ть *uv.*	5 В
начина́ть *uv.*	2
начина́ться *uv.*	2
обе́дать *uv.*	1
обеща́ть *uv./v.*	2
обма́нывать *uv.*	4 Б
обща́ться *uv.*	3 А
ожида́ть *uv.*	2 В
ока́нчивать *uv.*	2 А
опи́сывать *uv.*	3 В
организо́вывать *uv.*	2
остана́вливаться *uv.*	6 Б
отвеча́ть *v.*	3 В
отдыха́ть *uv.*	2 А
открыва́ть *uv.*	1 А
отмеча́ть *uv.*	1 А, 5 В
отправля́ться *uv.*	2
переезжа́ть *uv.*	6 А
переключа́ть *uv.*	4 Б
перелета́ть *uv.*	6 А
перепи́сываться *uv.*	2 А
пла́вать *uv.*	2
побе́гать *v.*	5 А
побыва́ть *v.*	2
повторя́ть *uv.*	1
погуля́ть *v.*	2
поду́мать *v.*	5 А
пожела́ть *v.*	2
поза́втракать *v.*	1
поздравля́ть *uv.*	2
поигра́ть *v.*	2
пойма́ть *v.*	6 А
пока́зывать *uv.*	2
поката́ться *v.*	1
покида́ть *uv.*	4 В
покупа́ть *uv.*	1 В
получа́ть *uv.*	2
помечта́ть *v.*	4 В
помога́ть *uv.*	2
понима́ть *uv.*	2, 1 В
пообе́дать *v.*	1
пообеща́ть *v.*	2
пообща́ться *v.*	3 А
попла́вать *v.*	2
порабо́тать *v.*	2
посеща́ть *uv.*	2
послу́шать *v.*	2
посмея́ться *v.*	1 А
поступа́ть *uv.*	2 А
посчита́ть *v.*	1 А
посыла́ть *uv.*	6 В
поу́жинать *v.*	2
почита́ть *v.*	2
предлага́ть *uv.*	2
представля́ть *uv.*	5 В
представля́ть *uv.* **себе́**	4 А
прерыва́ть *uv.*	4 А
прибыва́ть *uv.*	2
приглаша́ть *uv.*	2
приезжа́ть *uv.*	2 А
прилета́ть *uv.*	6 А
принима́ть *uv.*	1 А
проезжа́ть *uv.*	6 А
пропи́сывать *uv.*	1 А
прочита́ть *v.*	2
рабо́тать *uv.*	2
развлека́ть *uv.*	4 А
разгова́ривать *uv.*	2
разделя́ть *uv.*	4 В
разреша́ть *uv.*	2
расска́зывать *uv.*	2
рожда́ться *uv.*	2
сде́лать *v.*	2
скача́ть *v.*	4 А
ска́чивать *uv.*	4 А
слу́шать *uv.*	1
смея́ться *uv.*	1 А
собира́ть *uv.*	2
собира́ться *uv.*	5 Б
соглаша́ться *uv.*	4 В
соединя́ть *uv.*	6 Б
справля́ться *uv.*	1 Б
спра́шивать *uv.*	3 В
счита́ть *uv.*	1 А
суме́ть *v.*	2
сыгра́ть *v.*	1
убира́ть *uv.*	2
уезжа́ть *uv.*	6 А
у́жинать *uv.*	1
узна́ть *v.*	2
уме́ть *uv.*	2
чита́ть *uv.*	1

➤ Beachte die Konjugation der Verben auf *-овать/-евать*.

жева́ть *uv.*	2
за/брони́ровать	2 Б
за/паникова́ть	2 В
за/плани́ровать	6 Б
за/резерви́ровать	2 Б
зафикси́ровать *v.*	4 В
интересова́ться *uv.*	2
информи́ровать *uv./v.*	4 А
нарисова́ть *v.*	2
нерви́ровать *uv.*	4 А
об/ра́довать	6 В
организова́ть *uv.*	2
от/пра́здновать	2
попрактикова́ться *v.*	2 В
по/про́бовать	1
попутеше́ствовать *v.*	2
по/ра́довать	6 В
порекомендова́ть *v.*	2
по/сове́товать	2 Б
по/сове́товаться	6 А
потанцева́ть *v.*	1
потренирова́ться *v.*	2
пофлиртова́ть *v.*	3 Б
по/целова́ть	2
пра́здновать *uv.*	2
практикова́ться *uv.*	2 В
про/игнори́ровать	1 В
про/интерпрети́ровать	3 В
проинформи́ровать *v.*	4 А
прорекламировать *v.*	4 А
путеше́ствовать *uv.*	2
реализова́ть *uv./v.*	3 В
реклами́ровать *uv./v.*	4 А
рекомендова́ть *uv./v.*	5 А
рисова́ть *uv.*	1
станцева́ть *v.*	1
стимули́ровать *uv./v.*	4 Б
с/фотографи́ровать	1
танцева́ть *uv.*	1
тренирова́ться *uv.*	2
уча́ствовать *uv.*	2
фикси́ровать *uv.*	4 В
флиртова́ть *uv.*	3 Б
чу́вствовать себя́ *uv.*	2

➤ Beachte die Konjugation der Verben auf *-нуть*.

верну́ться *v.*	я верну́сь, ты вернёшься, они́ верну́тся	6 Б
глотну́ть *v.*	я глотну́, ты глотнёшь, они́ глотну́т	1 А
обману́ть *v.*	я обману́, ты обма́нешь, они́ обма́нут	4 Б
отдохну́ть *v.*	я отдохну́, ты отдохнёшь, они́ отдохну́т	2 А
поки́нуть *v.*	я поки́ну, ты поки́нешь, они поки́нут	4 В

➤ Diese Verben werden nach der ***и*-Konjugation** konjugiert.
Bei Stammauslaut auf einen Zischlaut folgt *-у* in der 1. Person Singular und *-ат* in der 3. Person Plural.

боле́ть (боли́т, боля́т) *uv.*	2
включи́ть *v.*	4 А
вы́учить *v.*	2
говори́ть *uv.*	1
дружи́ть *uv.*	2 Б
дари́ть *uv.*	2
зако́нчить *v.*	5 В
запо́лнить *v.*	2 Б
звони́ть *uv.*	2
ко́нчить *v.*	2
ко́нчиться *v.*	6 Б
лежа́ть *uv.*	1 А
око́нчить *v.*	2 А
переключи́ть *v.*	4 Б
повтори́ть *v.*	1
подари́ть *v.*	2
подружи́ть *v.*	2 Б
позвони́ть *v.*	2
полежа́ть *v.*	1 А
получи́ть *v.*	2
посмотре́ть *v.*	2
постоя́ть *v.*	2
постро́ить *v.*	6 Б
предложи́ть *v.*	4 А
раздели́ть *v.*	4 В
разреши́ть *v.*	2
реши́ть *v.*	4 В
слы́шать *uv.*	4 Б
смотре́ть *uv.*	1
соедини́ть *v.*	6 Б
состоя́ться *v.*	5 А
сто́ить *uv.*	1
стоя́ть *uv.*	2
стро́ить *uv.*	6 Б
услы́шать *v.*	4 Б
учи́ть *uv.*	2
учи́ться *uv.*	2

➤ Diese Verben werden auch nach der ***и*-Konjugation** konjugiert.
a) Beachte den **л**-Einschub in der 1. Person Singular.

гото́вить(ся) *uv.*	я гото́в**л**ю(сь), ты гото́вишь(ся), они́ гото́вят(ся)	1 А, 2
знако́мить(ся) *uv.*	я знако́м**л**ю(сь), ты знако́мишь(ся), они́ знако́мят(ся)	2
купи́ть *v.*	я куп**л**ю́, ты ку́пишь, они́ ку́пят	2
лови́ть *uv.*	я лов**л**ю́, ты ло́вишь, они́ ло́вят	6 А
люби́ть *uv.*	я люб**л**ю́, ты лю́бишь, они́ лю́бят	1
нра́виться *uv.*	я нра́в**л**юсь, ты нра́вишься, они́ нра́вятся	1
отпра́виться *v.*	я отпра́в**л**юсь, ты отпра́вишься, они́ отпра́вятся	2
подгото́виться *v.*	я подгото́в**л**юсь, ты подгото́вишься, они́ подгото́вятся	2
поздра́вить *v.*	я поздра́в**л**ю, ты поздра́вишь, они́ поздра́вят	2
познако́мить(ся) *v.*	я познако́м**л**ю(сь), ты познако́мишь(ся), они́ познако́мят(ся)	2
понра́виться *v.*	я понра́в**л**юсь, ты понра́вишься, они́ понра́вятся	1
поспа́ть *v.*	я посп**л**ю́, ты поспи́шь, они́ поспя́т	1 А
поступи́ть *v.*	я поступ**л**ю́, ты посту́пишь, они́ посту́пят	2 А
предста́вить *v.*	я предста́в**л**ю, ты предста́вишь, они́ предста́вят	5 В
пригото́вить *v.*	я пригото́в**л**ю, ты пригото́вишь, они́ пригото́вят	1 А
спать *uv.*	я сп**л**ю, ты спишь, они́ спят	1 А
спра́виться *v.*	я спра́в**л**юсь, ты спра́вишься, они́ спра́вятся	1 Б
сэконо́мить *v.*	я сэконо́м**л**ю, ты сэконо́мишь, они́ сэконо́мят	5 Б
эконо́мить *uv.*	я эконо́м**л**ю, ты эконо́мишь, они́ эконо́мят	5 Б

b) Beachte den Konsonantenwechsel in der 1. Person Singular.

ви́деть *uv.*	я ви́**ж**у, ты ви́дишь, они́ ви́дят	3 А
висе́ть *uv.*	я ви**ш**у́ (на телефо́не), ты виси́шь, они́ вися́т	2
восхити́ться *v.*	я восхи**щ**у́сь, ты восхити́шься, они восхитя́тся	6 Б
встре́тить(ся) *v.*	я встре́**ч**у(сь), ты встре́тишь(ся), они́ встре́тят(ся)	2
вы́глядеть *uv.*	я вы́гля**ж**у, ты вы́глядишь, они́ вы́глядят	5 А

вы́лететь *v.*	я вы́лечу, ты вы́летишь, они́ вы́летят	6 А
выноси́ть *uv.*	я выношу́, ты выно́сишь, они́ выно́сят	1 А
выходи́ть *uv.*	я выхожу́, ты выхо́дишь, они́ выхо́дят	6 А
доходи́ть *uv.*	я дохожу́, ты дохо́дишь, они́ дохо́дят	6 А
е́здить *uv.*	я е́зжу, ты е́здишь, они́ е́здят	2
заплати́ть *v.*	я заплачу́, ты запла́тишь, они́ запла́тят	2 Б
лете́ть *uv.*	я лечу́, ты лети́шь, они́ летя́т	1
находи́ть(ся) *uv.*	я нахожу́(сь), ты нахо́дишь(ся), они́ нахо́дят(ся)	1, 2 Б
отве́тить *uv.*	я отве́чу, ты отве́тишь, они́ отве́тят	3 В
отме́тить *v.*	я отме́чу, ты отме́тишь, они́ отме́тят	1 А, 5 В
перелете́ть *v.*	я перелечу́, ты перелети́шь, они́ перелетя́т	6 А
плати́ть *uv.*	я плачу́, ты пла́тишь, они́ пла́тят	2 Б
подходи́ть *uv.*	я подхожу́, ты подхо́дишь, они́ подхо́дят	5 А
полете́ть *v.*	я полечу́, ты полети́шь, они́ полетя́т	6 А
попроси́ть *v.*	я попрошу́, ты попро́сишь, они́ попро́сят	1 А
посети́ть *v.*	я посещу́, ты посети́шь, они́ посетя́т	2
посиде́ть *v.*	я посижу́, ты посиди́шь, они́ посидя́т	1
походи́ть *v.*	я похожу́, ты похо́дишь, они́ похо́дят	2
пригласи́ть *v.*	я приглашу́, ты пригласи́шь, они́ приглася́т	2
прилете́ть *v.*	я прилечу́, ты прилети́шь, они́ прилетя́т	6 А
приноси́ть *uv.*	я приношу́, ты прино́сишь, они́ прино́сят	2
приходи́ть *uv.*	я прихожу́, ты прихо́дишь, они́ прихо́дят	2
проводи́ть *uv.*	я провожу́, ты прово́дишь, они́ прово́дят	2
происходи́ть *uv.*	я происхожу́, ты происхо́дишь, они́ происхо́дят	2 А
проси́ть *uv.*	я прошу́, ты про́сишь, они́ про́сят	1 А
проходи́ть *uv.*	я прохожу́, ты прохо́дишь, они прохо́дят	1 А
свети́ть *uv.*	я свечу́, ты све́тишь, они́ све́тят	2
сиде́ть *uv.*	я сижу́, ты сиди́шь, они́ сидя́т	1
следи́ть *uv.*	я слежу́, ты следи́шь, они́ следя́т	5 Б
согласи́ться *v.*	я соглашу́сь, ты согласи́шься, они́ соглася́тся	4 В
спроси́ть *v.*	я спрошу́, ты спро́сишь, они́ спро́сят	3 В
уви́деть *v.*	я уви́жу, ты уви́дишь, они́ уви́дят	2
уходи́ть *uv.*	я ухожу́, ты ухо́дишь, они ухо́дят	6 А
ходи́ть *uv.*	я хожу́, ты хо́дишь, они́ хо́дят	1

➤ Diese Verben werden **unregelmäßig** konjugiert.

боя́ться *uv.*	я бою́сь, ты бои́шься, они́ боя́тся	2 В
брать *uv.*	я беру́, ты берёшь, они́ беру́т	3 В
быть *mit Inf. uv.*	я бу́ду, ты бу́дешь, они́ бу́дут	2
вести́ uv.	я веду́, ты ведёшь, они́ веду́т *Prät.:* он вёл, она́ вела́, они́ вели́	5 А
взять *v.*	я возьму́, ты возьмёшь, они́ возьму́т	3 В
встава́ть *uv.*	я встаю́, ты встаёшь, они́ встаю́т	4 А
встать *v.*	я вста́ну, ты вста́нешь, они́ вста́нут	4 А
вы́брать *v.*	я вы́беру, ты вы́берешь, они́ вы́берут	4 Б
вы́звать *v.*	я вы́зову, ты вы́зовешь, они́ вы́зовут	1 А
вы́йти *v.*	я вы́йду, ты вы́йдешь, они вы́йдут *Prät.:* он вы́шел, она́ вы́шла, они́ вы́шли	6 А
вы́мыть *v.*	я вы́мою, ты вы́моешь, они́ вы́моют	1 А
вы́нести *v.*	я вы́несу, ты вы́несешь, они́ вы́несут *Prät.:* он вы́нес, она́ вы́несла, они́ вы́несли	1 А
вы́расти *v.*	я вы́расту, ты вы́растешь, они́ вы́растут *Prät.:* он вы́рос, она́ вы́росла, они́ вы́росли	2 А

дава́ть *uv.*	я даю́, ты даёшь, они́ даю́т	1
дать *v.*	я дам, ты дашь, он(а́) даст, мы дади́м, вы дади́те, они́ даду́т	1
дое́хать *v.*	я дое́ду, ты дое́дешь, они́ дое́дут	1
дойти́ *v.*	я дойду́, ты дойдёшь, они́ дойду́т *Prät.:* он дошёл, она́ дошла́, они́ дошли́	1
есть *uv.*	я ем, ты ешь, он(а́) ест, мы еди́м, вы еди́те, они́ едя́т *Prät.:* он ел, она́ е́ла, они́ е́ли	1
е́хать *uv.*	я е́ду, ты е́дешь, они́ е́дут	2
ждать *uv.*	я жду, ты ждёшь, они́ ждут	2
жить *uv.*	я живу́, ты живёшь, они́ живу́т	1
забы́ть *v.*	я забу́ду, ты забу́дешь, они́ забу́дут	2
заня́ть *v.*	я займу́, ты займёшь, они́ займу́т	2
заня́ться *v.*	я займу́сь, ты займёшься, они́ займу́тся	2
звать *uv.*	я зову́, ты зовёшь, они́ зову́т	1
идти́ *uv.*	я иду́, ты идёшь, они́ иду́т *Prät.:* он шёл, она́ шла, они́ шли	2
иска́ть *uv.*	я ищу́, ты и́щешь, они́ и́щут	3 А
испе́чь *v.*	я испеку́, ты испечёшь, они́ испеку́т *Prät.:* он испёк, она́ испекла́, они́ испекли́	2
мочь *uv.*	я могу́, ты мо́жешь, они́ мо́гут *Prät.:* он мог, она́ могла́, они́ могли́	2
мыть *uv.*	я мо́ю, ты мо́ешь, они́ мо́ют	1 А
назва́ть *v.*	я назову́, ты назовёшь, они́ назову́т	5 В
найти́ *v.*	я найду́, ты найдёшь, они́ найду́т *Prät.:* он нашёл, она́ нашла́, они́ нашли́	2 Б
написа́ть *v.*	я напишу́, ты напи́шешь, они́ напи́шут	2
нача́ть *v.*	я начну́, ты начнёшь, они́ начну́т	5 А
нача́ться *v.*	он, она́, оно́ начнётся, они́ начну́тся	2
описа́ть *v.*	я опишу́, ты опи́шешь, они́ опи́шут	3 В
остава́ться *uv.*	я остаю́сь, ты остаёшься, они́ остаю́тся	2
оста́ться *v.*	я оста́нусь, ты оста́нешься, они́ оста́нутся	2
откры́ть *v.*	я откро́ю, ты откро́ешь, они откро́ют	1 А
перее́хать *v.*	я перее́ду, ты перее́дешь, они́ перее́дут	6 А
передава́ть *uv.*	я передаю́, ты передаёшь, они́ передаю́т	5 А
переда́ть *v.*	я переда́м, ты переда́шь, он(а́) переда́ст, мы передади́м, вы передади́те, они́ передаду́т	1, 5 А
петь *uv.*	я пою́, ты поёшь, они́ пою́т	2
писа́ть *uv.*	я пишу́, ты пи́шешь, они́ пи́шут	2
пить *uv.*	я пью, ты пьёшь, они́ пьют	1
плыть *uv.*	я плыву́, ты плывёшь, они́ плыву́т	2
побоя́ться *v.*	я побою́сь, ты побои́шься, они́ побоя́тся	2 В
побы́ть *v.*	я побу́ду, ты побу́дешь, они́ побу́дут	2
подожда́ть *v.*	я подожду́, ты подождёшь, они́ подожду́т	2
подойти́ *v.*	я подойду́, ты подойдёшь, они́ подойду́т *Prät.:* он подошёл, она́ подошла́, они́ подошли́	5 А
пое́сть *v.*	я пое́м, ты пое́шь, он(а́) пое́ст, мы поеди́м, вы поеди́те, они́ поедя́т *Prät.:* он пое́л, она́ пое́ла, они́ пое́ли	1
пое́хать *v.*	я пое́ду, ты пое́дешь, они́ пое́дут	2
поиска́ть *v.*	я поищу́, ты пои́щешь, они́ пои́щут	3 А
пойти́ *v.*	я пойду́, ты пойдёшь, они пойду́т *Prät.:* он пошёл, она́ пошла́, они́ пошли́	2
показа́ть *v.*	я покажу́, ты пока́жешь, они́ пока́жут	2

помо́чь *v.*	я помогу́, ты помо́жешь, они́ помо́гут *Prät.:* он помо́г, она́ помогла́, они́ помогли́	2
помы́ть *v.*	я помо́ю, ты помо́ешь, они́ помо́ют	1 А
поня́ть *v.*	я пойму́, ты поймёшь, они́ пойму́т	1 В
попи́ть *v.*	я попью́, ты попьёшь, они попью́т	1
посла́ть *v.*	я пошлю́, ты пошлёшь, они́ пошлю́т	6 В
прерва́ть *v.*	я прерву́, ты прервёшь, они́ прерву́т	4 А
прибы́ть *v.*	я прибу́ду, ты прибу́дешь, они́ прибу́дут	2
прие́хать *v.*	я прие́ду, ты прие́дешь, они́ прие́дут	2
прийти́ *v.*	я приду́, ты придёшь, они́ приду́т *Prät.:* он пришёл, она́ пришла́, они́ пришли́	2
принести́ *v.*	я принесу́, ты принесёшь, они́ принесу́т *Prät.* он принёс, она́ принесла́, они́ принесли́	2
приня́ть *v.*	я приму́, ты при́мешь, они́ при́мут	1 А
провести́ *v.*	я проведу́, ты проведёшь, они́ проведу́т *Prät.:* он провёл, она́ провела́, они́ провели́	2, 4 Б
прое́хать *v.*	я прое́ду, ты прое́дешь, они́ прое́дут	6 А
произойти́ *v.*	он, она́ произойдёт, они́ произойду́т *Prät.:* он произошёл, она́ произошла́, они́ произошли́	2 А
пройти́ *v.*	я пройду́, ты пройдёшь, они́ пройду́т *Prät.:* он прошёл, она́ прошла́, они́ прошли́	1 А
прописа́ть *v.*	я пропишу́, ты пропи́шешь, они́ пропи́шут	1 А
развле́чь *v.*	я развлеку́, ты развлечёшь, они́ развлеку́т *Prät.:* он развлёк, она́ развлекла́, они́ развлекли́	4 А
рассказа́ть *v.*	я расскажу́, ты расска́жешь, они́ расска́жут	1 Б
расти́ *uv.*	я расту́, ты растёшь, они́ расту́т *Prät.:* он рос, она́ росла́, они́ росли́	2 А
роди́ться *v./uv.*	я рожу́сь, ты роди́шься, они́ родя́тся	2
сказа́ть *v.*	я скажу́, ты ска́жешь, они́ ска́жут	2
смочь *v.*	я смогу́, ты смо́жешь, они́ смо́гут *Prät.:* он смог, она́ смогла́, они́ смогли́	2 А
собра́ться *v.*	я соберу́сь, ты соберёшься, они́ соберу́тся	5 Б
спеть *v.*	я спою́, ты споёшь, они спою́т	2
стать *v.*	я ста́ну, ты ста́нешь, они́ ста́нут	2
счесть *v.*	я сочту́, ты сочтёшь, они сочту́т *Prät.:* он счёл, она́ сочла́, они́ сочли́	1 А
убра́ть *v.*	я уберу́, ты уберёшь, они́ уберу́т	2
уе́хать *v.*	я уе́ду, ты уе́дешь, они́ уе́дут	6 А
узнава́ть *uv.*	я узнаю́, ты узнаёшь, они́ узнаю́т	2, 6 А
уйти́ *v.*	я уйду́, ты уйдёшь, они́ уйду́т	6 А
настава́ть *uv.*	я устаю́, ты устаёшь, они́ устаю́т	2
уста́ть *v.*	я уста́ну, ты уста́нешь, они́ уста́нут	2
хоте́ть *uv.*	я хочу́, ты хо́чешь, он(а́) хо́чет, мы хоти́м, вы хоти́те, они́ хотя́т	1

Deklination der Substantive (Plural)

	1. Deklination						2. Deklination		
Plural	**männlich**			**sächlich**			**weiblich**		
Nom.	столы́	коты́	попуга́и	пи́сьма	слова́	варе́нья	шко́лы	тёти	фотогра́фии
Gen.	столо́в	кото́в	попуга́ев	пи́сем	слов_	варе́ний	школ_	тётей	фотогра́фий
Dat.	стола́м	кота́м	попуга́ям	пи́сьмам	слова́м	варе́ньям	шко́лам	тётям	фотогра́фиям
Akk.	столы́	кото́в	попуга́ев	пи́сьма	слова́	варе́нья	шко́лы	тётей	фотогра́фии
Instr.	стола́ми	кота́ми	попуга́ями	пи́сьмами	слова́ми	варе́ньями	шко́лами	тётями	фотогра́фиями
Präp.	(о) стола́х	(о) кота́х	(о) попуга́ях	(о) пи́сьмах	(о) слова́х	(о) варе́ньях	(о) шко́лах	(о) тётях	(о) фотогра́фиях

Deklination der Adjektive

	Singular						Plural	
	männlich		**sächlich**		**weiblich**			
Nom.	но́вый	си́ний	но́вое	си́нее	но́вая	си́няя	но́вые	си́ние
Gen.	но́вого	си́него	но́вого	си́него	но́вой	си́ней	но́вых	си́них
Dat.	но́вому	си́нему	но́вому	си́нему	но́вой	си́ней	но́вым	си́ним
Akk.	но́вый/но́вого	си́ний/си́него	но́вое/но́вого	си́нее/си́него	но́вую	си́нюю	но́вые/но́вых	си́ние/си́них
Instr.	но́вым	си́ним	но́вым	си́ним	но́вой	си́ней	но́выми	си́ними
Präp.	(о) но́вом	(о) си́нем	(о) но́вом	(о) си́нем	(о) но́вой	(о) си́ней	(о) но́вых	(о) си́них

Deklination der Personalpronomen

	Singular					Plural		
	1. Person	2. Person	3. Person			1. Person	2. Person	3. Person
Nom.	я	ты	он	оно́	она́	мы	вы	они́
Gen.	меня́	тебя́	его́		её	нас	вас	их
Dat.	мне	тебе́	ему́		ей	нам	вам	им
Akk.	меня́	тебя́	его́		её	нас	вас	их
Instr.	со мной	(с) тобо́й	(с) ним		(с) ней	(с) на́ми	(с) ва́ми	(с) ни́ми
Präp.	(обо) мне́	(о) тебе́	(о) нём		(о) ней	(о) нас	(о) вас	(о) них

Deklination der Possessivpronomen

	Singular			Plural	Singular			Plural
	männlich	sächlich	weiblich		männlich	sächlich	weiblich	
Nom.	мой	моё	моя́	мои́	наш	на́ше	на́ша	на́ши
Gen.	моего́		мое́й	мои́х	на́шего		на́шей	на́ших
Dat.	моему́		мое́й	мои́м	на́шему		на́шей	на́шим
Akk.	мой/моего́	моё	мою́	мои́/мои́х	наш/на́шего	на́ше	на́шу	на́ши/на́ших
Instr.	мои́м		мое́й	мои́ми	на́шим		на́шей	на́шими
Präp.	(о) моём		(о) мое́й	(о) мои́х	(о) на́шем		(о) на́шей	(о) на́ших

Ebenso werden твой, твоя́, твоё, ваш, ва́ша, ва́ше und ва́ши dekliniert.

Deklination der Fragepronomen

Nom.	кто	что
Gen.	кого́	чего́

Dat.	кому́	чему́
Akk.	кого́	что

Instr.	кем	чем
Präp.	(о) ком	(о) чём

Ключи к заданиям портфолио и викторины

Чтение

1

№ ситуации	№ объявления
1	Ж
2	**А**
3	В
4	Е

2 Б = правильно

3

Часть	Заголовок
А	4
Б	5
В	7
Г	2

Аудирование

1 1 а) А 1 б) В

2 **(1) Стокгольме** (2) девять (3) Санкт-Петербурге (4) Москве (5) третье (6) Россия

3

Диалог	Время	Место
1	5	В
2	1	Б
3	3	Г
4	4	А

4
1. Platz: Fernsehen (überall die wichtigste Informationsquelle)
2. Platz: Internet (bald auf dem 1. Platz, so glauben viele)
3. Platz: Radio
4. Platz: Zeitungen und Zeitschriften (Deutsche und Spanier lesen gern Zeitung, die Franzosen weniger.)

Медиация

Da es hier darauf ankommt, die wichtigen Informationen sinngemäß zu übertragen,
können deine Formulierungen von den „Lösungen" abweichen.

1

Врач: Что с тобой?
Пациент(ка): Mir geht es nicht gut. Ich habe starke Ohrenschmerzen.
Врач: Глотать тебе больно?
Пациент(ка): Ja, ich habe Schluckbeschwerden (das Schlucken tut mir weh; beim Schlucken habe ich Schmerzen).
Врач: И голова тоже болит?
Пациент(ка): Ja, ich habe auch Kopfschmerzen und Fieber.
Врач: А какая температура была сегодня утром?
Пациент(ка): Heute früh hatte ich 39,2 Fieber.
Врач: Открой рот и покажи язык. Скажи «А-а-а». У тебя ангина. Я пропишу тебе антибиотик.
Пациент(ка): Wie oft muss ich es (das, das Antibiotikum) nehmen?
Врач: Три раза в день. И тебе надо лежать в постели. Если не будет лучше, тебе надо ещё раз прийти ко мне.

2

Мобильник, камера, MP3-плеер, FM-радио (мобильный телефон с камерой, MP3-плеером, FM-радио)
Цвет: чёрный (мобильник чёрного цвета)
Аккумулятор: литий-ионный (Li)
Можно говорить (разговаривать) до 240 минут (примерно 4 часа). (Время работы: до 240 минут.)
Память: 1 гигабайт (Объём памяти: 1 ГБ)
Цена: 190,00 евро (Мобильник стоит 190 евро).

3

- Я считаю (думаю), что фитнес (заниматься/занятия фитнесом) – серьёзный вид спорта.
- В фитнес-студии можно тренироваться в любое время. (В фитнес-клубе можно всегда заниматься.)
- Я люблю и виды спорта на свежем воздухе. (Мне нравятся и виды спорта на свежем воздухе; я люблю виды спорта, которыми можно заниматься на свежем воздухе.)
- Для джоггинга (бега на свежем воздухе, бега по парку и лесу) особенно важны спортивная одежда и правильная (хорошая) обувь.
- Занятие спортом и здоровое (правильное) питание – это важные факторы здорового образа жизни. (Занятия спортом и здоровая еда важны для здорового образа жизни.)

4 Nirvana

- ein Film über Liebe, Freundschaft, Verrat und zwei Mädchen, ohne Happy End
- Alissa verlässt Moskau, will in Sankt Petersburg ein neues Leben beginnen
- sie teilt sich mit Val und deren Freund eine Wohnung, Val und Valera sind drogenabhängig
- Val verliert ihren Freund, den sie sehr liebt
- in diesem Moment versteht sie, dass Alissa die Einzige ist, die sie nicht verrät

Indigo

- der Film spielt in Moskau
- im Mittelpunkt – Kinder (Jugendliche) mit besonderen Fähigkeiten (können sich an eigene Vergangenheit erinnern, verstehen die Sprache der Tiere, sind Computerspezialisten, spüren Gefahren), sind befreundet, werden von Erwachsenen (Eltern, Lehrern, Ärzten) nicht verstanden
- diese Kinder (Jugendlichen) werden gejagt und umgebracht
- sie nehmen das Spiel in die eigene Hand

5 Волейбольный лагерь для школьников (от 14 до 19 лет)
(В этом лагере можно играть в волейбол и тренироваться.)
Пять дней мы будем заниматься нашим (своим) любимым видом спорта – волейболом.
Каждый день будут тренировки и игры (примерно 5 часов).
(Во время тренировок все получают (получат) напитки. Во время тренировок всем предлагают (дают) напитки.)
В программе: разные вечеринки, вечер видеофильмов (видеовечер), свободное время.
Все получат футболки.
Цена: 240 евро

6 Sotschi

- nicht weit von Krasnodar entfernt
- größter Kurort Russlands
- am Schwarzen Meer gelegen (man sieht den Kaukasus)
- subtropisches Klima
- viele Touristen im Sommer
- Krasnaja Poljana – Wintersportzentrum (auch im Sommer nutzbar)
- viele Sehenswürdigkeiten (Institute, Kirchen, Botanischer Garten, Delphinarium, Hotels, Museen, Aquaparks)

Ключи к заданиям ВИКТОРИНЫ в начале учебника (стр. 8,9)

1 б – (На флаге) белый, синий (голубой) и красный цвет.
2 а
3 а – А.С. Пушкин, б – П.И. Чайковский, в – Екатерина Вторая
4 а – самовар, б – маршрутка, в – пельмени, г – рубль
5 11 лет
6 хорошие отметки – 5, 4, а плохая – 2
7 7 января
8 Дед Мороз
9 **Большие российские города:** Москва, Санкт-Петербург, Новосибирск, Екатеринбург, Нижний Новгород, Самара, Омск, Казань, Челябинск, Ростов-на-Дону, Уфа
реки: Амур, Ангара, Волга, Дон, Енисей, Иртыш, Лена, Обь
горы: Алтай, Кавказ, Саяны, Урал
10 Русские сувениры: матрёшка, самовар, шкатулка (из Палеха), поднос, платок, шапка
11 а) В Москве. Он стоит 83 рубля. По этому билету можно ездить 5 раз. По этому билету можно ездить на автобусе, трамвае и троллейбусе.
11 б) Это билет в Театр на Таганке (Московский театр драмы и комедии). Он стоит 500 рублей. Комедия «Горе от ума» начинается в 19 часов. В театре нельзя пить, фотографировать и снимать видеокамерой /на видеокамеру, звонить по мобильнику.
11 в) Номер поезда – 812, номер вагона – 06, место – 018. Поезд отправляется из Калуги в 07:00, а прибывает в Москву в 09:40. Билет купила Т.А. Кожетьева.

Инструкции к заданиям (Arbeitsanweisungen)

Взаимный контроль	Gegenseitige Kontrolle
Возьми у твоего соседа (твоей соседки) по парте интервью о …	Interviewe deinen Banknachbarn (deine Banknachbarin) zu (über) …
Вспомни глаголы движения.	Erinnere dich an die Verben der Bewegung.
Вставь правильные окончания.	Setze die richtigen Endungen ein.
Выбери(те)	Wähle (Wählt)
~ заголовки для частей.	~ Überschriften für die Abschnitte.
~ из рамки правильные ответы.	~ die richtigen Antworten aus dem Kasten.
~ один из материалов.	~ ein Material (eines der Materialien) aus.
~ один из слайдов …	~ eine der Folien aus …
~ одно из следующих высказываний.	~ eine der folgenden Äußerungen aus.
~ одно из этих заданий для своего портфолио.	~ eine dieser Aufgaben für dein Portfolio aus.
~ одну из фотографий.	~ ein Foto (eines dieser Fotos) aus.
~ одну из тем форума на сайте…	~ auf der Seite … eines der Forum-Themen aus.
~ правильный ответ (вариант).	~ Wähle die richtige Antwort (Variante) aus.
Выпиши	Schreibe
~ важные слова.	~ die wichtigen Wörter heraus.
~ слова, которые передают …	~ die Wörter heraus, die … wiedergeben.
Выскажи своё мнение о …	Sage (Äußere) deine Meinung zu …
Выучи стихотворение.	Lerne das Gedicht auswendig.
Выясни(те),	Kläre (klärt),
~ какие …	~ welche …
~ почему …	~ warum …
Дай твоему другу (твоей подруге) советы.	Gib deinem Freund (deiner Freundin) Ratschläge.
Дополни предложения.	Ergänze die Sätze.
Закончи предложения.	Beende die Sätze.
Запомни стихотворение.	Präge dir das Gedicht ein.
Используй(те)	Nutze (Nutzt) (benutze, verwende)
~ ассоциограмму	~ die Mindmap
~ данные в рамке слова и выражения.	~ die Wörter und Wendungen im Kasten.
~ материал.	~ das Material (den Stoff).
~ план.	~ den Plan.
~ ролевые карточки.	~ die Rollenkarten.
~ фотографии.	~ die Fotos.
~ эту лексику.	~ diese Lexik.
Исправь неправильные высказывания.	Korrigiere die falschen Aussagen.
Какие высказывания правильны, а какие неправильны?	Welche Aussagen sind richtig und welche sind falsch?

Назови(те)	Nenne (Nennt)
~ вариант, который правильно передаёт содержание текста.	~ die Variante, die den Inhalt des Textes richtig wiedergibt.
~ ещё другие англицизмы на тему «…».	~ noch andere Anglizismen zum Thema „…“.
~ несовершенный вид глагола.	~ den unvollendeten Aspekt des Verbs.
~ русские эквиваленты.	~ die russischen Entsprechungen.
Найди(те)	Finde(t)
~ в Интернете информацию о …	~ im Internet Informationen zu (über) …
~ ещё другие формы императива.	~ noch andere Imperativformen.
~ нужные факты в Интернете.	~ die notwendigen Fakten im Internet.
~ русские эквиваленты немецким словам.	~ die russischen Entsprechungen für die deutschen Wörter.
Напиши	Schreibe
~ автобиографию.	~ einen Lebenslauf.
~ аргументы за и против.	~ Argumente für und gegen.
~ в блоге о …	~ im Blog über …
~ гостям из России записку.	~ den Gästen aus Russland eine Notiz.
~ e-mail российским школьникам-участникам программы школьного обмена.	~ den Austauschschülern aus Russland eine E-Mail.
~ несколько предложений.	~ einige (ein paar) Sätze.
~ о …	~ über …
~ ответ … на второе письмо.	~ … eine Antwort auf den 2. Brief.
~ письмо.	~ einen Brief.
~ письмо … от имени …	~ einen Brief … im Namen von …
~ русскому другу (русской подруге) письмо.	~ (d)einem russischen Freund (d)einer russischen Freundin) einen Brief.
Нарисуй(те) …	Zeichne(t) …
Обоснуйте своё мнение.	Begründet eure (eigene) Meinung.
Обрати внимание на падежные формы числительных.	Achte auf die Fälle der Zahlwörter.
Обсудите	Diskutiert (Besprecht)
~ мнения …	~ die Meinungen (Äußerungen) …
~ плюсы и минусы …	~ die Vor- und Nachteile von …
~ результат вашей работы над текстом.	~ das Ergebnis eurer Textarbeit.
Объясни(те)	Erkläre (Erklärt)/Erläutere
~ по-немецки (по-русски).	~ auf Deutsch (auf Russisch).
~ их (пословицы) значение.	~ ihre (Sprichwörter) Bedeutung.
~ свой выбор.	~ deine (eure) Wahl.
Объясни, что (как) …	Erkläre, dass (wie) …
Ознакомьтесь с результатами интернет-опроса на тему «…».	Macht euch mit den Ergebnissen der Internet-Umfrage zum Thema „…“ bekannt (vertraut).

Опиши(те) … ~ её (фотографию). ~ одну из этих карикатур. ~ рекламные плакаты.	Beschreibe (Beschreibt) … ~ es (das Foto). ~ eine der Karikaturen. ~ die Werbeplakate.
Ответь(те) на вопрос(ы). Ответь(те) отрицательно.	Antworte(t) auf die Frage(n). Beantworte(t) die Frage(n). Antworte(t) verneinend.
Оформи(те) рекламный флаер.	Gestalte(t) einen Werbeflyer.
Переведи ~ на немецкий язык. ~ предложения. ~ разговор. ~ следующие высказывания. ~ словосочетания.	Übersetze ~ ins Deutsche. ~ die Sätze. ~ das Gespräch. ~ die folgenden Aussagen. ~ die Wortgruppen (Wortverbindungen).
Передай ~ основное содержание. ~ содержание по-немецки.	Gib … wieder. ~ den wesentlichen Inhalt ~ den Inhalt deutsch
Перескажи … своим одноклассникам. Перескажи(те) анекдот на немецком языке.	Erzähle … für deine Mitschüler nach. Erzähle (erzählt) den Witz auf Deutsch.
Повтори.	Wiederhole. Sprich nach.
Поговорите ~ о … ~ о результатах вашей работы над текстом. ~ о результатах опроса. ~ о том, что (как) вы хотите …	Unterhaltet euch (Sprecht) ~ über … ~ über die Ergebnisse eurer Textarbeit. ~ über die Ergebnisse der Umfrage. ~ darüber, dass/was (wie) ihr … wollt.
Подбери(те) ~ к каждому из них заголовок. ~ слова к картинкам.	Wähle (Wählt) ~ zu jedem von ihnen eine Überschrift. ~ die Wörter zu den Bildern aus.
Подготовь(те) ~ для гостей из России флаер. ~ интервью. ~ информационный листок о … ~ монолог на тему «…». ~ презентацию на тему «…».	Bereite(t) … vor. ~ für die Gäste aus Russland ein Flyer ~ ein Interview ~ ein Informationsblatt zu (über) … ~ einen Monolog zum Thema „ …" ~ eine Präsentation zum Thema „…"
Познакомься (Познакомьтесь) ~ с биографией … ~ с результатами интернет-опроса на тему «…». ~ с употреблением …	Mach dich (Macht euch) mit… bekannt (vertraut). ~ dem Lebenslauf von … ~ mit den Ergebnissen der Internet-Umfrage zum Thema „…". ~ dem Gebrauch von …
Поиграйте в *снежный ком.*	Spielt *Ich packe einen Koffer.*
Послушай.	Höre zu.
Посмотри(те) ~ на график. ~ на … ~ на картинки.	Sieh dir (Seht euch) ~ die Grafik (das Schema) an. ~ … an. ~ die Bilder an.
Представь(те) результаты своего опроса в виде графика.	Präsentiere (Präsentiert) eure Umfrageergebnisse in Form einer Grafik.
Преобразуй предложения по образцу.	Verändere die Sätze nach dem Muster.
Придумай маленькую историю.	Denke dir eine kleine Geschichte aus.
Придумайте ~ диалог. ~ рекламные слоганы.	Denkt euch ~ einen Dialog aus. ~ Werbeslogans aus.
Принеси(те) …	Bringe (Bringt) … mit.
Проведите дискуссию (опрос) на тему «…».	Führt eine Diskussion (eine Umfrage) zum Thema „…" durch.
Проинтерпретируй(те) одну из этих карикатур.	Interpretiere (interpretiert) eine der Karikaturen.
Прослушай ~ диалог(и). ~ новости … ~ песню. ~ разговор. ~ рассказ … ~ скороговорку. ~ текст. ~ телефонный разговор.	Höre ~ den (die) Dialog(e). ~ (…) Nachrichten. ~ das Lied. ~ das Gespräch. ~ die Erzählung von … ~ den Schnellsprechvers. ~ den Text. ~ das Telefongespräch.
Прочитай(те) ~ анекдот. ~ вслух. ~ высказывания на тему «…». ~ диалоги по ролям. ~ информацию. ~ карту. ~ короткие тексты на тему «…». ~ мнения … ~ монолог. ~ объявление из газеты. ~ ответы. ~ отрывок из книги. ~ письмо (письма) в редакцию журнала «…». ~ пословицы. ~ разговор между … ~ рассказ. ~ рекламное объявление. ~ рекламную информацию. ~ скороговорку. ~ слоганы. ~ сначала ситуации …, а потом – объявления … ~ стихотворение. ~ страницу из молодёжного журнала. ~ тезисы на тему «…». ~ текст. ~ (тексты) со словарём. ~ телепрограмму. ~ электронное письмо.	Lies (Lest) ~ den Witz. ~ laut vor. ~ die Aussagen zum Thema „…". ~ die Dialoge mit verteilten Rollen. ~ die Information(en). ~ die Karte. ~ kurze Texte zum Thema „…". ~ die Meinungen der (von) … ~ den Monolog. ~ die Zeitungsanzeige. ~ die Antworten. ~ den Buchausschnitt. ~ den Brief (Briefe) an die Redaktion der Zeitschrift „…" ~ die Sprichwörter. ~ das Gespräch zwischen … ~ die Geschichte (Erzählung). ~ die Werbeanzeige. ~ die Werbeinformation. ~ den Schnellsprechvers. ~ die (Werbe-)Slogans. ~ zuerst die Situationen …, danach die Anzeigen … ~ das Gedicht. ~ die Seite aus der Jugendzeitschrift. ~ die Thesen zum Thema „…". ~ den Text. ~ (die Texte) mit dem Wörterbuch. ~ das Fernsehprogramm. ~ die E-Mail.

Разыграйте ~ (аналогичный) диалог. ~ диалоги между … и … ~ мини-диалоги. ~ сценку на тему «…».	Spielt ~ (analog dazu) einen Dialog. ~ Dialoge zwischen … und … . ~ Mini-Dialoge. ~ eine Szene zum Thema „…“
Распредели их (картинки) в таблице.	Verteile sie (die Bilder) in der Tabelle.
Расскажи(те) ~ маленькую историю своим одноклассникам. ~ (немного) о … ~ о себе. ~ о чём пишут … ~ по-русски. Расскажи(те), ~ где (когда) … ~ как (что) … ~ что ты узнал(а) о …	Erzähle (erzählt) ~ deinen (euren) Mitschülern eine kleine Geschichte. ~ (ein wenig) über … ~ über dich (von dir). ~ worüber … schreiben. ~ auf Russisch. Erzähle (erzählt), ~ wo (wann) … ~ wie (was) … ~ was du über … erfahren hast.
Сделай(те) ~ коллаж о … ~ рекламный плакат.	Gestalte(t) ~ ein Collage zu (über) … ~ ein Werbeplakat.
Скажи по-немецки (по-русски).	Sage es auf Deutsch (Russisch).
Скажи, ~ как (что) … ~ какие высказывания правильны, а какие неправильны.	Sage, ~ wie (dass, was) … ~ welche Aussagen richtig und welche falsch sind.
~ на какой картинке ты видишь …, а на какой - …	~ auf welchem Bild du … siehst und auf welchem …
Сними(те) рекламный видеоклип.	Filme (Filmt) einen Werbevideoclip.
Сообщи, ~ как (что) …	Teile mit, wie (dass, was) …
Соотнеси(те) ситуации с объявлениями.	Verbinde(t) die Situationen mit den Anzeigen.
Составь предложения.	Bilde Sätze.
Составь(те) ~ анкету. ~ ассоциограмму на тему «…». ~ мини-диалоги. ~ монолог. ~ план. ~ рекламный текст. ~ таблицу.	Erstelle(Erstellt) ~ einen Fragebogen. ~ eine Mindmap zum Thema „…“. ~ Mini-Dialoge. ~ einen Monolog. ~ einen Plan. ~ einen Werbetext. ~ eine Tabelle.
Спроси(те) Спроси(те) у своего соседа (своей соседки) по парте.	Frag(t). (Be)Frag(t) deinen Banknachbarn (deine Banknachbarin).
Сравни(те) ~ окончания глаголов и переведи предложения. ~ предложения. ~ предложения с отрицанием в русском и немецком языках. ~ употребление слова …	Vergleiche (Vergleicht) ~ die Endungen der Verben und übersetze die Sätze. ~ die Sätze. ~ die verneinten Sätze im Russischen und Deutschen. ~ den Gebrauch (die Verwendung) des Wortes …

Bildnachweis

Cover: RIA NOVOSTI; © Somos Images/Corbis | **8/9** Hintergrund: René Heilig, Berlin | **8** www.wikipedia.de; imago/Schöning; www.wikipedia.de; Harry Walter, Greifswald; R. Heilig, Berlin; © Russian Look; Archiv VWV (3); © Jahreszeiten Verlag; Archiv VWV; © StockFood/Newedel, Karl | **9** © Russian Look; Harro Lorenz, Berlin | **10** (2) H. Walter, Greifswald | **2** H. Walter, Greifswald; R. Heilig, Berlin; imago/Marco Bertram | **13** R. Heilig, Berlin | **14** H. Walter, Greifswald | **16** (2) H. Walter, Greifswald | **18/19** Hintergrund: © Emely/Zefa/Corbis | **18** picture-alliance/dpa; © Kevin Dodge/Corbis; picture-alliance/dpa; Ljudmila Romantschenko, Pskow; picture-alliance/ZB; L. Romantschenko, Pskow | **19** picture-alliance/dpaweb; picture-alliance/dpa | **20** © Dylan Ellis/Corbis | **22** L. Romantschenko, Pskow | **24** H. Walter, Greifswald | **26** (2) H. Walter, Greifswald; **28** Hintergrund: RIA NOVOSTI; picture-alliance/dpa; picture-alliance/dpa; Gregor M. Schmid/CORBIS; picture-alliance/ZB, picture-alliance/dpa | **29** Hintergrund: R. Heilig, Berlin; R. Heilig, Berlin (2); Gregor M. Schmid/CORBIS; R. Heilig, Berlin; picture-alliance/dpa; R. Heilig, Berlin; picture-alliance/dpa | **30** picture-alliance/ZB | **32** Gregor M. Schmid/CORBIS; © Dagmar Schwelle; picture-alliance/OKAPIA KG, Ger | **34** (3) Archiv Cornelsen | **35** Martin Schneider, Essen | **36** ALIMDI.NET/Ferdinand Hollweck; M. Schneider, Essen; akg-images | **38/39** Hintergrund: picture-alliance/ZB | **38** L. Romantschenko, Pskow | **39** picture-alliance/dpa; L. Romantschenko, Pskow (2); Achim Pohl/Das Fotoarchiv; picture-alliance/dpa | **46** pixelio.de; picture-alliance/ZB; pixelio.de | **48/49** Hintergrund: SUPERBILD | **48** L. Romantschenko, Pskow | **49** Superbild | **52** (2) pixelio.de | **58/59** Hintergrund: Aflo/F1 ONLINE; Reinhard Eisele/project photos | **58** argum/Frank Heller; A1PIX Ltd; RIA NOVOSTI; vario images; Maskot/F1 ONLINE; picture-alliance/ dpa | **59** © Erik Isakson/CORBIS; picture-alliance/landov; SINTESI/VISUM; Aflo; © Nice One Productions/CORBIS; Helga Lade Fotoagentur GmbH, Ger; © Fancy/Veer/CORBIS; | **61** picture-alliance; pixelio.de (3); iStock; www.stillsonline.de | **62** Brauner, M./Stock Food | **63o.** R. Heilig, Berlin | **65** RIA NOVOSTI | **67** picture-alliance/dpa; ALIMDI.NET/Michael Weber | **68/69** Hintergrund: RIA NOVOSTI; picture-alliance/dpa | **68** R. Heilig, Berlin; RIA NOVOSTI | **69** H. Walter, Greifswald; imago/imagebroker | **73** H. Walter, Greifswald (4) | **74** © dpa; H. Lorenz, Berlin (2) | **75** H. Lorenz, Berlin (4) | **76** (3) © Gideon Mendel/CORBIS | **79** Tobias Scheuerer, Echterdingen (3) | **81** Isabell Grundmann, Bischofswerda | **83** R. Heilig, Berlin | **85** Fotex/Camerique.